KB273716

퀀텀정치혁명론

저자 소개

이 수 봉

고려대학교 사회학과 학사

서강대학교 대학원 경제학과 석사

재단법인 혁신과미래연구원 이사장

민생경제연구소 대표

제3의 힘 대표

현) 퀀텀코어연대 대표

퀀텀정치혁명론

초판 발행 2026년 3월 3일

지은이 이수봉
펴낸이 류원식 │ **펴낸곳 린쓰**

편집팀장 성혜진 │ **책임편집** 성혜진 │ **디자인·편집** 김도희

주소 10881, 경기도 파주시 문발로 116
대표전화 031-955-6111 │ **팩스** 031-955-0955
블로그 blog.naver.com/linsbook │ **이메일** linsbook@naver.com
등록번호 2016.9.20. 제406-2016-000123호

ISBN 979-11-978566-5-5 (03340)
정가 22,000원

'이웃隣린의 글쓰기' 린쓰입니다.
머릿결을 부드럽게 해주는 린스처럼 삶의 윤기를 더할 이웃의 목소리를 담겠습니다.

퀀텀정치혁명론

양자역학 시대의
새로운 정치 패러다임

이수봉

긴소

1부 신냉전 시대와 한국 정치

우리는 부지불식간에 신냉전의 시대에 살게 되었다. 구(舊)냉전 시대는 1947년 미국의 트루먼 독트린(Truman Doctrine)을 기점으로 시작해서 1991년 12월 26일 소련의 공식 해체로 막을 내렸다. 1950년 6·25 전쟁은 구냉전의 상징이기도 했다. 일제 식민지 지배에서 벗어나자마자 한국은 미국과 소련, 중국의 전략이 부딪치는 최전선이 되었고 수백만 명이 피를 흘렸다. 이 시기에 형성된 트라우마는 한국인의 의식 구조에 깊은 영향을 주었고 그것은 현재 진행형이다. 전쟁은 일시 중단된 상태일 뿐 언제든지 다시 화약에 불이 붙을 수 있는 상태인 것이다.

제이슨 셍커(Jason Schenker)는 신냉전을 '제2차 냉전'이라고 명명하고 이 용어를 미국 특허청에 상표로 등록까지 했지만 이는 한국 상황과는 다르다. 우리는 1차 냉전이나 2차 냉전과 무관하게 계속 냉전 중이었다. 잠시 남한 정권의 성격에 따라 훈풍이 부는 듯했으나 그것은 본질적 변화와는 아무런 상관이 없었다. 오히려 내전은 더 광범위하고 깊숙이 체제 속으로 들어와 있다. 지금 대한민국 정치를 둘러싼 혼란의 상당 부분은 냉전의 세계적 변화와 한국의 특수성에 대한 이해 부족에서 시작된다. 약간의 이견은 있지만 2차 냉전은 2018년 미·중 무역 전쟁을 기점으로 시작되어, 2022년 러시아의 우크라이나 침공 이후 '전면적 진영 대결 체제'로 확립되었다는 것이 중론이다. 그러나 이미 그 이전부터 내전의 본질적 성격은 변하지 않았고 단지 사람들이 착각하고 있었을 뿐이다. 한국도 마찬가지로 엄청난 착각 속에 살아왔다. 그래서 오늘날 한국 정치의 혼란이 어디서 어떻게 해결되어야 할지 혼란스러운 것이다.

내가 항상 생각하는 것 중 하나는 다시는 다른 나라의 식민지가 되어서는 안 된다는 것과 다시는 6·25 같은 이념전쟁으로 우리 민족끼리 피를 흘려서는 안 된다는 것이다. 그런데 지금 자칫 잘못하면 그런 상황이 되풀이되지 않으리라는 보장이 없다. 사실상 대한민국은 정신적 내전 상태라고 해도 전혀 이상하지 않다.

지금 대한민국 국민은 서로 다른 알고리즘 위에서 현실을 인식한다. 그 결과 한국 정치에서 '객관적 진리'는 점점 사라지고, 각자의 이해관계와 가치가 만들어 낸 가상의 진리가 마치 객관적 실체인 것처럼 작동한다. 12·3 비상계엄의 초현실성은 그동안 정치권력 내부에서 은폐되어 작동하던 복잡한 정치 동학이 한순간 오작동하며 대중 앞에 노출된 사건이었을지도 모른다.

이 책은 많은 부분 그 균열의 실체를 파악하고자 하는 요구에서 출발했다. 만약 우리가 12·3 비상계엄을 미리 예측하지 못했다면, 우리의 정치적 인식 체계가 이미 구조적으로 고장 나 있었을 가능성을 의미한다. 나의 개인적 경험으로 볼 때 인간에게 가해진 물리적 고문은 몸에 새겨진다. 의식하지 못한 사이에 육체에 새겨진 트라우마는 반드시 정신적 활동에 보이지 않는 영향을 미친다. 사회도 마찬가지로 어떤 충격을 강하게 받으면 이성적으로 설명할 수 없는 현상들이 나타난다. 나는 그것이 우리 현대사에서 겪게 된 학살과 전쟁 그리고 10·26 같은 외부 충격에 의한 정치 실종이 만들어 낸 사회적 트라우마와 깊은 관련이 있다고 생각한다. 그리고 그것을 무시한 정치는 지뢰밭에서 뛰어노는 철없는 어린아이처럼 위험하다.

내가 양자역학의 물리적 발견에 주목하기 시작한 것은 2008년, 기본소득론에 관한 책을 집필하던 시기부터였다. 다만 그것을 정치 이론의 핵심 인식틀로 적용해야 한다고 생각하게 된 것은 비교적 최근의 일이다.

당시 나는 모든 사람에게 기본소득을 지급하기 위해서는, 마르크스주의 철학의 기초를 이루는 노동가치설을 그대로 유지해서는 안 된다고 보았다. 노동에 의해 가치가 생성된다는 관점으로는 노동을 수행하지 않는 존재에게 소득을 지급하는 것은 끝내 정당화할 수 없기 때문이다. 그래서 나는 노동가치설을 넘어, 인간 존재 그 자체에 가치를 부여하는 '존재가치설'로의 전환이 필요하다고 생각했다.

이 문제를 탐구하는 과정에서 1982년 알랭 아스펙트(Alain Aspect)의 실험을 통해 입증된 양자의 비국소성, 즉 양자얽힘(entanglement) 현상에 주목하게 되었다. 더 나아가 나는 이 비국소성 개념을, 생명체 간의 연결 가능성을 탐구한 루퍼트 셸드레이크(Rupert Sheldrake)의 형태장 개념과 결합해 기본소득의 철학적 기초를 사유하려 했다. 개인은 고립된 원자가 아니라 보이지 않는 관계망 속에서 이미 서로 얽혀 있는 존재라는 관점이었다.

그러나 시간이 흐를수록 기본소득의 철학과 그것이 현실 정책으로 구현되는 과정 사이에 심각한 왜곡이 발생함을 알게 되었다. 그 왜곡의 뿌리는 세계의 본질을 고정된 실체로 이해하는 인식론, 다시 말해 개체들 간의 관계와 상호작용을 전제로 하는 양자역학적 세계관에 대한 이해 부족에 있었다.

이러한 인식의 전환을 가치 개념의 변화로 정리하면, 인류는 노동가치론을 거쳐 존재가치론으로, 다시 관계가치론으로 이동해 온 셈이다.

양자역학이라는 미시적 물리 현상을 거시 세계에 적용하려는 이론적 시도는 경제 영역에서는 비교적 활발히 이루어져 왔다. 행동경제학, 복잡계 이론, 네트워크 이론 등은 이미 고전적 합리성 가정과 결정론적 인간상을 수정해 왔다. 반면 정치 영역에서 이러한 시도는 아직 초기 단계에 머물러 있다.

그 대표적 사례로 국제정치학자 알렉산더 웬트(Alexander Wendt)를 들 수 있다. 웬트는 양자물리학에서 발견한 중첩, 얽힘, 관측자 효과가 전통적 유물론에 기초한 사회과학의 인식 기반을 흔든다는 점에 주목하며, 이를 사회이론으로 확장한 '양자적 사회이론(quantum social theory)'을 제시해 왔다.

그는 2015년 출간한 『Quantum Mind and Social Science』에서 인간의 의식과 사회 현상이 고전적인 결정론이 아니라 양자적 불확정성을 띤다고 주장했다. 인간의 선택은 고정된 선호에 따른 선형적 계산이 아니라 예측 불가능한 상태 전이를 거치며 형성된다. 또한 사회적 관계란 독립된 개인들의 단순한 합이 아니라 양자얽힘처럼 상호 연결된 구조 속에서 의미를 갖는다는 것이다. 웬트의 논의에서 중첩과 얽힘, 관측자 효과는 인간과 사회의 존재 방식을 설명하는 은유이자 해석 도구로 기능한다. 그러나 그것이 구체적으로 어떠한 제도적 전환을 요구하는지는 미처 확인하지 못했다.

당연히 나로서도 양자역학이라는 미시 과학의 발견을 곧바로 거시 사회 현상에 적용하여 구체적 실천원리로 연결하는 작업에 대해 조심스럽다. 기본소득론에서 경험했듯이, 철학적 사유가 정책이나 제도로 직접 연결되는 순간, 그 의미가 왜곡되거나 단순화될 위험은 언제나 존재한다. 양자역학의 물리적 법칙 또한 사회 현상에 무리하게 대응시킬 경우 논리적 비약이나 신비주의로 쉽게 전락할 수 있다. 특히 정치 영역에서는 이러한 위험이 더욱 크다. 정치는 언제나 이론을 설명의 도구가 아니라 정당화의 수단―곧 이념―으로 소비해 왔기 때문이다. 그럼에도 불구하고 내가 이런 만용을 부리는 것은 지금이 비상상황이기 때문이다.

이제는 아는 사람은 다 아는 이야기지만 인공지능의 급속한 발전과 양자컴퓨터 기술이 결합하는 순간, 인류 문명은 하나의 분명한 변곡점을 통과하게 된다. 현재 진행 중인 신냉전 역시 이 초지능 산업을 둘러싼 이해관계와 생존을 건 충돌의 필연적 결과에 가깝다. 그리고 우리는 지금 그 변화의 한가운데로 휩쓸려 가고 있다. 당장 올해 초등학교에 입학하는 아이는 자신이 대학교를 졸업하고 사회에 진입할 때 자신을 필요로 하는 회사가 없는 상황에 직면하게 될 가능성이 높다. 문제는 내가 직접 경험한 한국의 정치 역량으로는 이러한 변화에 제대로 대응하지 못할 가능성이 매우 높다는 것이다. 외부 환경, 특히 초지능 산업을 둘러싼 국제 질서의 변화 속도는 압도적으로 빠른 반면 한국의 경제 구조는 이미 심각한 결함을 안고 있으며, 정치는 그 원인이자 책임의 중심에 서 있다. 항상 그 소용돌이의 한복판에 있었던 내가 이 책을 쓰게 된 것은 어쩌면 불가항력인지 모르겠다.

퀀텀정치혁명론을 한마디로 설명하라고 하면 "퀀텀정치혁명은 권력을 바꾸는 혁명이 아니라, 정치가 현실을 인식하는 방식 자체를 바꾸는 혁명이다." 이 말이 갖는 정치적 의미는 좌와 우 가운데 어느 한쪽의 승리를 의미하지 않는다. 그것은 좌우 대립 자체가 전제하고 있는 고전적 인식 구조를 무효화한다는 의미다. 오늘날 한국 정치에서 좌와 우는 더 이상 서로 다른 해법을 제시하는 경쟁 관계가 아니라, 서로 다른 현실 인식 알고리즘 위에서 작동하는 병렬적 체계에 가깝다. 이 구조 안에서는 합의도, 설득도, 미래 설계도 불가능하다.

신냉전 시대에 이러한 인식 전환이 특별한 가치를 갖는 이유도 여기에 있다. 과거의 냉전은 군사력과 이념의 대결이었지만, 오늘의 신냉전은 인공지능·데이터·초지능 산업을 둘러싼 인식 체계와 시스템 설계 능력의 경쟁이다. 이 경쟁에서 승패를 가르는 것은 누가 더 강한 구호를 외치느냐가 아니라 누가 더 복잡한 현실을 오판 없이 인식하고 조정할 수 있느냐이다.

퀀텀정치혁명은 바로 이 지점에서 정치의 역할을 다시 정의한다. 정치는 더 이상 과거의 이념을 반복하는 장이 아니라 급변하는 세계 속에서 관계와 상호작용을 관리하고, 충돌을 파국이 아닌 전환의 에너지로 바꾸는 인식론에 기초해야 한다.

그런데 왜 하필 '퀀텀'이라는 생소한 단어를 사용했을까? 이해하기도 어렵고 피부에 와닿지 않는 단어를 사용하는 것은 오히려 거부감을 주는 게 아닐까?

그러나 나는 불가피하게 '퀀텀정치혁명'이라는 단어를 선택했다. 아직 대체 가능한 다른 표현을 발견하지 못했기 때문이다. 이 표현은 점진적 개혁이나 노선 수정, 이념 재배치를 의미하지 않는다. 퀀텀이라는 말이 가리키는 것은 연속적인 변화가 아니라 '상태 전이', 즉 도약이다.

기존 정치 담론은 대부분 선형적이다. 정치 담론에서 선형이란 사회 변화를 '누적과 조정의 결과'로만 이해하고, 상태 전이나 질적 도약의 가능성을 구조적으로 배제하는 사고방식이다. 지금까지 정치권은 조금 더 진보적으로, 조금 더 보수적으로, 조금 더 합리적으로 조정하면 정치가 개선될 수 있다고 믿어 왔다. 그러나 오늘의 정치 현실은 이런 방식으로 계속 실패하고 악화되어 왔다.

퀀텀정치혁명이란 정치의 일부를 고치는 것이 아니라 정치가 현실을 인식하고 반응하는 기본 상태(state) 자체가 바뀌어야 함을 뜻한다. 이는 좌에서 우로 이동하는 변화가 아니라 전혀 다른 좌표계로의 이동이다. 또한 퀀텀이라는 단어는 정치에서 작은 사건, 작은 발언, 작은 선택이 전체 상황을 비가역적으로 바꾸는 순간들을 정확히 설명한다.

양자 세계에서 미세한 관측이 전체 파동을 붕괴시키듯, 현대 정치에서도 하나의 결정은 단순한 '사건'이 아니라 체제 전체의 변화를 촉발하는 계기가 된다. 따라서 이 혁명은 '개혁'이 아니라 '퀀텀'이다. 시간을 따라 조금씩 누적되는 변화가 아니라 임계점을 넘는 순간 다른 현실로 건너가는 변화이기 때문이다. 한 문장으로 다시 말하면 "퀀텀정치혁명이라는 이름은 현재의 정치가 더 이상 점진적으로 개선될 수 없는 상태에 도달했음을 전제로 한 명명이다."

이러한 전제를 바탕으로 1부에서는 왜 우리가 인식론을 전환해야 하는가를 구체적인 역사적 사실을 통해 분석한다. 현대사라는 시공간 속에서 작동해 온 인식론이 어떤 방식으로 현실을 규정했고, 그 결과 어떤 비극을 만들어 냈는지 검토한다.

조선 후기부터 구냉전 시대에 이르기까지 우리가 치러야 했던 고통이 단순한 정책 실패나 외세의 압력 때문이 아니라, 특정한 인식틀의 한계에서 비롯되었음을 드러내고자 했다. 이 문제를 지금까지 해결하지 못한 이유 역시, 근본적 원인이었던 인식론 자체를 성찰하지 않았기 때문이다. 아마도 익숙한 역사적 사건들이겠지만 이것을 퀀텀정치론적 시각에서 볼 때 어떻게 해석이 가능한지 살펴볼 것이다. 이러한 분석의 연장선 속에서 현재의 자유시장주의 4.0의 세계가 어떤 동력으로 형성되었고, 또 어떤 균열 속에서 흔들리고 있는지 나의 경험을 성찰하면서 들여다본다.

2부에서는 양자역학적 인식틀을 정치에 적용하기 위한 구체적 제안을 제시한다. 다가오는 신(新)냉전의 성격과 전개 양상, 그리고 대한민국 정치가 이에 어떻게 대응해야 하는지를 기존의 정치 패러다임으로는 설명하거나 설계할 수 없다고 판단했다. 자칫하면 우리는 구냉전의 사고방식으로 회귀해 새로운 형태의 내부 충돌과 분열을 겪을 위험마저 안고 있다. 이를 막고 다른 미래를 열기 위한 도구로서, 양자역학의 핵심적 발견을 현실 정치의 인식과 정책 설계에 적용하는 방식을 제안한다.

3부는 퀀텀정치가 현실 권력 구조 속에서 작동하기 위한 정당·리더십 혁명을 다룬다. 기존 낡은 정당을 넘어, 퀀텀형 정당 모델을 제안하며, 리더십 역시 수직적 카리스마가 아니라 분산·조율·촉발의 양자형 리더십으로 전환해야 함을 강조한다. 나아가 정치 시스템 전반을 퀀텀정치의 원리에 맞게 재구성함으로써, 자유공화세력이 실제로 집권과 국가 리셋을 추진할 수 있는 제도적 혁신을 모색한다.

이 제안들은 다소 생소하거나 비현실적으로 들릴 수도 있다. 그러나 국민적 불신이 극단에 이른 오늘의 정치 현실을 고려할 때, 기존의 방식에 머무르는 것이야말로 가장 비현실적인 선택이라고 생각한다. 분명히 하고 싶은 점은 이 책은 학술적 논문이 아니라 현실 정치를 다르게 인식하고 판단하기 위한 '사유의 내비게이션'에 가깝다는 것이다. 특히 양자역학이라는 직관적으로 이해하기 어려운 물리학을 정치의 혁신 과제와 연결해 설명하는 것이 다소 어렵게 느껴질 수 있다. 그것은 전적으로 내 능력의 한계일 뿐, 독자를 현학으로 압도하려는 의도는 전혀 없다. 생소한 용어로 인해 겪는 어려움일 뿐 자주 접하게 되면 익숙해질 것이라 생각한다.

한편 지금처럼 서로를 불구대천의 원수로 규정한 한국 정치 현실에서 이러한 제안이, 말하자면 정치의 '퀀텀 점프'를 과연 가능하게 할 수 있겠느냐는 반론이 제기될 수 있다. 지극히 타당한 문제 제기다. 지금 한국 정치 수준을 보면 이런 인식론적 논의 자체가 사치처럼 보일 수 있다. 그러나 바로 그 이유 때문에 이 논의는 회피할 수 없다. 나는 "그래도 해야 한다" 같은 당위를 주장하는 게 아니다. 이런 상황이기 때문에 오히려 이것밖에 남지 않았다고 말하는 것이다. 현재 여야 정치의 상당 부분은 전략 경쟁이 아니라 감정 소모, 정책 충돌이 아니라 도덕적 낙인, 권력 운영이 아니라 상대 제거 게임으로 전락해 있다. 말 그대로 정치가 저차원적 반사신경의 영역으로 붕괴된 상태인 것이다.

굳이 말하자면 퀀텀정치는 '이런 정치판에서도 작동할 현실 이론'이자 '왜 정치가 동네 싸움으로 전락했는지를 설명하는 인식론'이다. 즉, 퀀텀정치는 현실을 무시하는 고차원적 담론이 아니라 현실 분석을 위한 현미경 같은 것이다.

그래서 퀀텀정치는 '지금 수준보다 한 단계 위'가 아니라 '바닥을 설명하는 이론'이다. 현재 정치의 특징은 관점의 상호작용이 사라지고, '관찰자'가 아니라 '심판자'만 남았으며, 모든 사안이 즉시 진영 전투로 붕괴된다. 이건 정치가 복잡해진 게 아니라, 정치를 이해하는 인식틀이 현실의 복잡성을 감당하지 못하고 붕괴한 결과다.

양자, 즉 퀀텀의 운동을 관찰해 보면, 그 불가해한 움직임은 현미경으로 보아도 식별하기 어려운 미세한 변화에 불과하지만, 그 속에 거대한 우주의 비밀이 숨어 있음을 알게 된다. 양자역학의 세계에서 하나의 작은 변화는 단순히 '미세한 차이'로 머무르지 않는다. 관측의 한 순간, 상호작용의 한 지점이 전체 파동함수를 뒤흔들며 전혀 다른 현실로의 급격한 전이를 일으킨다.

오펜하이머(Oppenheimer)가 묘사했듯, 극히 작은 원자핵 하나를 둘러싼 에너지의 재배치는 순식간에 거대한 연쇄반응으로 확장되어 세상을 바꾸는 힘이 된다. 그것이 원자폭탄이었다. 이 프로젝트는 애초에 히틀러조차 포기했던 난제였지만 불과 3년 만에 수천 명의 과학자와 기술자가 힘을 모아 불가능을 현실로 만들었다. 이는 '큰 힘이 큰 변화를 만든다'는 통념이 아닌 작은 단위의 정확한 상호작용이 거대한 변화를 촉발한다는 양자적 원리를 보여 주는 역사적 사례다. 이 원리는 역사뿐만 아니라 인간 사회에도 작동한다. 변화는 언제나 한 사람의 작은 결심과 행동에서 시작된다.

나는 대한민국이 2차 냉전의 변곡점에서 구냉전의 과오를 되풀이하지 않기를 간절히 바란다. 그러기 위해서는 일단 우리가 인식의 감옥에서 해방될 필요가 있다. 모든 편견과 확증편향에서 자유로운 개인의 작은 선택들이 서로 얽혀 새로운 조화를 만들어 낼 때, 우리는 과거의 한계를 단숨에 넘어서는 집단적 퀀텀 점프, 다시 말해 기적에 가까운 도약을 이룰 수 있다고 믿는다.

2026년 1월 1일

이 수 봉

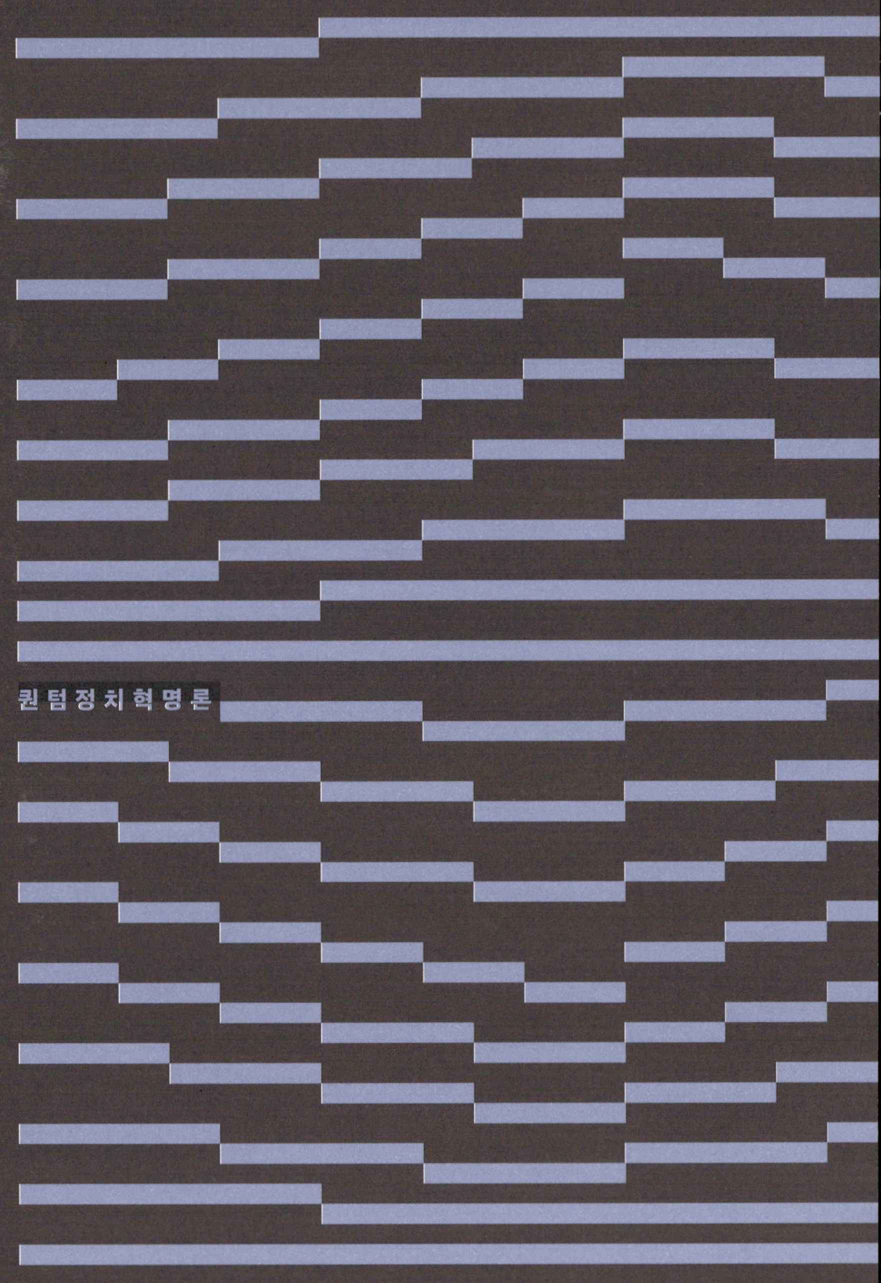

일러두기   본문에 삽입된 그림은 모두 AI로 생성하였습니다.

신냉전 시대와 한국 정치

1

Toward a New Political Paradigm
in the Quantum Age

신냉전 시대와
한국 정치

1. 양자역학을 정치에 적용하는 사고실험

나는 '타임'을 외치고 싶었다. 지구란 별이 하나 사라진다고 해서 이 우주에 어떤 의미가 있지? 적어도 자기 목숨을 건다면 그 정도 가치는 있어야 하지 않는가?

내가 20대 한창 피 끓는 청년이었을 때 군사 독재를 타도하고 민주화를 쟁취해야 한다는 것은 흔들리지 않는 가치였고 그것은 진리였다. 그러나 그 진리는 고문을 겪으면서 흔들렸다. 두려움 때문이 아니라 자기 생명이 사라지는 상황에서 지켜야 할 진리로는 확신이 부족했다. "10년 후에 죽도록 고문해 줄게"라고 내 멱살을 쥔, 나보다 키가 작은 형사가 핏발 선 눈빛으로 입술을 이죽거리며 나에게

속삭였을 때… 고백컨대 나는 겁을 먹지 않았다. 허세가 아니라 나는 태권도와 권투를 했었고 싸움을 거의 하지 않았지만 싸웠을 때 맞은 적은 없다. 더구나 상대는 나보다 머리 하나는 작은 왜소한 체구였다. 이놈을 죽이고 싶었지만 경찰서 안이었고 주위에 10여 명의 형사가 둘러싸고 있었다. 게다가 한밤중이었고 어디로 튀어 나가야 할지 알 수 없게 사무실 불을 다 꺼 놓았다.

내가 진짜 공포를 느낀 것은 물고문이었다. 통닭처럼 장대에 매달아 놓고 얼굴을 수건으로 덮은 뒤 주전자로 물을 천천히 부으면 숨이 막히는 고통과 공포를 겪지 않을 도리가 없다. 형사들이 고문 전문가가 아니라는 것이 더 불안했다. 이 어설픈 형사들이 잘못하면 본의 아니게 나를 죽일 수도 있을 것 같았다. 그러나 내가 진짜 겁을 먹은 것은 죽음 자체가 아니라 내가 사랑하는 사람들과 영원한 이별을 할 준비가 전혀 안 되어 있다는 사실 때문이었다.

생각해 보면 그때 나는 21살이었다. 나는 '타임'을 외치고 싶었다. 지구란 별이 하나 사라진다고 해서 이 우주에 어떤 의미가 있지? 적어도 자기 목숨을 건다면 그 정도 가치는 있어야 하지 않는가? 그런 가치의 진리가 도대체 있기나 한가? '고문의 추억' 이후 오직 그것이 나의 중심 고민이었다. 그리고 40여 년의 세월이 흘렀지만 그때의 고민은 지금도 여전한 숙제가 되었다.

고대부터 현대까지 철학자들이 진리를 '고정된 사실'이나 '우주의 질서'로 정의하려 했다면, 그것은 세계가 안정적이며 관찰자는 외

부에 존재한다는 전제를 공유했기 때문이다. 진리는 발견되는 것이
었고, 인간의 역할은 그것을 얼마나 정확히 포착하느냐에 달려 있
었다. 그러나 양자역학은 이 전제를 근본에서부터 붕괴시켰다. 관
찰자는 더 이상 중립적이지 않으며, 관측 행위 자체가 결과를 바꾼
다. 세계는 미리 완성된 답을 기다리고 있지 않고, 관찰과 선택의
순간마다 서로 다른 현실로 갈라진다.

   신냉전 시대와 한국 정치

이 지점에서 진리는 더 이상 '하나의 정답'이 아니다. 그것은 조건에 따라 드러나고 관측 방식에 따라 달라지며, 때로는 동시에 모순된 상태로 공존한다. 진리는 고정된 실체가 아니라 관계 및 구조이며, 가능성의 분포에 가깝다. 인간의 직관이 배신당한 것이 아니라 직관이 의존해 온 세계관이 한계를 드러낸 것이다.

정치 역시 예외가 아니다. 고전 정치가 하나의 이념, 하나의 노선, 하나의 정답을 전제로 설계되었다면, 양자적 현실에서의 정치는 불확실성과 중첩, 관찰 효과를 전제로 재구성되어야 한다. 진리를 독점하려는 정치가 반복해서 실패한 이유도 여기에 있다. 세계는 더 이상 하나의 좌표계로 설명되지 않기 때문이다.

그래서 나는 더 이상 "옳다"고 선언되는 것들을 쉽게 믿지 않게 되었다. 대신 그것이 어떤 조건에서 성립하는지, 무엇을 배제하고 무엇을 가시화하는지를 묻게 되었다. 진리를 의심하는 것은 허무주의가 아니라 오히려 진리를 다루는 데 필요한 최소한의 성실함이다. 교조주의나 맹동주의에 지쳐 있던 나에게 양자역학은 일종의 오아시스였다.

양자역학은 진리가 확률과 관찰에 얽힌 춤이라고 말한다. 진리는 더 이상 고정된 객관적 사실이 아니라 관찰자와 얽힌 관계다. 양자역학을 공부한 사람은 익숙한 논리겠지만 대다수는 어리둥절할 것이다. 전혀 이상한 일이 아니다. 아인슈타인조차도 양자역학에 대해서 이해하지 못했다. 고정된 실체가 있다는 것 자체가 환상이라고 이야기하는 것을 어떻게 이해할 수 있겠는가? 하늘에 달이 떠 있는데 당신이 안 보면 그 달은 안 떠 있는 거야? 하고 닐스 보어(Niels Bohr)에게 추궁했을 때 닐스 보어는 "달은 네가 어떻게 보느냐에 따라 달라져. 망원경 없이 달의 진짜 모습을 말할 수 있나?"라고 대답했다.

이런 가상의 논쟁은 결국 우리가 '객관적 현실'이라고 믿어 온 것이 관찰과 관계 속에서만 드러나는 하나의 구성물일 수 있음을 보여 준다.

조금 더 상세한 설명을 해 보자. 양자역학은 세계가 하나의 고정된 실체로 존재한다고 보지 않는다. 주사위를 공중에 던져 올렸다고 생각해 보자. 주사위가 허공을 날아가는 동안 결과는 아직 하나로 정해지지 않았다. 1부터 6까지의 가능성이 모두 포개진 상태다. 우리가 흔히 '진리'라고 부르는 것은 이 가능성의 구름이 관측이라는 순간을 거치며 하나로 수렴되는 사건이다. 즉, 양자적 세계에서 중요한 것은 대상 그 자체가 아니라, 그 대상을 어떻게 관찰하느냐이다. 관찰 방식이 현실을 규정하고, 주체의 개입이 결과를 만들어낸다.

흥미로운 점은 이러한 관점이 서양 물리학만의 혁명이 아니라는 것이다. 동양 사상에서 말하는 '관계 속에서 드러나는 존재', '나와 세계가 서로 얽혀 있다'는 사고와도 깊게 닿아 있다. 불교의 '연기(緣起)'나 존재의 존귀함을 선언한 '천상천하 유아독존(天上天下唯

我獨尊)'도 실체가 아니라 관계 속에서 구성되는 세계를 말한다. 얼핏 비슷해 보이지만 본질적 차이는 그 목적에 있다.

불교 인식론에 따르면 세계는 고정된 실체로 존재하지 않으며, 모든 것은 인연에 의해 연기적으로 성립한다. 우리가 실체로 인식하는 현실은 분별심이 구성한 인식의 산물이다. 그래서 인식의 목적은 번뇌를 제거하고 무상·무아의 통찰에 의한 해방이다.

그러나 퀀텀정치 인식론에서 현실이란 관찰자와 시스템의 상호작용으로 '생성'되는 것이며, 의견·민심·사회 구조도 고정된 실체가 아니라 관찰 프레임에 의해 달라지는 확률적 상태다. 따라서 퀀텀정치의 목적은 은폐된 진실을 벗기는 것과 함께 관찰 구조 자체를 다시 설계하여 '새로운 현실'을 만들어 내는 것이다. 즉, 불교가 인식의 집착을 비워 실상을 드러내는 사유라면 퀀텀정치는 관찰 구조를 전환하여 현실이 만들어지는 조건을 바꾸는 정치다.

'관찰자'의 의미도 분명히 다르다. 불교에서 관찰자(주체)는 실체가 없고 집착을 버릴수록 해탈에 가까워진다. 즉, 목표는 관찰자를 비워 내는 것인데 반해 퀀텀정치에서 관찰자는 현실 생성의 핵심 장치다. 관찰자가 어떤 프레임을 사용하느냐에 따라 국민 여론, 정치 갈등, 정책 선택이 완전히 다르게 나타난다. 퀀텀정치론에서 목표는 관찰자를 제거하는 것이 아니라 더 나은 관찰자를 설계하는 것이다. 다시 말해 불교는 관찰자를 소멸시켜 진실에 도달하고, 퀀텀정치는 관찰자를 '조정'하여 새로운 진실을 만들어 낸다.

이 차이는 정치에서도 전혀 다른 방식으로 접근하게 만든다. 정치적 갈등이 생기면 불교적 관점에서는 "상대가 고정된 실체라고 보지 말고, 집착을 내려놓아야 한다." 따라서 갈등을 완화하고 마음을 전환하라는 내적 변화에 초점을 두는 경향이 있지만 퀀텀정치적 관점에서는 '이 갈등은 어떤 관찰 구조(언론·프레임·의제 설정)에서 발생했는가?'를 따지고 구조를 바꾸면 현실 자체가 다른 상태로 측정된다. 결국 갈등 해결이란 관찰 시스템 자체의 전환을 의미하게 된다. 다시 말해 핵심적인 차이는 불교는 '의식의 전환'이고, 퀀텀정치는 '관찰 구조의 재설계'에 있다.

그렇다면 기왕 말이 나온 김에 기독교적 인식론과는 어떤 관계가 있을까? 모세가 미디안 광야에서 "당신은 누구십니까?"라고 물었을 때, 하나님은 "에흐예 아세르 에흐예—나는 스스로 있는 자다"라고 응답했다. 이는 어떤 관계에 의존하지 않는 '존재 그 자체'를 선언하는 말이다. 양자역학은 관찰과 관계를 전제로 하지만 이 선언은 관계를 넘어선 존재를 보여 준다. 인간 인식의 수평선 너머에 있는 영역, 다시 말해 '인식론의 블랙홀'이 신학적 언어로 표현된 셈이다.

기독교 인식론과 퀀텀정치 인식론의 차이는 '진리가 먼저 존재하느냐 아니면 관계 속에서 발생하느냐'에 있다. 공통점은 인간의 인식이 절대적일 수 없다는 데 있고, 차이는 진리의 기원에 있다. 기독교 인식론에서 진리는 인간 이전에 이미 존재한다. "나는 스스로 있는 자다"라는 선언은 진리가 어떤 관계나 관찰에도 의존하지 않는 절대적 실재임을 말한다. 인간은 그 진리를 만들어 내는 존재가 아니라 부분적으로 이해하고 받아들이는 제한된 인식 주체다. 그렇기 때문에 기독교는 인간 이성을 경계하면서도 허무주의로는 흐르지 않는다. 진리는 인간 바깥에 있기 때문이다. 진리는 주어지고, 인간 인식은 제한된다.

퀀텀정치 인식론에서 진리는 고정된 실체가 아니다. 진리는 관찰, 관계, 선택이 얽히는 순간에 사건처럼 발생한다. 관찰 프레임이 달라지면 현실의 상태 자체가 달라진다. 여기서 관찰자는 단순한 해석자가 아니라 현실을 만들어 내는 구조적 행위자다. 그러나 이것이 '아무 말이나 진리'라는 의미는 아니다. 현실은 관찰자 마음대로가 아니라 관계의 구조와 상호작용의 제약 속에서 생성된다. 진리는 만들어지지만 무작위는 아니다. 기독교는 "진리가 먼저 있다"라고 말하고, 퀀텀정치는 "진리는 만들어진다"라고 말한다. 하지만 기본 전제는 둘 다 인간의 오만을 경계한다. 여기서 "어느 인식론이 더 뛰어난가?"라는 질문은 망원경과 현미경 중 무엇이 더 뛰어난가를 묻는 것과 비슷하다. 대상과 목적이 다르기 때문이다.

분명한 것은 있다. 인간은 관찰자의 정체를 규명하는 최종 문제 앞에서 여전히 멈춰 서 있다. 인간은 관찰자가 될 수 있지만 유한성이라는 근본적 제한이 있다. 이 한계를 넘어서려는 욕망은 기술 혁신의 핵심 동력이 되었다. 일론 머스크(Elon Musk)가 정신의 불멸을 꿈꾸고, 제프 베이조스(Jeff Bezos)가 세포를 젊어지게 만드는 유전자 리프로그래밍에 수십억 달러를 투자하는 이유도 여기에 있다. 유한한 존재가 스스로를 무한히 유지하려는 생명 본능은 오늘날 첨단 원천기술의 근원이다. 그러나 바벨탑의 교훈처럼, 이 욕망이 인간에게 허용되는 욕망인지 모르겠다. 결국 인공지능의 발전은 인간이 무엇을 할 수 있는가의 문제가 아니라, 인간이 무엇으로 남을 것인가를 묻는 존재론적 전환점에 우리를 세워 놓고 있다.

일단 이 이야기는 이 정도에서 멈추자. 짐작하겠지만 다른 인식론과 비교한 이유는 우열을 가리는 데 목적이 있는 것이 아니고 그 반대다. 우열을 가리는 데서 파생하는 인간의 독선을 경계하자는 의미다. 인간이 세계를 해석하는 방식은 언제든 절대화될 수 있고, 그 절대화가 새로운 폭력을 낳는다.

기존의 정치 이론은 대체로 단일한 정체성과 이분법적 대립을 전제하는 패러다임 위에서 전개되어 왔다. 칼 슈미트(Carl Schmitt)가 말했듯, 적과 아의 구별은 근대 정치 이론에서 정치의 본질로 간주되었다. 이러한 관점에서 정치는 필연적으로 대립과 충돌, 나아가 전쟁의 가능성을 내포한다. 퀀텀정치철학은 이 전제를 다른 차원에서 재검토한다. 그것은 적과 아의 구별을 도덕적으로 부정하거나 제거하려는 시도가 아니다. 오히려 퀀텀정치는 적과 아를 끊임없이 생산해 내는 정치적 인식 구조와 시스템 자체를 성찰의 대상으로 삼는다. 문제는 대립 그 자체가 아니라 대립이 유일한 정치 언어로 고정되는 인식론에 있다.

이러한 관점에서 퀀텀정치는 타협주의나 절충주의와는 전혀 다르다. 그것은 갈등을 봉합하려는 기술이 아니라 갈등이 형성되는 뿌리—관측 방식과 판단 구조—에 접근하려는 정치철학이다. 적과 아는 사라지지 않는다. 그러나 그 규정 방식은 달라질 수 있다. 관찰의 좌표가 전환될 때, 적은 절대적 존재가 아니라 전략적·상황적 변수로 재배치된다.

이 전환은 정치전략에도 결정적인 변화를 가져온다. 적대가 고정된 실체가 아니라 관계적 산물임을 인식할 때, 정치는 파괴적 충돌 대신 새로운 사건과 질서를 설계할 여지를 확보한다. 이러한 의미에서 퀀텀정치는 분열을 부정하는 정치가 아니라, 분열을 다른 차원에서 다루는 정치다. 이는 오늘날 한국 사회를 지배하는 극단적 좌우 대립을 해소하겠다는 도덕적 선언이 아니라 그 대립이 작동하는 구조 자체를 전환하려는 시도다.

알렉산더 웬트[1]도 비슷한 문제 의식을 제기한다. 그는 인간의 의식과 사회적 행위를 '거시적 양자현상'으로 보고, 사회는 결정론적 기계가 아니라 '파동함수의 중첩과 얽힘' 속에 존재하는 '양자적 유기체'라고 설명한다. 그는 양자물리학의 원리를 정치에 적용하는 이유로 전통적 정치 이론, 즉 인과적·기계적 모델을 넘어 다중 가능성과 상호 연결성을 이해할 수 있도록 하기 때문이라고 주장한다.

이것을 좀 더 쉽게 설명하면 뉴턴적 세계관에서는 모든 객체가 고정된 위치와 속성을 가지며, 정치적 주체 역시 단일하고 배타적인 정체성을 지닌 실체로 가정된다. 이때 갈등은 불가피한 충돌의 역학으로 이해되고, 사회는 정태적 균형을 유지하기 위해 적과 아를 명확히 구분하는 방향으로 스스로를 조직한다. 이는 정치적 현실을 '확정된 실체들의 충돌'로 해석하는 전통의 근거였다. 그러나 양자역학적 관점에서 현실은 고정된 실체가 아니라 중첩과 확률, 관측과 상호작용, 얽힘과 비국소성이 만들어 내는 동적 구조다. 정체성은 단일 값이 아니라 여러 가능성이 공존하는 상태로 존재하며, 정치적 선택은 관찰자와 시스템의 상호작용 속에서 특정한 현실로 붕괴될

---

1 **1. 핵심 저작: 양자적 마음과 사회과학**

웬트의 2015년 저서 『Quantum Mind and Social Science: Unifying Physical and Social Ontology』는 사회과학의 기본 가정인 '의식은 고전적 물리 현상'이라는 전제를 부정하고, 의식과 사회 구조가 양자적 현상임을 주장한다. 그는 인간의 의식과 사회적 행위를 '거시적 양자현상(macroscopic quantum phenomena)'으로 보고, 사회는 결정론적 기계가 아니라 '파동함수의 중첩과 얽힘(entanglement)' 속에 존재하는 '양자적 유기체(holographic organism)'라고 설명한다.

2. 사회적 얽힘과 언어의 역할

웬트는 사회적 얽힘(social entanglement)이 인간 언어를 통해 발생한다고 본다. 그는 "언어는 빛과 같다(language is like light)"고 말하며, 언어적 의사소통 과정이 사회적 파동의 간섭과 얽힘을 생성하여 집단 기억·규범·구조를 형성한다고 본다. 따라서 사회 구조는 물질적 실체가 아니라 언어적으로 매개된 양자적 통일체, 즉 '우리 정신의 홀로그램'이다.

3. 자유의지와 사회 행위

전통적 현실주의나 합리주의가 인간 행위를 결정론적으로 설명하는 것과 달리, 웬트는 자유의지(free will)를 양자 시스템의 '비결정성(indeterminacy)'과 연결짓는다. 인간의 행위자(agent)는 확률적 파동함수처럼 다양한 가능성 중 하나를 선택해 현실화하고, 그 과정에서 의식적 선택이 새로운 사회적 파동을 발생시킨다고 본다.

　　　　　　　　　　　　　　　신냉전 시대와 한국 정치

뿐이다. 이때 적대는 본질이 아니라 '관측 방식'이 만들어 낸 산물이며, 적과 아 구분 또한 특정한 관측자 효과의 결과로서 조건적일 뿐이다.

말이 어려우니 쉬운 예를 하나 들어 보자. 한 회사에서 두 부서가 갈등을 겪고 있다. 인사팀의 관점에서 보면 영업팀은 무리한 요구만 하는 '적'이다. 그러나 영업팀의 관점에서 보면 인사팀은 현실을 모르는 '적'이다. 하지만 여기서 중요한 것은 누가 본질적으로 적인가가 아니라 조직이 어떤 지표와 성과 기준으로 이 상황을 '관측'하고 있는가다. 매출만 관측하면 갈등은 격화되고 장기 인력 유지율을 관측하면 갈등의 성격은 달라진다. 적대는 사람에게 있는 것이 아니라 관측 기준이 만들어 낸 관계적 결과다.

---

4. Quantum International Relations 프로젝트
이후 웬트는 제임스 더 더리앤(James Der Derian)과 함께 2022년에 공동 저서 『Quantum International Relations: A Human Science for World Politics』를 출간했다. 이 책은 세계 정치의 분석틀을 뉴턴적 기계론(결정론)에서 벗어나 양자적 잠재성과 상호의존성으로 전환하자는 선언적 시도도. 즉, 국제체제는 개별 행위국가들의 독립적 합이 아니라 얽힌(entangled) 의식적 존재들의 장(field)으로 구성된다는 것이다.

5. 존재론적 함의
웬트의 양자국제관계론은 물질주의적 현실주의(realism)나 규범 중심 구성주의(constructivism)를 넘어, 의식과 물질이 분리되지 않은 '통합적 존재론(integrated ontology)'을 제시한다. 그는 이를 통해 국가, 제도, 권력, 정체성 등 국제정치의 기본 요소들을 '의식적 파동 존재'로 재구성하려 했다.
요약하면, 웬트의 이론은 '사회적 실재는 객관적 물질이 아니라 의식의 상호 얽힘으로 구성된 양자적 장'이라는 통찰에서 출발한다. 이는 기존 국제정치학의 결정론·구조주의 한계를 넘어 인간의 의식, 인지, 자유의지, 상호의존을 핵심 변수로 포함시키는 새로운 과학혁명적 접근이라 할 수 있다. - 필자 주

퀀텀정치철학은 바로 이 지점을 겨냥한다. 정치란 '적과 아'라는 실체를 고정된 것으로 전제하는 것이 아니라 어떤 관측 규칙과 상호작용 구조가 그런 구분을 생성하는지를 파악하고 설계하는 일이 된다. 중첩된 가능성을 최대한 보전하고 불필요한 붕괴를 줄이며, 서로 얽힌 이해관계를 활용해 시너지를 생성하는 것, 이것이 퀀텀 정치혁명론의 핵심이다.

2. 독점된 진리는 어떻게 국가를 붕괴시키는가?

마치 숙주를 결국 파멸로 몰아가는 기생체처럼, 독점된 진리는 국가라는 유기체를 내부에서부터 붕괴시킨다.

조선은 왜 백성을 정치의 중심에서 밀어내고, 결국 식민지의 길로 들어섰는가? 조선 후기의 몰락은 단순한 국력 부족이나 외세의 침략만으로 설명되지 않는다. 보다 근본적인 원인은 지배층의 인식 구조가 현실을 읽지 못하게 된 데 있었다. 19세기 말 조선의 지배층은 전례 없는 공포에 사로잡혀 있었다. 프랑스 혁명 이후 군주제가 무너지고 왕과 귀족이 처형되는 장면은 혁명이 더 이상 사상적 논쟁이 아니라 현실의 위협이 되었음을 보여 주었다. 동학 농민운동,

서구 선교사와 외교관들의 보고, 개화파 지식인들이 소개한 서구 혁명사는 모두 하나의 메시지를 전했다. "왕조는 무너질 수 있다." 이 공포는 지배층을 각성시키지 못했다. 오히려 그들을 폐쇄적인 자기 보존의 좌표계 안으로 밀어 넣었다. 국가와 백성을 지키는 정치가 아니라 왕조와 지배층의 생존을 최우선으로 하는 정치가 선택되었다.

그 결과 조선은 내부 개혁과 외부 대응이라는 두 과제에 모두 대처하지 못했고 외세—특히 일본—는 이 공포를 정교하게 활용해 조선을 잠식했다. 조선은 약해서 망한 것이 아니라, 현실을 해석하는 능력을 상실한 채 스스로 시야를 닫았기 때문에 무너졌다. 이것이 첫 번째 질문에 대한 답이다.

그렇다면 두 번째 질문이 뒤따른다. 지금 대한민국의 발전은 도대체 어떤 이유인가? 분명히 같은 민족, 같은 역사적 토양 위에서 왜 전혀 다른 결과가 나왔는가?

재레드 메이슨 다이아몬드(Jared Mason Diamond)의『총, 균, 쇠』는 문명의 격차를 지리·기후·자원의 차이에서 찾는다. 이른바 환경결정론이다. 그러나 이 설명은 한국과 일본의 사례 앞에서 결정적인 한계를 드러낸다. 두 나라는 지리·자원·문명적 조건이 거의 동일했음에도 전혀 다른 근대화 경로를 걸었다. 결정적 차이는 환경이 아니라 인식과 선택이었다. 일본은 메이지 유신을 통해 현실을 다시 관측하고 제도를 재설계하는 결단을 내렸다. 이는 일본이 서구를 '도덕적 위협'이 아니라 '체제 경쟁자'로 재인식했기 때문이었다. 반면 조선은 기존 질서가 이미 붕괴하고 있음에도 '정답이 이미 주어져 있다'는 사고에서 벗어나지 못했다.

대한민국의 산업화·민주화·기술 도약은 환경의 선물이 아니라 현실을 새롭게 해석하고 행동으로 전환한 정치적 선택의 결과였다. 즉, 두 번째 질문의 답은 문명의 방향을 결정하는 것은 조건이 아니라 조건을 해석하는 인식 체계와 지도력이라는 것이다.

그렇다면 힘들지만 해야 할 세 번째 질문을 해 보자. 지금의 대한민국은 어떤 상태인가? 몰락할 것인가? 아니면 흥할 것인가? 내가 보기에 한국 사회는 다시 위험한 지점으로 접근하고 있다. 외부 환경이 불안해서가 아니다. 문제는 내부의 관측과 판단 체계가 다시 경직되고 있다는 점이다. 사법기관, 언론, 감사기관, 의회는 본래 변화하는 현실을 측정하고 균형을 잡는 '관측 장치'여야 한다. 그러나 오늘의 정치 시스템은 여전히 단일 진리·단일 서사·단일 권력이라는 뉴턴적 사고에 갇혀 있다. 그 결과 제도는 현실을 비추지 못하고, 권력은 자신이 보고 싶은 현실만을 재생산한다. 이는 특정 개인이나 기관의 도덕적 실패라기보다는 정치 시스템 전반이 단일한 해석을 선호하도록 설계되어 온 구조적 결과에 가깝다. 수사와 재판은 사실 탐구가 아니라 해석의 강요가 되고, 언론은 관찰자가 아니라 확성기가 되었다. 이것은 단순한 정치 실패가 아니라 인식론적 전환에 실패한 시스템의 증상이다.

조선의 몰락, 대한민국의 도약, 그리고 오늘의 위기는 서로 다른 사건이 아니다. 모두 정치가 현실을 관측하는 방식에서 파생된 결과다. 기존의 역사학이 조선의 몰락을 산업화 지연, 국제 정세 오판, 제도의 경직성 등 '조건의 실패'로 설명해 왔다면, 퀀텀정치혁명론은 그 조건들을 제대로 인식하고 해석하며 대응할 수 있는 관측 체계 자체가 붕괴되었다는 점, 즉 '관측의 실패'로 재구성한다. 다시 말해 조선은 악조건만을 만난 것이 아니라 변화한 세계를 읽어 낼 인식 프레임을 상실한 상태였다.

문제는 이 패턴이 근대 이후에도 반복되고 있다는 점이다. 주자학의 '도덕적 절대'는 20세기에 들어 마르크시즘의 '역사적 필연성'으로 또는 자본주의의 '시장 절대'로 형태만 바꾸어 지속되었다. 서구 근대가 구축한 인식틀 역시 하나의 절대적 진리를 향해 나아가는 직선적 역사관에 의존했다. 그 안에서는 진리의 다양성과 상호 의존성, 즉 양자적 세계의 다중성과 얽힘은 설 자리가 없었다.

주자학이든 마르크시즘이든 혹은 과학적 결정론이든 그것이 자기 완결적 체계로 닫히는 순간 사유는 더 이상 현실을 반영하지 못하고, 현실은 사유에 의해 왜곡된다. 따라서 우리가 진정 반성해야 할 것은 주자학이라는 특정 사상이나 제도가 아니라 진리를 하나로 환원하려는 사고의 습관, 즉 '절대화의 충동'이다. 이것이야말로 조선 후기를 몰락으로 이끈 철학적 뿌리이자 오늘날에도 여전히 반복되는 근대적 오류다.

　근대 과학의 역사는 세계를 바라보는 방식이 어떻게 변화해 왔는지를 보여 주는 거대한 인식의 전환기였다. 뉴턴의 세계는 질서와 인과가 지배하는 단일한 진리의 우주였다. 아인슈타인은 이 틀을 흔들며 공간과 시간 자체가 관찰 조건에 따라 달라진다는 사실을 드러냈다. 그리고 양자역학은 한 걸음 더 나아가 '진리는 하나의 값이 아니라 관찰자의 선택과 관계 속에서 드러나는 확률적 실재'라는 더 근본적인 도전을 던졌다. 이 변화는 단순한 과학적 진보가 아니라 세계가 작동하는 방식 자체가 이전과 다르다는 깨달음이었다.

　정치에서 사건은 하늘에서 떨어지듯 갑자기 오는 것이 아니다. 정치가 무엇을 위험으로 보고, 무엇을 기회로 보며, 무엇을 무시하느냐에 따라 같은 상황도 전혀 다른 사건이 된다. 문제는 정치가 "이것만이 정답이다"라고 말하기 시작할 때다. 그 순간 다른 목소리들은 틀린 것으로 밀려나고, 권력은 현실의 변화를 미리 감지할 감각을 잃는다. 결국 위기는 밖에서 오는 것이 아니라 안에서 자라난다. 퀀텀정치가 말하는 정치는 정답을 강요하는 기술이 아니라 다양한 관점들이 살아 움직이며 현실을 계속 업데이트하는 과정이다.

　정치가 양자적 세계에 맞는 관측 능력을 회복하지 못하면 제도는 현실을 더 이상 볼 수 없고, 권력은 진실을 독점하는 착시 속에서 난폭해질 수밖에 없다. 퀀텀정치는, 정치는 하나의 진리가 모든 것을 지배하는 것이 아니라, 수많은 관점과 상호작용이 얽히는 과정에서 드러나는 진실이 방향을 결정한다고 말한다. 어느 한 집단이 '진리의 독점자'를 자처하는 순간 그 권력은 이미 붕괴의 씨앗을 품게 된다. 독점된 진리는 마치 자기조절 능력을 잃은 면역 체계처럼 국가라는 유기체를 내부에서부터 붕괴시킨다. 우리는 이미 여러 번 이런 일을 겪었고, 겪고 있는 중이다.

3. 조선의 몰락과 대한민국의 도약, 그 원인

인식론은 언제든 시대를 뚫고 나올 수 있다. 시대적 조건을 뛰어넘는 사유는 가능하다.

1927년, 브뤼셀의 솔베이 호텔. 아인슈타인과 보어, 슈뢰딩거(Schrödinger)와 하이젠베르크(Heisenberg)는 세계가 무엇으로 이루어졌는지를 두고 끝없는 논쟁을 벌였다. 그들이 도달한 결론은 단순했다. 실체는 관계 속에서 드러나며, 현실은 관찰 없이 존재하지 않는다. 이 깨달음은 이후 인간이 세계를 계산하고, 연결하며, 조직하는 방식 전체를 바꾸는 씨앗이 되었다.

반면, 같은 시기 조선에서는 무엇이 일어나고 있었을까? 가장 큰 과학 행사라고 할 만한 것은 일제가 일왕 결혼 25주년을 기념해 만든 은사기념과학관 개관식이었다. 총독부 청사를 개조한 이 과학관은 교화와 통제의 목적으로 지어졌다. 가까운 일본과의 격차는 극명했다. 일본은 이미 도쿄·교토 제국대학과 이화학연구소를 갖추고 있었고, 그 기반 위에서 유카와 히데키는 1935년에 노벨상을 받을 수 있었다.

왜 일본은 가능했고 조선은 그렇지 못했을까? 핵심은 성리학을 받아들이는 방식과 사회 구조였다. 조선은 성리학을 국가 이념과 교육 제도로 철저히 절대화했다. 1674년 예송 논쟁[2]의 진짜 본질은 상복 논쟁이 아니었다. 그것은 조선이 이미 정치·관료·사상·정보·경제가 하나의 경직된 구조로 맞물린 폐쇄체제가 되어 버렸다는 사실을 폭로한 사건이었다.

송시열과 예송 논쟁이 보여 주듯, 조선 후기의 문제는 특정 인물이나 계층의 탐욕이 아니라, 체제 전체가 현실의 변화보다 정통성과 질서 유지를 우선하도록 설계되었다는 데 있었다. 사대부와 지주층은 새로운 생산 방식이나 기술 혁신을 거부했다기보다 그것을 시도할 유인이 거의 없는 구조 속에 놓여 있었다. 정치·사회적 정통성은 고정된 규범에서 나오고, 경제적 안정은 토지와 신분 질서에 의해 보장되었기 때문이다.

오늘날 한국의 기업들 역시 구조적으로 유사한 조건에 놓여 있

---

2   예송 논쟁은 조선 현종 때(1659~1674) 두 차례 벌어진 왕실 상복(喪服) 문제를 둘러싼 정치·사상적 대립으로, 조선 후기의 정국 운영을 사실상 '의례 해석 투쟁'으로 몰아넣은 사건이다.

1차 예송(기해예송, 1659년)은 효종이 사망했을 때 효종의 계모(대비)인 자의대비가 얼마 동안 상복을 입어야 하는가. 즉, '1년설(소론)'과 '9개월설(노론)'의 대립으로 전개되었다.

2차 예송(갑인예송, 1674년)은 인조의 계비(자의대비)가 효종의 비(인선왕후)를 위해 어떤 상복을 입어야 하는가. 즉, '3년설(노론)'과 '1년설(남인)'의 충돌로 이어졌다.

표면적으로는 상복 기간과 친·서(嫡·庶)의 차이를 둘러싼 '예법 해석' 문제처럼 보이지만, 실제로는 정통성 체제의 주도권을 둘러싼 노론·소론·남인 간의 정치 투쟁, 왕권과 신권의 위계를 둘러싼 국가권력 구조 갈등, 송시열을 중심으로 한 주자학 해석의 절대화가 복합적으로 얽힌 사건이었다.

예송은 의례 문제를 넘어 조선 정치의 의사결정 체계가 현실 문제보다 명분·정통성·의례를 우선하는 구조로 굳어지는 계기를 만들었다. 이로써 조선 후기의 정치가 사회·경제·군사 문제에 주력하기보다는 의례 해석과 이념 투쟁에 국정의 상당 부분을 소모하는 구조적 병리가 고착되었다는 평가를 받는다. ─필자 주

다. 장기적인 기술 투자나 산업 전환은 불확실성과 회수 위험이 큰 반면, 정책 방향과 제도 변화에 대한 신속한 적응은 상대적으로 예측 가능하며 단기적 안정성을 확보해 준다. 이러한 선택은 도덕적 문제나 탐욕의 산물이라기보다 불확실한 환경에서 반복적으로 학습된 합리적 위험 회피의 결과에 가깝다.

이와 같은 구조에서는 자본이 본래 수행해야 할 실험과 도전의 기능이 점차 약화된다. 그 결과 자본의 흐름은 기술 혁신이나 시장의 잠재력보다는 제도의 신호와 정책의 방향에 따라 조정되고, 이는 장기적으로 국가 경제의 역동성과 전환 능력을 제약하는 구조적 요인으로 작용한다.

예송 논쟁 당시 사림의 서원과 간쟁 시스템은 사실상 '여론의 독점 기구'였다. 그런데 오늘의 언론 또한 예전의 그것과 크게 다르지 않다. 언론은 제 기능을 잃고 어느 진영에 더 유리한 해석인지, 어느 편의 정통성을 강화할 수 있는지, 어떤 말싸움이 더 많은 클릭을 가져오는지를 기준으로 뉴스의 구도를 결정한다. 이것은 정보가 아니라 정통성의 전장이다.

언론이 '국가가 무엇을 해야 하는가'를 말하는 대신 '누가 잘못했는가', '누가 이겼는가', '누가 더 부도덕한가'에만 매달릴 때, 정치는 중심을 잃고 도덕적 내전으로 추락한다. 예송 시대가 바로 그러했고 그 결과 조선은 내부에서부터 붕괴했다. 지금 대한민국도 똑같은 길을 가고 있는 것은 아닐까?

조선 후기의 관료제는 주자의 문장을 기준으로 정책의 정당성을 판별했고, 그로 인해 현실 적응 능력을 잃었다. 그러나 오늘의 관료제도 크게 다르지 않다. 혁신적 정책보다 권력에 안전한 결정, 언론에 비판을 덜 받을 결정, 국회 청문회에서 덜 공격받을 결정이 우선된다. 즉, 관료제는 국가의 미래보다 자기 생존전략을 먼저 계산하는 시스템이 되었다.

이러한 관료체제에서는 어떤 성향의 정권이 들어선다 한들 미래를 설계하기가 쉽지 않다. 정치는 4년, 관료제는 40년을 본다고 하지만 오늘의 관료제는 그 40년을 미래가 아니라 위험 회피로 채우고 있다. 이렇게 된 원인은 나중에 자세히 설명하겠지만 10·26 사태가 결정적 계기가 된다. 이른바 '관료적 자동화 인식론[3]이 지배하게 되는 것이다. 어찌 되었던 이런 요소들이 결합하면, 조선 후기와 똑같은 '정치-자본-언론-관료 복합체'가 형성된다. 이 네 집단은 서로 다른 조직이지만, 모두 정통성 게임의 수익자로 기득권 카르

---

3   '관료적 자동화 인식론'이란 정책 판단과 국가의 의사결정이 살아 있는 현실을 해석하여 대응하는 능력을 상실하고, 기성 규범·절차·관행을 자동적으로 반복하는 인지 구조를 의미한다.

     이 인식론에서는 관료제의 판단 기준이 현실 변화보다 제도 내부의 매뉴얼, 규범화된 사고, 조직 보존 논리를 우선한다. 그 결과 관료는 스스로 '사유하는 행위자'가 아니라 기존 규칙을 자동적으로 재생산하는 반(牛)기계적 존재로 기능하게 된다.

     이는 조선 후기의 성리학 정통 체제가 현실의 경제·기술·국제 질서를 외면한 채, 예송 논쟁과 같은 의례·명분 중심의 자동적 사고 체계를 국정의 기준으로 삼았던 것과 구조적으로 유사하다.

     현대의 관료적 자동화 역시 변화의 속도가 빠른 디지털·글로벌 환경 속에서 문제의 본질보다 절차 준수와 형식적 책임 회피를 우선하는 체제적 병리로 나타난다. -필자 주

텔을 형성한다. 현실 문제는 복잡하고 해결이 어렵지만, 정통성 싸움은 단순하고 즉각적이며 비용이 적게 든다. 그래서 그들은 모두 상징 싸움, 절차적 정당성 논쟁, 도덕적 비난전, 여야의 장외전을 정치의 핵심 무대로 끌어올린다. 즉, 정치-자본-언론-관료의 합작품이 '현대판 예송 체제'를 만드는 것이다. 그리고 이러한 구조는 조선 후기와 똑같은 결론을 향해 갈 가능성이 있다.

우리가 잊지 말아야 할 것이 있다. 정약종, 홍낙민, 최창현, 최필공, 홍교만, 이승훈, 강완숙, 주문모, 황사영. 그들은 낯선 신념을 가졌기 때문이 아니라, 조선을 깨우려 했다는 이유로 목숨을 잃었다. 조선의 지배층은 체제를 흔드는 진실을 두려워했고, 체제가 이해하지 못하는 '질문자'를 처형한 것이다. 그들에게 '위험'이란 새로운 가능성의 다른 이름이었다. 그렇다면 2026년 오늘, 우리는 묻지 않을 수 없다. 그때와 동일한 구조는 지금 누구를 향해 칼날을 겨누고 있는가?

과거 조선은 칼과 법전을 이용했고, 오늘 대한민국은 여론, 언론, 검찰, 인사권, 예산, 규제, 프레임을 사용한다. 형벌의 방식만 바뀌었을 뿐, 침묵시키는 기술은 더 세련되고 더 효과적으로 진화했다. 조선 후기의 정통성 체제가 '사문난적'이라는 낙인을 찍었다면, 오늘의 권력은 가짜 뉴스, 이념 세력, 포퓰리즘, 적폐, 내란몰이, 극우라는 새로운 낙인을 만든다. 이 낙인들은 똑같은 목적을 가진다. 불편한 목소리를 제거하고, 체제의 안정이라는 이름으로 지배 질서를

　　신냉전 시대와 한국 정치

봉인하는 것이다.

따라서 지금 우리가 던져야 할 질문은 이것이다. 2026년 오늘, 조선이 죽였던 사람들과 같은 방식으로 지금 어떤 진실이 암장되고 있는가? 어떤 목소리가 '위험하다'는 이유만으로 제거되고 있는가? 그리고 누가 이 침묵의 대가를 치르고 있는가? 이 질문을 하지 않는 사회는 결국 조선이 걸었던 길을 다시 걷게 된다. 희생된 이름만 달라질 뿐, 체제의 자동화된 폭력은 형태를 바꿔 계속 작동하기 때문이다.

조선 후기의 성리학은 사상을 넘어 하나의 폐쇄적 체제가 되었지만 일본은 달랐다. 일본 역시 성리학을 받아들였지만, 그것은 통치 기둥의 하나일 뿐 전체를 대체하는 절대 원리는 아니었다. 도쿠가와 막부가 성리학을 공론의 중심으로 세웠지만, 그것은 신토·불교·법치와 혼합된 복합적 질서 속에서 운용되었다. 하야시 라잔이 주자학을 국가 이념으로 체계화했지만, 그 적용은 유연한 해석 아래 이루어졌다.

가장 중요한 차이는 학문적 다양성의 제도적 보장이었다. 막부가 통제한 성리학이 있었지만, 그 외면에는 번별(藩別)로 서학·난학·국학이 성장하며 다양한 지적 생태계를 만들어 냈다. 막부에 밉보인 학자는 번주의 후원 아래 연구를 지속했고, 이는 중앙 권력이 거부한 새로운 지식이 지방에서 축적될 수 있는 공간의 토대가 되었다. 후쿠자와 유키치가 '자유·자립·문명 교류'를 근대 혁신의 토대로 제시할 수 있었던 것도 이러한 구조적 여지 덕분이었다.

결국 일본은 사상을 절대화하지 않았다. 사상을 관리 가능하고 조절 가능한 도구로 다뤘다. 조선은 사상을 국가의 형체이자 존재 이유로 삼았다. 이 차이가 두 나라의 앞날을 갈랐다.

여기서 얻을 수 있는 결론은 분명하다. 문제는 성리학이라는 사상 자체가 아니다. 어떤 사상이 들어오느냐가 국가의 운명을 결정하는 것이 아니다. 사상을 어떻게 운용하는 사회 구조를 갖추었는가, 사상을 견제하고 변형시키는 제도를 만들어 두었는가, 사상을 넘어선 또 다른 사유의 공간을 허용했는가가 바로 국가의 미래를 결정하는 것이다. 조선은 사상을 절대화한 순간, 체제의 상상력이 고갈되었다. 일본은 사상을 다원적 질서 속에 배치함으로써 변화를 흡수할 여지를 확보했다. 이 차이를 만들어 낸 것은 사상의 우열이 아니라 사상을 다루는 인식 능력의 차이였다. 사상을 절대화하지 않고 거리를 두고 관찰하며, 필요한 경우 재배치할 수 있었던 사회는 변화에 대응할 수 있었다. 반대로 사상을 곧바로 정통성과 동일시한 순간, 사회는 스스로를 관찰하고 수정할 능력을 상실했다. 이 지점에서 역사적 문제는 사상사가 아니라 관측자의 문제로 전환된다.

이것은 과거의 문제가 아니라 바로 오늘의 문제이다. 대한민국은 지금 '관측자 능력' 자체를 상실해 가고 있다. 사람들은 위기를 '분석한다'고 말하지만, 그 분석은 이미 주어진 프레임 안에서의 정리와 반복에 가깝다. 무엇이 위기인지, 무엇이 기회인지, 무엇을 바꿔야 하는지에 대한 질문은 더 이상 새롭게 제기되지 않는다. 즉, 문제는 위기를 계산하지 못하는 것이 아니라, 위기를 다시 정의하지 못한다는 데 있다.

양자역학에서 관측자 효과란, 대상을 관측하는 행위 자체가 그 대상의 상태를 바꾼다는 원리를 말한다. 고전역학이 관측자를 외부에 둔 반면 양자역학은 관측을 현실 생성 과정의 일부로 본다. 양자역학의 이중슬릿 실험[4]에서 전자는 관측되지 않을 때는 파동처럼 행동하지만, 관측되는 순간 입자처럼 단일 경로를 선택한다. 관측은 단순한 기록이 아니라, 현실을 다른 상태로 전환시키는 개입이다.

---

4 이중슬릿 실험(double-slit experiment)

이중슬릿 실험은 양자역학의 핵심 원리를 직관적으로 보여 주는 대표적 사례다. 전자나 광자와 같은 미시 입자를 두 개의 좁은 틈(slit)을 향해 발사하면, 관측 장치를 설치하지 않은 경우 입자들은 마치 파동처럼 행동하며 두 슬릿을 동시에 통과한 것처럼 간섭무늬(interference pattern)를 형성한다. 이는 입자가 특정한 하나의 경로를 따라 이동하는 고전적 실체가 아니라, 여러 가능성이 중첩된 상태로 존재함을 시사한다.

그러나 "어느 슬릿을 통과했는가"를 측정하는 관측 장치를 설치하는 순간, 간섭무늬는 사라지고 입자는 하나의 경로를 택한 것처럼 행동한다. 즉, 관측 행위 자체가 대상의 상태를 변화시키는 것이다. 이 실험은 관측자가 단순히 외부에서 사실을 기록하는 존재가 아니라, 현실의 상태를 결정하는 상호작용의 일부임을 보여 준다.

이중슬릿 실험이 갖는 인식론적 함의는 분명하다. 현실은 관측 이전에 하나의 고정된 값으로 존재하는 것이 아니라, 관측 조건과 관측 방식에 따라 서로 다른 상태로 드러난다. 양자역학은 이 지점에서 고전적 세계관—관측자와 대상이 분리되어 있고, 진리는 관측과 무관하게 존재한다는 전제—을 근본적으로 수정한다. -필자 주

오늘의 한국 정치에는 바로 이 관측자 기능이 작동하지 않는다. 정부·정당·언론·관료·자본은 모두 돌아가고 있지만, 그 작동은 더 이상 미래를 향한 설계가 아니다. 정책은 생산되지만 책임의 방향은 흐려지고, 제도는 유지되지만 의미를 재정의하려는 의지는 사라졌다. 국정은 선택과 설계의 결과가 아니라 자동화된 절차의 연쇄처럼 움직인다.

이는 특정 개인이나 집단의 무능 문제가 아니다. 현실을 다시 관측하고, 새로운 상태로 전환할 수 있는 인식론적 능력 자체가 시스템에서 소멸되고 있다는 신호다. 이 문제를 이해하려면 한국이 언제, 어떻게 관측자 능력을 획득했는지, 그리고 지금 왜 그것을 다시 잃고 있는지를 살펴봐야 한다.

인식론의 차이가 어떠한 운명을 만드는지 가장 잘 보여 주는 사례는 루쉰(노신)-이육사-이승만이라는 세 지식인의 평행한 사유 경로다. 이육사는 루쉰을 직접 만났고, 둘은 넓은 의미에서 시대정신을 공유했다.

이육사는 "내가 바라는 손님은 고달픈 몸으로 청포(靑袍)를 입고 찾아오신다"라며 새로운 세상을 향한 갈망을 시 「청포도」에 담아 낸 시인이다. 그는 1933년 난징 조선혁명군사간부학교를 수료한 뒤 상하이에서 루쉰을 만났다. 4년 뒤 루쉰이 세상을 떠났을 때, 이육사는 추도문에서 "나의 손을 다시 한 번 잡아 줄 때 루쉰은 매우 익숙하고 친절한 친구였다"고 회고한다. 이육사에게 루쉰은 단순한

　　　　　　　　　　　신냉전 시대와 한국 정치

문학인이 아니라, 혁명과 예술을 결합한 새로운 지적 모델이었다. 그는 「노신 추도문」(1936년, 조선일보 연재)에서 『아Q정전』이 발표될 당시의 중국 사회를 '아큐시대'라고 규정하면서, 루쉰의 정신이 현실 비판과 사회 개혁의 필요성을 예술 속에 밀도 있게 투영하고 있다고 평가했다.

루쉰은 1937년 폐 질환으로 생을 마감했으나, 이육사는 훨씬 더 비극적인 결말을 맞았다. 1944년 1월 일제에 강제 체포되어 북경으로 압송된 뒤, 끔찍한 고문 속에서 그해 1월 16일 순국했다. 그가 꿈꾸었던 새로운 사회는 끝내 생전에 도래하지 못했다. 이육사를 포함한 당시의 진보적 지식인들이 선택했던 시대정신은 대체로 사회주의였다. 특히 1917년 러시아혁명의 성공은 거대한 충격이었다. 제국주의와 군벌의 낡은 체제를 무너뜨린 혁명은 조선의 청년·지식인·혁명가들에게 압도적 대안으로 다가왔다. 두 사람 모두 식민과 제국의 폭력 속에서 '세계를 새롭게 보려는 인식론적 감각'을 지녔지만, 그들의 도달점은 대부분 사회주의 혁명이었다. 당시 청년 지식인에게 사회주의는 현실 타개의 유일한 대안처럼 보였다.

반대로 이승만은 감옥에서 라이먼 애벗(Lyman Abbott)·배재학당·기독교 개혁신학을 접하며 완전히 다른 세계관에 도달했다. 이승만은 감옥에서 근대 자본주의와 국제무역, 교육의 중요성을 깨닫고 이를 독립 전략과 국가 발전론으로 연결했다. 1904년 저서 『독립정신』에서는 국제무역·교육·문명교류를 통한 경제력 강화가 독립의 기초라고 강조하며, "나라가 부강하려면 통상이 넓어야 하고, 문호를 열어야 한다"고 역설했다. 이는 기 성리학의 전통에 도전하는 대안으로, 사회주의가 지식인들 사이에서 대세를 이루던 시대에서 이는 예외적 목소리였다.

그는 도대체 어떻게 그런 사상을 갖게 되었을까? 1897년부터 1904년까지, 이승만은 한성 감옥에서 고문을 견디며 시간을 보냈다. 그곳에서 미국 선교사들이 몰래 건네준 잡지 《아웃룩》이 그의 구원이 되었다. 그 잡지의 편집자 라이먼 애벗은 기독교 사회주의자로서 자본주의의 폐단을 비판하며 평등과 교육을 강조하던 인물이었다.

이승만의 사상적 뿌리를 더 깊이 들어가 보면 1894년, 감리교 선교사 헨리 아펜젤러(Henry Gerhard Appenzeller)가 설립한 서울의 배재학당에서 형성된 것으로 보인다. 아펜젤러는 보수적 신학자였지만, 사회 개혁을 통해 기독교를 전파하던 인물이었다. 이 교육은 이승만을 기독교로 개종시켰고, 그의 정치사상에 종교적 도덕성을 더했다.

같은 식민 현실 속에서도 그는 세계를 고정된 질서가 아니라 인간이 재설계할 수 있는 장(場)으로 보았다. 이 차이가 훗날 대한민국의 탄생 경로 전체를 갈라놓는다.

문학평론가 에드워드 사이드(Edward Said)는 『오리엔탈리즘』에서 서구의 역사 서술이 지식의 축적이 아니라 권력의 행사이며, 타자를 규정하는 담론적 전략임을 밝혔다. 즉, 역사란 중립적 기록이 아니라, "누가 말하는가"에 따라 구성되는 권력의 장이라는 것이다. 그의 문제의식은 제국주의 비판이었지만, 동시에 모든 절대적 진리를 상대화하여 비교와 판단을 어렵게 만드는 부정적 효과도 남겼다. 이는 역사에서 철학적 기준을 지워 버린 결과다.

조선 후기의 몰락은 바로 그런 닫힌 인식론이 초래한 필연이었다. 세계는 이미 움직이고 있었으나, 조선의 지식인들은 그것을 '변하지 않는 질서'로 보았다. 그러나 내가 말하고자 하는 요점은, 그 시대가 처한 '객관적 한계'만으로는 몰락을 설명할 수 없다는 것이다. 인식론은 언제든 시대를 뚫고 나올 수 있다. 시대적 조건을 뛰어넘는 사유는 늘 가능했다. 그 예가 바로 이승만이다. 근대 이후 식민지 경험을 가진 나라 중 스스로 세계 10위권 국가로 도약한 사례는 대한민국이 거의 유일하다. 이것은 단순한 경제 발전의 성취가 아니라, 국가가 현실을 해석하고 대응하는 방식, 즉 인식론 자체를 바꾸었기 때문에 가능한 기적이었다. 그래서 우리는 다시 그 근본 질문 앞에 선다. 조선은 왜 몰락했고, 대한민국은 왜 성공했는가?

조선의 몰락은 군사력 부족이나 외세의 침략 그 자체보다, 세계 변화를 읽는 능력이 상실된 데에서 출발했다. 조선의 지배층은 세계를 고정적 질서로 보았고, '전통적 안정'과 '국가 보전'만을 판단 기준으로 삼았다. 반대로 일본은 메이지 유신을 통해 세계를 가변적 구조로 인식하며, 제도·군사·교육·외교를 과감하게 재편했다.

두 나라의 힘의 차이는 곧 인식론의 차이였다.

일본은 세계 체제 속에서 '국가의 생존 방식'을 전략적으로 모색한 반면, 조선과 중국 청년들의 사상은 제국과 식민의 압박 속에서 '민족·혁명·저항'으로 구조화되었다. 상이한 인식틀은 상이한 정치 행동을 낳았고, 동아시아의 사상 충돌은 필연적으로 정치적 충돌로 이어졌다.

그러나 조선이 식민지로 전락하는 경험 위에서 대한민국은 정반대의 인식론적 전환을 선택하게 된다. 그 핵심에는 이승만의 국가 철학과 외교전략이 있었다. 1945년 당시의 일반적 세계관은 한국은 식민지에서 해방된 가난한 나라에 불과했고 국제 정치의 '객체'이며 미국·소련 같은 강대국이 운명을 결정하는 수동적 존재였다. 그러나 이승만은 세계를 완전히 다르게 관측했다. "한국은 스스로 질서를 설정할 수 있는 행위자다", "약소국이라도 주도권을 가질 수 있다", "국제 정치는 고정된 체계가 아니라 힘과 전략으로 재구성할 수 있다"고 주장했다.

이승만 외교의 가장 중요한 성과는 한반도의 국제적 지위를 '약소국(peripheral state)'에서 '전략국가(pivotal state)'로 재정의한 것이었다. 그 전환이 가장 선명하게 드러난 사건이 1951년 샌프란시스코 강화회의다. 이 회의는 전범국 일본의 최종적 지위를 결정하는 자리였지만, 50여 개의 국가 중 대부분의 아시아 식민지 국가들은 초청조차 받지 못했다. 초청을 받더라도 발언권이 제한된 '의례적 참가국'에 그치는 것이 당시 규칙이었다.

그러나 이승만은 이러한 구조 자체를 문제 삼았다. 그는 "한국이 배제된 일본 강화조약은 정당성을 확보할 수 없다"는 논리로 미국—특히 덜레스 라인—을 지속적으로 압박했고, 한국 정부는 공식·비공식 외교 채널을 총동원해 한국의 참여가 조약의 합법성(legitimacy)을 구성하는 필수 요소임을 강조하며 설득했다. 이는 당시로서는 약소국이 취하기 어려운 공격적 외교전략이었다.

결과는 극적이었다. 한국은 '식민지 피해국' 중 유일하게 독자적 대표단을 파견했고, 조약의 여러 조항에 대해 의견을 제출하며 일본의 전후 지위와 배상 문제에서 국제적 당사자 지위를 확보했다. 이승만은 일본을 '경제적으로 부흥할 잠재적 강자'로 보지 않았다. 그는 일본을 '전범국이며, 한국이 규범·법적 기준을 통해 규정할 수 있는 대상'으로 재해석했다. 이것을 근거로 일본의 배상 문제에서 대한민국이 국제적 정당성을 갖게 되었고, 1965년 한일기본조약에서 한국이 '청구권 0원론'이 아닌 '식민지 지배의 불법성을 전제로 한 경제·외교적 합의'를 이끌어 낼 수 있었다. 이 모든 전환은 군사력이나 경제력으로 이뤄진 것이 아니라, 국가 인식론의 혁신—즉, "한국이 누구이며, 일본을 어떻게 규정할 것인가"라는 관측틀의 전환—에서 먼저 시작되었다.

미국과의 관계 설정도 대한민국의 미래에 결정적 영향을 주는 것이었다. 한국전쟁 직후인 1953년 정전협정이 체결됐지만 이는 한반도의 항구적 평화를 보장한 것이 아니라 냉전 질서 속에서 일시적 휴지였다. 당시 많은 이들은 한국이 여전히 '약소국'으로 남을 것이라 보았지만, 이승만은 정전조약을 계기로 미국과의 관계를 단순한 우방이 아니라 구조적 동맹으로 재설계해야 한다는 전략적 선택을 했다.

그는 정전을 '미국의 책임이 끝나는 시점이 아니라, 미국이 한국을 자신의 전진 기지로 삼기 위한 조건'으로 보았다. 이를 위해 그는 때로는 '극단적 거부(정전 반대)'라는 도발적 태도를 보이며 미국과 국제 사회에 신호를 보냈다. 이 신호는 단순한 협박이 아니었다. 한국을 단순한 피해국이 아니라 미국이 구조적으로 고려하며 동아시아의 핵심 동맹국으로 재정의하라는 요청이었다. 그는 결코 고분고분하지 않았고 그 전략은 곧 현실화되었다. 1953년 이후 한미상호방위조약이 체결되었고, 미국은 장기 주둔을 시작했으며, 한국은 일본이나 대만 같은 단순 우방이 아니라 '냉전 동아시아의 핵심 전선 국가(frontline state)'로 정치적·군사적 지위를 획득했다.

즉, 이승만의 관측은 다음과 같은 전환을 만들었다. 미국을 '강대국의 수호자'이자 하향적 후견자(guard-patron)로 보지 않고, '한국의 선택과 전략을 구조적으로 고려해야 하는 행위자(actor)'로 재지정하는 결과를 낳았다. 이 재지정은 한미 관계의 단기적 군사동맹을 넘어 냉전 체제 속에서 한국의 위상과 생존 조건 자체를 재구성하는 외교적 구조 재편이었다. 이 전략적 전환 덕분에 한국은 단순

    신냉전 시대와 한국 정치

한 한반도 피해국이 아니라 동아시아 및 세계 냉전 질서 속에서 중요한 협상 주체가 되었고, 이는 이후 한국의 군사, 외교, 국제적 지위에 큰 영향을 주었다.

이승만의 전략은 특정 이념을 실현하려는 정치가 아니라, 미·일·중이 중첩되는 불확정적 국제 질서 속에서 한국을 단순한 반응 변수가 아닌, 질서 형성에 개입하는 행위자로 만들기 위한 장(場)의 구축이었다. 이 점을 무시한 채 그의 정치를 자유주의·반공·친미라는 이념 범주로 정리하는 것은, 결과를 원인으로 오인하는 해석에 가깝다.

이승만의 세계 재구성 인식론은 단순한 개인적 신앙의 발현이 아니라, 근대 개신교가 형성한 '창조적 인간관'과 '역사에 대한 적극적 개입 윤리'에 기반한 정치적 인식 체계였다. 그의 기본 가정은 세계 질서를 초월적 운명이나 제국이 부여한 고정 구조로 보지 않고, 인간의 행위와 선택을 통해 재구성이 가능한 대상으로 인식하는 데 있었다. 이러한 점에서 그의 세계관은 경험적 현실을 인간의 개입을 통해 변형 가능한 장(場)으로 이해하는 구성주의적 인식론으로 해석할 수 있다.

이 관점은 퀀텀정치혁명론이 제시하는 핵심 명제—세계는 관측자의 선택과 상호작용을 통해 새롭게 조직될 수 있다는 인식—와 구조적으로 연결된다. 조선 말기의 운명론적 질서관이나 식민지 시기의 패배주의, 그리고 동아시아 전통 정치사상이 지녔던 정태적 세계관과 달리, 이승만은 한국을 국제질서 속에서 고정된 위치에 묶인 객체가 아니라 재배치 가능한 행위자로 인식했다. 국제 정치 역시 불가변의 체제가 아니라, 개입과 설계를 통해 수정 가능한 구조로 파악하였다.

한국이 식민지 경험과 전쟁, 산업 기반의 붕괴라는 조건에도 불구하고 단기간에 세계 10위권 국가로 도약할 수 있었던 배경에는 단순한 경제정책이나 군사동맹 이상의 요인이 작동하고 있었다. 그것은 세계 질서는 주어지는 것이 아니라 구성될 수 있다는 인식론에 기초한 정치적 선택들의 누적이었다. 세계를 고정된 구조가 아니라, 재배치 가능한 질서로 인식했던 정치적 판단들이 국가의 방향을 결정했다. 이 인식론의 약화가 오늘날 한국 외교와 국가 전략에서 관찰되는 축소와 수동성으로 이어지고 있다는 점은, 단순한 정책 실패가 아니라 세계를 인식하는 틀 자체의 낙후로 이해할 필요가 있다.

이 지점에서 나는 왜 루쉰과 이육사, 그리고 이승만을 함께 떠올리게 되었는지 다시 생각하게 되었다. 처음에는 그 이유가 명확하지 않았다. 겉으로 보면 세 사람은 극단적으로 다르기 때문이다. 루쉰은 사회주의 혁명 이전 중국 지식인의 비판적 양심이었고, 이육사는 민족주의와 저항의 언어를 시로 형상화한 인물이었다. 이승만은 자유민주주의 노선을 선택한 정치가였다. 이념 스펙트럼만 놓고 보면, 이들을 묶어 비교하는 것은 설득력이 약해 보인다. 단순한 좌·우, 진보·보수의 구도로 접근한다면 이 비교는 실패할 수밖에 없다.

그러나 책을 탈고하는 시점에서 이들을 연결하는 공통점이 사상의 내용이 아니라 사유의 위치라는 점을 뒤늦게 발견하게 된 것을 고백한다. 이들은 모두 '체제 내부의 신자'로 머물지 않았던 것이다. 루쉰은 중국 전통과 혁명 이데올로기 모두에 거리를 두었고, 이육사는 사회주의적 민족주의를 노래했지만 그것을 권력의 언어로 번역하지 않았다. 이승만 역시 독립 이후에도 민족 감정이나 대중의 정서를 정치적 판단의 기준으로 삼지 않았다. 세 인물 모두 자기 진영의 고정된 정체성에 안주하지 않았다는 점에서 공통된다.

더 중요한 공통점은 이들이 모두 참여자이면서 동시에 관측자의 위치를 유지하려 했다는 점이다. 퀀텀정치혁명론의 언어로 말하자면, 이들은 대상 속으로 완전히 흡수되지 않았다.

루쉰은 "중국을 구하자"는 구호보다 중국인이 왜 스스로를 속이는지를 관찰했다. 이육사는 독립의 당위보다 조선 민중이 처한 실존적 조건을 응시했다. 이승만은 독립의 감정보다 독립 이후 국가가 어떻게 생존할 것인가를 먼저 계산했다. 이 점에서 루쉰, 이육사, 이승만은 서로 다른 이념을 가졌음에도 불구하고 같은 인식론적 자세를 공유한 인물들이었다. 루쉰은 문명 내부에서 문명을 관측했고, 이육사는 민족 내부에서 민족을 관측했으며, 이승만은 혁명과 민족 감정 내부에서 국가를 관측했다. 이들은 단순한 '선구자'

가 아니라 내부자이면서도 동일시의 함정을 피했고 정치·문명·민족을 객체화하려 했다는 점에서 퀀텀정치혁명론의 관점에서 보면 하나의 '전사(前史)적 인물'이다.

지금 한국 정치의 가장 큰 문제는 이념의 충돌이 아니다. 그것은 관측자의 실종이다. 모두가 "옳다"고 말하지만, 아무도 자신이 서 있는 위치를 의심하지 않는다. 모두가 참여자이고, 아무도 관측자가 아니다. 루쉰과 이육사, 그리고 이승만이 우리에게 던지는 질문은 결국 하나다.

"너는 무엇을 믿고 있느냐"가 아니라, "너는 지금 어디에 서서 무엇을 보고 있느냐."

이 질문이 바로 퀀텀정치혁명론의 출발점이다.

너는 지금 어디에 서서
무엇을 보고 있는가?

4. 국가는 왜 더 이상 가슴을 뛰게 하지 못하는가?

기적은 관측자적 인식론에서 태어났고 사망은 관료적 자동화 인식론에서 시작된다.

앞서 한 이야기들이 지나치게 개념적으로만 이해될 것 같아 구체적 예를 들어 보겠다. 2023년 기준 한국의 R&D 예산은 세계 5위에 달하지만, 이 예산은 17개 부처, 수백 개 사업으로 쪼개져 각 부처 관료들이 따로 심사·집행한다. 문제는 부처별 칸막이 탓에 비슷한 목적의 과제가 부처별로 중복 지원되고 있다는 점이다. 각 부처는 '예산을 차지하려는 관료적 경쟁·정치적 로비'에 더 주력하여, 연구 성과와 산업 연계, 융합 혁신보다는 '분리된 성과보상·예산 소진'에 초점을 맞춘다. 이런 풍토에서 관련된 전문 브로커들이 기생하고 있는데 2023년 언론 및 당정 협의회에서 공개된 사실에 따르면, 전국에 1만 곳이 넘는 R&D 브로커가 "정부 과제를 따주겠다"며 컨설팅 명목으로 지원금의 20~40%를 수수료로 챙기는 일이 만연하다고 지적된 바 있다.

예를 들어, 지방의 한 중소 제조업체는 정부 R&D나 정책 자금에 응모할 때 브로커 도움 없이는 사업계획서조차 작성하지 못해 1억 원 지원금의 20%인 2천만 원을 브로커에게 지급했고, 같은 기업이 유사 과제 R&D 지원을 15회 넘게 반복 수주한 사례도 폭로되었다.

2017~2022년만 해도 브로커 관련 정식 신고가 40건이 넘었으나 실제 처벌은 전무하고, 오히려 대부분은 계속 영업을 이어가 아무리 신고돼도 처벌받지 않는, 거의 '신의 직장' 같은 곳이라는 말까지 나올 정도다.

이들은 사업계획서 작성, 서류 및 관계 세팅을 '대리 처리'해 주고, 반복적으로 유사 주제로 과제가 중복 수주되는 데 관여한다. 심지어 허위 서류·전관예우·공공기관 출신 네트워크까지 활용한 '카르텔'의 구조도 공식적으로 문제 제기된 바 있다.

사실 국민들은 거의 체념 상태라 폭동으로 번지지는 않겠지만 그렇다고 구조적 비리에 대한 분노가 없어지는 것은 아니다. 그러니 나라에 돈이 없는 게 아니라 도둑놈이 많다고 주장하는 것은 시원하기는 하지만 해결책은 아니다. 현재 시스템에서는 도둑을 잡아도 또 다른 도둑놈이 나올 수밖에 없다. 왜 그럴까? 비약으로 들릴 수도 있겠지만 구조적 시스템이 그런 부조리를 파생시키는 사각지대[5]를 내포하고 있기 때문이다.

---

[5] 시스템적 악순환과 뉴턴적 인식론의 한계는 동전의 양면이다. 뉴턴적 인식론은 사회와 행정을 기계적·실체적·인과율에 따라 "구성원(엘리트, 관료)만 바꾸면 시스템이 건강해진다"는 환상에 빠지게 한다. 이 세계관은 매번 새로운 인물을 투입하더라도, 주어진 자리에선 또 다른 '이익에 기생하는 세력'이 생겨나는 구조를 내포한다. 기존 행정체제는 '고정된 구조·정형화된 역할·분할된 권한'에 따라 움직이는데, 이는 마치 뉴턴 역학에서 물체(기관, 개인)가 주어진 힘(권한, 자원)에 반응할 뿐이라는 단순화된 모델이다. 실제로는 제도·관행·정보 흐름의 비선형성이 누적되어 이권 브로커, 정실 네트워크 등 새로운 부패가 다시 발생할 수밖에 없다. 따라서 부패와 기생 현상이 단순히 사람의 윤리만으로

좀 쉽게 예를 들어 보겠다. 흔히 카페 탁자에 핸드백을 올려놓고 화장실에 가도 분실 위험이 없다는 것을 한국인들의 높은 도덕심의 근거로 자랑한다. 어느 정도는 사실이지만 시스템의 덕분이기도 하다. 즉 한국 카페나 길거리에는 곳곳에 CCTV가 설치되어 있어 절도 자체가 극히 위험한 행위이기 때문인 것도 있다. 아마 미셸 푸코(Paul-Michel Foucault)가 이 장면을 본다면, '이것은 도덕의 승리가 아니라 감시의 일상화가 만들어 낸 평온'이라고 분석했을지도 모른다. 물론 농담입니다만…

결국 한국의 예산 분배 시스템은 17개 부처의 분절된 욕망이 병렬로 작동하는 행정의 군도(群島)에 가깝다. 각 부처는 '우리 부처의 몫'을 지키기 위해 비슷한 목적의 과제를 중복 지원하고, 성과는 '국가적 혁신'이 아니라 '부처별 실적표'로 귀결된다. 이러한 구조 속에 그 틈을 비집고 R&D 브로커라 불리는 새로운 기생 구조가 생겨

정화되지 않는 이유는, '기계적 행정 구조 자체가 이익을 좇는 브로커 집단이 유입되고 재생산되게끔 설계돼 있기 때문'이다.

진정한 시스템 변화는 구성을 바꾸는 것이 아니라 '세계관·인식론·패러다임'의 혁신에서 출발해야 한다. 즉, 현실에서 정보 흐름, 정책 결정, 자원 배분이 더 복합적이고 불확실하게 얽혀 있음을 인정하고, 평등·비선형·분산적 통제와 같은 '양자역학적' 관점으로 접근해야만이 기득권·부패 구조를 근본적으로 줄일 수 있다. 단순 행정적 처벌이나 엘리트 교체로는 체제의 구조적 부조리를 제거하기 어렵고, 결국 새로운 부패와 기득권이 또다시 증식하는 '비극적 순환'만 반복되는 한계를 겪게 된다. 이는 뉴턴적 인식론이 현실 세계의 복잡성, 분산성, 네트워크 효과를 충분히 반영하지 못하기 때문이다.

즉, 부패의 근원은 단지 개인의 도덕성이 아니라, 현재 행정 패러다임·인식론의 구조적 결함이며, 이를 뛰어넘는 혁신적 사회·행정 시스템이 실질적 해결책임을 명확히 인식해야 한다. -필자 주

났다. 이들은 "정부 과제를 따주겠다"며 지원금의 20~40%를 수수료로 챙긴다. 겉으로 보기에 이것은 부패처럼 보인다. 그러나 실상은 단순한 도덕적 타락이 아니다. 부처, 기관, 개인은 자신이 담당한 '부분'만을 관리하고, 그 부분이 전체와 어떻게 얽혀 있는지에는 관심을 갖지 않는다. 이것이 국가 시스템을 내부에서부터 붕괴시키는 원인으로 작동한다.

이 구조적 단절은 재난 대응에서도 동일하게 드러난다. 2022년 이태원 참사 이후 열린 각종 청문회와 조사 결과는 적어도 하나의 사실은 분명히 했다. 아무도 전체를 보지 않았던 것이다. 경찰은 "행정의 소관이 아니다"라고 했고, 지자체는 "치안은 경찰의 권한"이라 말했다. 각 기관이 매뉴얼대로 움직이지 않았던 탓도 있지만, 그 매뉴얼은 서로의 맥락을 읽지 못했다. 재난은 결국 '누구의 사건도 아닌 사건'이 되었다. 이는 단순한 준비 부족이 아니다. '관계의 사고'를 상실한 행정의 병리다. 만약 재난 시스템이 양자역학적 세계처럼 '즉각적 얽힘'과 '실시간 피드백'을 전제로 설계되었다면, 비극의 규모는 달라졌을 것이다.

재난에서 드러난 국가 운영 시스템의 실패는 거대한 빙산의 일각에 불과하다. 막스 베버(Max Weber)가 지적한 '관료제의 비인간화'와 '책임의 분산'은 단순한 행정상의 문제가 아니라, 한나 아렌트(Hannah Arendt)가 말한 '악의 평범성'으로 이어지는 위험한 구조다. 누구도 책임지지 않고 모두가 책임을 떠넘기는 그 구조 속에서 작은 사고는 언제든 국가적 참사로 비화할 수 있다. 특히 신냉전이라는 지정학적 격랑 속에서 대리전의 압박을 받고 있는 대한민국에서는 이 취약한 시스템 자체가 하나의 국가 안보 리스크다. 더 심각한 것은 이 시스템이 자연적으로 생긴 것이 아니라, 국가 권력을 장악한 특정 기득권 카르텔의 통치 방식에 의해 재생산 및 고착화되고 있다는 사실이다. 그 순간, 재난은 사고가 아니라 '통치의 결과'가 된다.

대다수 국민들은 어떻게든 살아 내고 있지만, 대한민국은 결코 정상적인 사회라 할 수 없다. 법은 정의를 외치지만, 진영 논리에 갇혀 법치주의 자체가 흔들리고 있다. 교육은 미래를 준비한다고 말하지만, 경쟁과 효율이 본질을 압도하여 학생과 인간을 길러내는 역할을 잃고 있다. 언론은 진실을 전달한다고 하지만, 클릭 수와 관심이라는 시장 논리의 포로가 되어 있다.

원래 이 세 영역은 민주주의의 기둥이었다. 그러나 지금은 각자의 논리 속에 고립되어 서로의 언어를 이해하지 못하는 비동기적 체계가 되어 버렸다. 니클라스 루만(Niklas Luhmann)은 현대 사회를 '기능적으로 분화된 사회'라고 정의했다. 법, 정치, 경제, 교육 등 각 체계는 고유한 코드와 언어를 가지고 독립적으로 작동한다.

관측자가 사라진 세계는 관료들에 의해 장악되었다. 조금 더 직설적으로 말하면 미국과 맞짱 뜨던 이승만 대통령이 4·19로 물러나고, "내 무덤에 침을 뱉어라"라는 결기로 경제개발계획을 추진하던 박정희 대통령이 10·26의 총격으로 서거한 후 대한민국은 일종의 트라우마에 의한 방어기제를 형성했다. 말하자면 관료적 자동화 인식론이 자리 잡게 되었다. 이 세계관은 "세계는 이미 결정돼 있고, 인간은 그 안에서 관리만 한다"는 것이다.

관료적 자동화 인식론의 철학적·정치적 뿌리는 그리 간단치 않다. 첫째, 막스 베버의 근대 관료제 존재론이 그 사상적 기초다. 베버의 관료제는 원래 효율성의 극치로 설계된 것이었지만, 그 철학적 핵심은 인간은 교체 가능하고, 규칙이 인간보다 우위에 있으며, 절차가 판단을 대체하고, 목표가 아니라 수단이 주도권을 가지며, 목적성보다 형식적 합리성이 결정권을 가진다는 사상이다. 이 세계관이 굳어지면 현실은 인간의 선택이 절차의 자동 작동으로 대체된다. 즉, 관측자(=정치적 주체)를 제거한 세계관이다.

둘째, 행정국가의 정치철학, 즉 통치의 기술화가 강화되었다. 1940~70년대 미국·유럽에서 '정책은 기술자와 전문가가 만드는 것'이라는 정치철학이 등장했다. 정치는 감정적이지만 관료는 합리적이므로 통치는 관료가 해야 한다. 전문성이 민주주의보다 앞선다는 것이다. 이 사상은 장점도 있었지만, 궁극적으로 다음의 사고를 낳았다. 인간은 변수를 일으키므로, 시스템은 인간을 배제해야 안정적이다. 이것은 정치의 죽음이며, '관료적 자동화'의 핵심 기원이다.

셋째, 신자유주의적 행정관리론(NPM, New Public Management), 즉 관리자 중심의 세계관이 등장했다. 1990년대 이후 전 세계 모든 정부가 NPM을 도입하면서 정치는 '성과관리 체계'로 환원되었다. 성과지표, 정량화, 절차 준수, 위험 회피, 준칙 중심 등은 세계를 측정 가능한 대상으로만 보는 '데이터 환원주의 인식론'을 만들었다. 즉, "사람은 변수가 많으니 시스템이 판단해야 한다"는 뜻으로 그 결과 관료제는 인간을 필요로 하지 않는 방향으로 진화했다.

넷째, 포드주의적 생산체계, 즉 표준화의 철학이 확립되었다. 한국의 국가 시스템은 박정희 시대의 고도성장 '포드주의(표준화·규격화)' 원리가 행정·교육·군대·기업·심지어 국민정신 속에 내재되었다. 세계관은 단순하다. 표준이 정답이고 절차가 진리이며 규격이 안정이고, 창조는 위험하다. 대량생산과 컨베이어 시스템의 산업에서는 이런 인식이 합리적이기도 하다.

다섯째, 후기 근대의 탈주체 철학이 등장한다. 1980년대 이후 서구 철학은 주체의 해체, 구조의 우위, 담론의 자동생산을 강조했다. 푸코는 권력은 작동할 뿐 주체는 없다고 했고, 라클라우(Laclau)와 무페(Mouffe)는 정치적 주체는 담론의 효과일 뿐이며 후기구조주의는 인간은 구조의 부산물로 간주했다. 이 철학이 한국의 대학과 공공정책에 깊게 스며들었다. 그 결과 정치권·관료제·지식 엘리트는 '행위자 없는 시스템'이라는 세계관을 당연시하게 되었다.

요약하면 관료적 자동화 인식론은 베버의 관료제＋행정국가 철학＋신자유주의 관리기술＋포드주의 표준화＋근대 후기 탈주체론이라는 5가지 사조가 합쳐져 생성된 거대한 세계관이다. 이 세계관의 핵심은 단 하나다. 국가 운영의 책임은 주체가 아니라 절차에 있다는 것이다. 간단히 말해 국가를 이끄는 사람이 아니라 국가를 '작동시키는 매뉴얼'이 현실을 규명한다고 보는 세계관이다.

한국에서 이 인식론이 특히 강력하게 굳어진 이유는 군사정권 → 관료정권 → 전문가 정부라는 경로를 거치면서 정치적 창조성, 전략, 디자인 능력보다 절차 준수·리스크 회피·감사 대응이 정치와 행정의 중심이 되어 버렸다. 그 결과 한국은 다음의 철학을 갖게 되었다. 무책임의 제도화, 창조의 실종, 국가의 비전 소멸, 관료의 판단 기피, 시스템이 인간을 통제하는 역전현상, 정치의 무능화가 심화되었고, 이것이 국가 시스템 붕괴의 핵심적 철학 배경이다. 동의하지 않는 사람도 많겠지만, 지금 대한민국은 외부 충격에 의해 무너지는 상태라기보다, 반복되는 작은 부담과 판단 회피가 누적되면서 기능이 하나씩 정지해 가는 시스템적 피로 파괴(fatigue failure) 국면에 접어들고 있다. 어쩌면 이것이 정치 영역에서 가장 심하게 진행되고 있는지도 모르겠다. 12·3 계엄 사태에서 보았듯이 말이다.

양자역학이 주장하듯, 세계는 고립된 입자들의 단순한 합이 아니라 서로 얽힌 장(場)이다. 현대 사회의 법·정치·행정·지성도 마찬가지다. 각각은 제 나름의 시간과 리듬으로 움직이지만, 이 얽힘을 읽지 못하면 국가 시스템은 겉으로는 움직이는 듯 보여도 내부에서는 이미 붕괴가 진행되고 있는 것이다. 사람에게 책임을 묻는 것은 어쩌면 구조적 개혁을 회피하기 위한 알리바이일지도 모른다. 사회학자 루만(Luhmann)은 "시스템은 책임을 개인에게 귀속시킴으로써 스스로를 정당화한다"고 지적했고, 철학자 바우만

(Bauman)은 이를 '도덕적 무감각의 체계화'라고 불렀다.

예산 부패 문제는 그 대표적 증거다. 2024년 한국의 부패인식지수(CPI)는 64점, 세계 30위권으로 비교적 청렴한 국가로 평가된다. 그러나 북유럽이나 미국, 일본 같은 선진 체계와 비교하면 여전히 근본적 구조 개선은 이루어지지 않았다. 기존 정책은 도덕성 강화, 처벌 강화, 행정 통제에 의존하며 예산 배분과 정책 결정 과정에서의 이권 브로커와 정실, 로비를 차단하는 구조적 혁신은 부재했다. 이를 토대로 단순한 도덕적 요구나 법치 강화만으로는 문제의 핵심을 해결할 수 없음을 알 수 있다.

여기서 필요한 것이 바로 양자적 사고를 기반으로 한 시스템 혁신이다. AI, 블록체인, 양자 난수 생성기를 결합한 분배 시스템은 현실적으로 구현 가능하며, 인간 개입과 편향, 조작을 최소화한다. AI 자동 평가는 제안서와 사업 계획을 데이터 기반으로 평가하여 인간의 편향과 권력 개입 여지를 없앤다. 블록체인 기록 시스템은 모든 평가·배분 과정을 공개, 불변 장부에 기록하여 조작과 은폐를 차단한다.

이 체계는 단순히 기술적 도입을 넘어, 국가 운영의 인식론 자체를 바꾸는 혁명이다. 현실을 고정된 실체가 아닌 관찰과 선택에 따라 달라지는 확률적·동태적 세계로 보고, 국가 시스템을 고립된 기계가 아닌 얽힘과 공명 속에서 움직이는 네트워크로 재정의하며, 정책을 고정 목표가 아닌 실험과 관찰을 통해 현실을 생성하는 과정으로 전환하는 것이다.

한국이 퀀텀정치로 도약해야 하는 이유는, 그래야 우리 사회 모든 곳에 아직 스며 있는 전근대성의 병폐를 근본적으로 해결할 수 있기 때문이다. 그리고 그래야 국민 개개인의 삶에 희망을 주는, 다시 말해 미래 생존의 문제를 해결할 수 있기 때문이다.

이미 한국 경제는 일국 단위로 존재하지 않는다. 캐런 바라드[6] 교수가 현상학적 상호작용 이론에서 말하고자 했던 것도 그것이다. 그에 따르면, 존재(국가, 기업)는 독립적으로 존재하지 않고 상호작용의 맥락에서만 현실화된다. 경제 역시 각국의 정책, 혁신, 위기, 협력이 서로 얽혀 전체적 현상을 구성하므로, 분리된 주체로 이해하는 데 한계가 있다.

이러한 생각은 한국 경제와 세계 경제의 운명 공동체성을 구체적으로 인식하는 인식론을 형성한다. 양자얽힘이라는 물리학적 발견은 경제 시스템을 단순한 교환이 아닌, 본질적 상호의존성이라는

---

6   캐런 바라드(Karen Barad)는 미국의 이론물리학자이자 과학철학자, 그리고 여성학 교수로, 대표 저서로는 『만물은 얽혀 있다(Meeting the Universe Halfway)』(2007)가 있다. 물리학 박사(뉴욕주립대)로서 미국 UC 산타크루즈 교수이며 페미니즘, 퀀텀 물리학, 과학인식론 융합 분야의 대표적 학자로 닐스 보어의 양자역학 해석을 발전시켜, '존재'란 독립적 실체가 아니라 관계와 상호작용 속에서만 드러나는 '얽힘(entanglement)'이라고 주장한다.
그는 행위-존재적 실재(agential reality)란 관찰자/객체 구분을 넘어서, 관찰 행위 자체가 세계를 구성하는 힘이며 실체화(materialization) 존재란 고정된 본질이 아닌, 관계와 상호작용에서 드러나는 끊임없이 변화하는 과정이라고 하였다. 또한 관계적 존재론, 즉 실체는 독립적이 아니라 상호작용 속에서 구성되며, 본질 없는 존재로 본다. -필자 주

철학적 성찰로 확장시킨다.

나는 비슷한 주장을 2007년 민주노총 연구원장 시절에 펴낸『기본소득론』에서 했다. 당시 노동운동의 슬로건은 '일하지 않는 자는 먹지도 말라!'라는 무노동 무임금이었다. 이 구호는 물론 실업자들이 아니라 자본가들을 향한 것이었지만 '가시적 노동' 없이는 대가도 없다라는 노동가치설을 전제로 한 명제였다. 말하자면 일하지 않는 자에게도 월급처럼 기본소득을 주어야 한다는 사고는 보수 진영만 반대한 것이 아니다. 진보 진영에서도 노동가치설에 입각하면 씨알도 안 먹히는 이야기였다.

그래서 내가 동원한 이론이 양자의 비국소성(1982년 아스펙트실험에서 증명된 원리)과 마이클 패러데이(Michael Faraday)의 흰개미의 건축과정에서 착안한 '장(field)' 개념, 그리고 모리스(Maurice)나 셀드레이크(Sheldrake)의 형태장, 형태공명이론 등이었다. 심리학자 융은 집단무의식 개념[7]을 제시함으로써 개별 인간

---

7 칼 융(Carl Jung)의 집단무의식(collective unconscious)은 개인의 무의식 아래에 존재하는, 모든 인류가 공유하는 무의식 층을 가리킨다. 이는 개인 경험에서 비롯되지 않고, 유전적으로 물려받은 '원형(archetypes)'으로 구성되어 있다. 원형은 신화, 종교, 꿈 등에서 나타나는 보편적 상징(예: 어머니, 영웅, 그림자)으로, 인류의 공통된 심리적 패턴을 반영한다. 이는 개인 발달(인디비듀에이션, individuation)을 돕는 집단적 '유산'으로, 문화나 시대를 초월해 인간 행동과 사고를 형성한다.
내가 이야기하는 기본소득은 모든 사람에게 무조건적으로 기본적인 소득을 제공하는 제도로, 철학적으로 인간의 자유, 평등, 존엄성을 강조하기 위한 상징적 장치에 가깝다. 이는 빈곤 탈피와 창의성 촉진을 통해 사회적 안정을 추구하며, 자본주의의 불평등을 보완하는 '공유된 인간성'을 기반으로 한다.

을 공동체로 묶었다. 쉽게 말하면 인간은 혼자가 아니라 인류의 한 부분이며 모두 연결되어 있어 잘난 놈도 못난 놈도 없이 다 이 사회 발전에 기여하고 있다는 주장의 근거로 이용할 수 있는 개념들이었다.

내가 2010년 기본소득 국제대회를 준비하면서 만난 문화인류학자 데이비드 그레이브 교수는 "자본주의가 공산주의에 기생한다"고 농담처럼 말했지만, 시간이 흐르며 나는 정반대의 결론에 도달했다.

융의 집단무의식과 기본소득론이 만나는 지점은 인류가 보편적으로 공유하는 심리적 구조다. 이는 생존, 연결, 창의성 같은 기본 욕구가 모든 인간에게 내재되어 있음을 의미한다. 기본소득의 철학적 원리는 바로 이 '공유된 인간성'을 경제적으로 반영한다. 예를 들어, 기본소득은 개인의 기본 필요(식량, 주거)를 무조건 보장함으로써, 집단무의식의 원형(예: '보호자'나 '공동체')이 암시하는 집단적 안정감을 사회 제도로 구현한다. 이는 개인이 외부 압력 없이 내면을 탐구할 수 있게 하여 융의 '인디비듀에이션' 과정(자아 통합)을 촉진한다.

융은 집단무의식이 억압되면 사회적 병리(예: 전쟁, 편견)가 발생한다고 봤다. 자본주의 사회에서 경제 불평등은 이 무의식을 왜곡해 개인의 창의성을 억누른다. 기본소득은 이러한 억압을 완화하는 철학적 도구로, 소득을 통해 '점 없는 노동'이나 창의적 추구를 가능하게 한다. 이는 집단무의식의 긍정적 원형(예: '창조자')을 활성화하여 개인이 집단적 웰빙에 기여하도록 유도한다. 기본소득 없이는 집단무의식이 '그림자(shadow)' 측면(빈곤으로 인한 분노)으로 치우쳐 사회 불안을 키우지만, 기본소득은 균형을 회복한다. 융의 철학은 개인 무의식이 집단무의식과 연결되어 있듯, 사회가 개인을 지지해야 한다고 암시한다. 기본소득의 철학적 원리는 이 연결성을 확대해, '집단적 책임'을 강조한다. 모든 사람이 기본소득에 의해 인류 공통의 무의식적 욕구를 인정받고, 사회적 공감을 촉진한다. 융의 관점에서 보면 기본소득은 '무의식적 통합'을 경제적으로 실현하는 수단이다. 결과적으로, 기본소득은 개인의 자유를 넘어 집단무의식의 잠재력을 깨워 사회 전체의 심리적·철학적 성장을 이끈다. 이재명식 민생지원금으로 표현되는 기본소득은 이 철학적 상징으로서의 기본소득과는 차원이 다르다. 내가 애초에 구상했던 기본소득론은 복지정책, 혹은 정치적 포퓰리즘으로서의 기본소득이 아니라 어떤 철학적 가치를 지닌 상징물로서의 기본소득을 말한다. 모든 인간에게 사회가 지탱해 주는 일종의 안전판은 인간이라는 유적 존재의 본질적 특징을 인정하는 의미로서의 기본소득이다. 필자 주

오늘날 공산주의적 담론은 자유시장주의가 창출한 부와 기술, 제도적 안정 위에서만 존속한다. 생산과 혁신의 메커니즘을 스스로 만들지 못한 채, 그 결과를 비판하고 재분배하는 방식으로만 존재하는 체제는 기생이라 부를 수밖에 없다.

그러나 이것은 자유시장주의 체제에도 중요한 경고를 던진다. 자유와 시장이라는 제도적 우위가 자동적으로 혁신과 생존을 보장해 주지는 않는다. 지도부가 기존 패러다임에 안주하고 현실의 변화를 관측하지 못한다면, 자유시장 체제 역시 경직된 자동화 시스템으로 퇴행할 수 있다. 결국 지도부의 세계관과 인식이 시스템의 가능성과 한계를 결정한다는 사실이 오늘날 우리가 직면한 위기와 정책 혁신 논의의 가장 근본적인 출발점이다.

어쨌든 당시 노동조합 운동의 분위기에서 기본소득론은 매우 낯선 개념이었고, 결국 민주노총 연구원 명의가 아닌 개인 명의로 출간할 수밖에 없었다. 기본소득이 정치권의 주요 의제로 편입되는 과정에서, 제도의 철학적 배경보다는 선거전략과 정책 경쟁의 언어로 재해석되었고, 그 결과 기본소득은 사회 구조를 재구성하는 담론이라기보다 하나의 경제 정책 수단으로 인식되기 시작했다. 기본소득의 이론적 토대는 노동가치설이 아니라 존재가치설이었다. 노동가치설이 상품의 가치를 생산에 투입된 사회적으로 필요한 노동시간으로 환원한다면, 존재가치설은 상품이나 사물의 존재 그 자체, 즉 효용·사용가치·고유성·필요성에 내재된 의미를 가치의 근거로 본다.

지금의 시각에서 보자면, 존재가치설은 이미 "가치는 관계 속에서 생성된다"는 양자얽힘적 사고와 닿아 있는 철학적 시선이었다. 그러나 당시의 주류 담론 속에서는 그런 시도가 '체계 밖의 사유'로 간주되었고, 나는 절벽과 같은 학계의 규범과 관료적 자동생산체계가 만들어 낸 사유의 표준화 압력에 맞서야 했다. 그 싸움은 뚜렷한 적을 가진 전투가 아니라, 흐릿하지만 전면적으로 퍼져 있는 구조적 담론체계와의 전쟁이었다.

당시의 무기는 빈약했다. 문제의식은 앞서 있었으나, 그것을 지탱할 개념과 이론적 형식은 아직 준비되지 않았다. 퀀텀정치혁명론은 그 미완의 질문을 개념과 논리로 완성한 작업이다. 이 이론은 노동가치설과 존재가치설을 넘어 관계가치설(relational value theory)이라는 새로운 축을 제시한다.

전통적으로 가치는 두 가지 방식으로 설명되어 왔다. 하나는 "사물의 본질이 가치를 만든다"는 생각이고, 다른 하나는 "투입된 노동이 가치를 만든다"는 생각이다. 그러나 현대 사회에서는 이 두 설명만으로는 가치의 움직임을 표현하기 어렵다. 퀀텀정치혁명론이 말하는 관계가치설에서, 가치는 관측자(선택하는 주체)와 대상, 그리고 그 둘을 연결하는 제도와 구조가 상호작용하는 과정에서 발생한다. 이러한 맥락에서 가치는 고정된 실체가 아니라, 특정 조건에서만 발생하고 사라질 수 있는 현상적 결과에 가깝다. 가치는 개인이 소유하는 것이 아니라, 관계가 만들어 내는 사건(event)이다.

쿼텀정치혁명론이 말하는 관계가치설은 아주 간단한 질문에서 출발한다. "가치는 어디에서 생기는가?" 지금까지의 정치와 경제는 이 질문에 제대로 답하지 못했다. 가치는 이미 존재하는 것이거나, 누군가가 열심히 일한 결과로만 여겼다. 그러다 보니 국가는 늘 결과를 나누는 일에만 매달렸다. 돈을 걷고, 나누고, 부족하면 보태는 방식이다. 이것이 반복되면서 정책은 점점 분배·보조·지원금 중심으로 굳어졌다.

기본소득은 원래 미래의 노동 구조를 다시 설계하고, 기술 발전으로 생겨난 새로운 가치를 사회 전체가 함께 나누자는 문제의식에서 출발했다. 그러나 철학적 토대가 충분히 준비되지 않은 상태에서 정책으로만 앞당겨지면서, 결국 선거용 현금 지원이나 일회성 민생지원금으로 변질되고 말았다. 왜 이런 일이 반복될까? 지금 생각해 보면 가치를 '어떻게 만드는가'가 아니라 '어떻게 나누는가'만 생각했기 때문이다.

관계가치설은 이 지점에서 완전히 다른 관점을 제시한다. 가치는 사람 혼자서 만들어 내는 것도 아니고, 이미 고정된 실체도 아니다. 사람과 사람, 기술과 노동, 플랫폼과 시장이 어떻게 연결되고 상호작용하느냐에 따라 새롭게 생겨난다. 즉, 가치는 '존재'하거나 '측정'되는 것이 아니라 관계 속에서 발생하는 사건이다. 이렇게 보면 정책의 질문도 달라진다. "얼마를 나눌 것인가?"가 아니라 "어떤 관계와 구조를 설계할 것인가?"가 중심이 된다.

퀀텀정치혁명론은 바로 이 관점에서 국가·시장·정치·기술을 다시 본다. 일자리 정책은 단순 고용 숫자가 아니라 새로운 연결 구조를 만드는 문제가 되고, 복지는 이전이 아니라 가치 생성 생태계에 참여할 수 있게 만드는 장치가 된다. 디지털 자산, 초거대 기술산업, 네트워크 기반 노동은 이 관계가치 구조를 현실로 구현할 수 있는 수단이다.

퀀텀정치혁명론에서 관계가치설은 기본소득론의 존재가치론이 전제하던 인간의 조건을 유지하면서, 가치 생성 메커니즘을 관계적·구조적 차원으로 재정식화한 이론적 틀이다. 이 관점은 개별 정책의 보완을 넘어, 정치·경제·복지·기술 정책을 통합적으로 설계할 수 있는 분석 기준을 제공한다. 이는 기존 제도를 부분적으로 보완하는 접근이 아니라, 정치·경제·복지·기술 정책을 하나의 미래설계로 다시 엮을 수 있는 새로운 관점이다. 가치를 나누는 정치에서 가치를 만들어 내는 정치로 전환하는 것, 바로 이것이 퀀텀정치혁명론이 제시하는 가장 근본적인 변화다.

국가는 왜 더 이상
가슴을 뛰게 하지 못하는가?

가치의 연결이 끊어지며,
앞으로 나아갈 이유도, 에너지도 사라졌다.

5. 양자얽힘의 정치: 일국적 차원에서 해결될 국내 문제는 없다

인간의 인식이 시공간적으로 분절된 영역에 갇혀 있으면, 다시 말해 자기 당대의 인식틀에 머물러 있으면 자신의 이익이 먼저 눈에 보이게 될 수밖에 없다. 그렇게 되면 자신의 후세대들에 대해서는 별로 관심을 가지지 않게 된다.

일국적 차원에서 해결될 국내 문제는 없다! 특히 한국은 그렇다. 내가 이렇게 과격하게 말하는 이유는 더 이상 버티기 어려운 상황이 닥쳐오고 있기 때문이다. 한국 사회를 이끌어 가는 주요 리더들뿐 아니라 국민 모두가, 변화된 세계 질서에 부합하는 인식틀을 조속히 재정립하지 않으면 그 대가는 결코 가볍지 않을 것이다. 특히 정치 분야는 대표적으로 낙후된 집단이 되어 있다. 지금 정치의 가장 큰 문제는 자신이 무엇을 모르고 있는지를 모르는 데서 나오는 당당한 뻔뻔함이다. 특히 이념이나 가치를 자신의 이해관계를 감추거나 포장하는 데 이용하는 기술이 고도화되면서 도대체 뭐가 뭔지 알 수 없는 지경이 되었다. 마치 시대정신이 '자유'나 '공화' 같은 것이 아니라 '뻔뻔함'이 아닌가 여겨질 정도다. 평등을 주장하면서 평등을 파괴하고, 민주화를 말하면서 민주주의를 파괴하며, 헌법수호를 외치며 헌법을 파괴한다.

어쨌든 세상은 이미 뉴턴이나 아인슈타인의 인식론[8]을 넘어서 양자역학적 인식론[9]으로 급속히 발전하고 있는 상황이다. 물론 100여 년 전 탄생한 양자물리학은 인류 문명 발전에 엄청난 가속도를 붙이고 있긴 하지만 정치 영역으로의 본격적인 확장은 이루어지지 않았다.[10] 그것은 퀀텀이라는 에너지의 최소 단위가 작동하는 원

---

8 **아인슈타인의 인식론은 객관적 실재와 경험**
   이성의 조화에 기반하지만, 양자론적 대상·복잡계 문제 등에서 '객관성'과 '실재'에 대한 한계와 논쟁의 대상이 되고 있다. 아인슈타인의 인식론은 '객관적 실재'의 존재를 인정하면서 경험과 이성의 상호작용을 통해 진리에 접근하는 입장이다. 그는 세계가 인간 인식과 독립적으로 존재하는 실재라고 보았으며, 과학의 목표를 이러한 실재의 법칙을 발견하는 과정으로 규정했다. 경험적 자료와 이성적 추론 모두를 중시해, 순수 경험주의나 합리주의의 단점을 극복하려 했다. 문제점으로는 아인슈타인이 객관적 실재가 인간의 관찰과 무관하게 존재한다고 본 반면, 양자역학 등 현대물리학은 관찰 행위가 대상에 영향을 미친다는 점을 드러내며 이 실재론의 한계를 지적한다. 또한 아인슈타인은 양자역학의 비결정론적, 확률론적 해석을 받아들이지 않고, 자연 법칙의 완전한 예측 가능성을 중시하여 복잡성과 불확실성을 충분히 포용하지 못했다는 평을 받는다.
   요약하면, 아인슈타인의 인식론은 객관적 실재·경험·이성·법칙 개념을 중시하는 반면, 주관과 관찰의 개입, 불확실성·확률성을 포용하지 못한 한계가 있다. - 필자 주

9 양자 인식론의 핵심 가정은 "관찰이 현실을 결정한다", "확률적·불확실적 존재", "관계와 상호작용의 실재성", "해석의 다원성, 실재-인식 분리 불가"로 구조화할 수 있다. 양자 인식론의 핵심 가정은 다음과 같이 정리할 수 있다. ① 관찰(측정) 행위가 실제로 현실의 상태와 결과를 결정짓는다. ② 실체는 측정→관찰 전까지 확률적 중첩 상태(파동함수)로 존재하며, 특정한 결과는 행위 시에만 확정된다. ③ 자연과 현실은 본질적으로 불확실하며, 사건은 확률적 법칙에 따라 결정된다. ④ 존재와 인식(실재와 지식)의 경계가 불분명하고, 관계성·맥락성·상호작용이 본질적이다. ⑤ 단일한 해석과 실체 대신 다원적 해석(코펜하겐, 다세계 등)이 인정된다. - 필자 주
   즉, "관찰과 현실의 결합, 확률·불확실성, 관계적 실재성, 다원적 해석"이 곧 양자 인식론의 기본적 구조다.

10 한국 정치학에서는 아직 주류이론으로 논의되고 있지는 않지만 국제적으로는 알렉산더 웬트(Alexander Wendt, 1958~)의 연구를 확장하여 구성주의 학파가 만들어지고 있다. 웬트는 정치학, 특히 국제관계 분야에서 '사회구성주의(social constructivism)'라는 이론을 주창한 인물이다. 이는

리가 인간의 직관과는 동떨어진 것이라 거시 세계와의 연관성을 규명하기 어렵기 때문이기도 하다. 사실 천동설에서 지동설로 패러다임을 전환하기까지 약 1,500년 이상이 소요되었던 것[11]을 생각해 보면 기껏 100년 남짓된 양자역학이 사회과학까지 스며들어 중심 패러다임이 되기에는 아직 이른 것 아닌가 하는 생각을 할 수도 있다.

그러나 지금의 과학 발전 속도를 생각해 보면 과거 100년이 지금의 1년에 해당하는 속도로 빨라지고 있다. 특히 각 분야의 발전 속도가 서로 어긋나서 과학 발전에 비해 정치는 더 퇴행하고 있는 느낌이다. 이제 더 이상 양자역학적 인식론을 정치에 적용하는 작업을 늦추어서는 안 된다고 생각한다. 양자역학적 인식론을 정치에 적용할 때의 장점[12]은 다층성, 불확정성, 상호연결성 등 현대 정치

세상의 정치적 현실(예: 국가 간 관계)이 객관적 사실이 아니라, 사람들의 믿음, 규범, 그리고 상호작용에 의해 '구성(만들어짐)'된다는 주장이다. 웬트의 이론은 구조와 행위자의 상호 구성(agents and structures)을 강조하며, 비판적 현실주의(critical realism)와 사회이론(안토니 기든스 등)에서 영향을 받은 것으로 보여진다. 이는 유물론(물질 중심)의 한계를 지적하며, 인간의 인식과 사회적 맥락이 현실을 규정한다는 점에서 양자물리학-인식론 연결과 맞닿아 있다. -필자 주

11　서양에서 천동설은 기원전 2세기 프톨레마이오스(약 2세기)가 집대성하여 표준이 되었고, 지동설은 1543년 코페르니쿠스가 주장하며 첫 등장했지만, 17세기 갈릴레이, 케플러, 뉴턴에 의한 과학적 입증을 거쳐 사회적으로 정설이 된 것은 18세기다. -필자 주

12　1. 이분법 극복과 다층적 현실 수용: 양자역학의 '중첩(슈퍼포지션)' 개념처럼, 정치적 입장과 시민 정체성을 단순한 진보-보수, 여-야의 이분법으로 나누지 않고, 다양한 가치와 입장이 동시에 존재할 수 있음을 인정한다. 이는 실제로 개인이나 집단의 입장, 정책 선택 등이 다면적이고 유동적이라는 사실을 반영해 대립적 구도의 정치 문화를 완화할 수 있다.
　　2. 불확정성·유연성 반영: 불확정성 원리에 기반해 정치 과정과 정책 결과가 본질적으로 불확실하며,

　　　　　신냉전 시대와 한국 정치

현실의 복잡성을 보다 정확하고 유연하게 해석·관리할 수 있다는
데 있다.

구체적인 예를 한번 들어 보자. 대한민국의 저출산 정책을 둘러
싼 논의는 종종 단순한 의문으로 수렴된다. "이렇게 많은 예산을 쏟
아부었는데 왜 효과가 없었는가?"

실제로 지난 15년간 중앙·지방정부를 합산한 저출산·고령화 관
련 예산은 누적 380조 원을 넘어섰다. 2025년 기준으로만 보더라
도 중앙정부 약 88.5조 원, 지방정부 약 12조 원이 관련 항목으로
편성되었으며, 출산·양육을 직접 대상으로 하는 예산 역시 연간
29조 원 수준까지 확대되었다. 그러나 같은 기간 합계 출산율은 지
속적으로 하락했고, 인구 구조의 추세는 반전되지 않았다. 이러한

다양한 결과와 변화 가능성이 열려 있음을 수용하게 한다. 집단의 반응, 국민 여론, 사회적 사건 등에
대한 과도한 예측으로 통제 시도에서 벗어나, 현실을 더 창조적이고 신중하게 다룰 수 있다.

3. **상호연결성과 집단적 창발**: 얽힘(엔탱글먼트, entanglement) 개념은 계층·지역·세대·공동체 간
보이지 않는 유기적 연결성과 상호작용, 공진화의 가능성을 강조한다. 정치 변화나 정책 효과가 국지
적 요인뿐만 아니라 광범위한 네트워크 효과와 쌍방향적 피드백에 의해 결정된다는 시각을 도입할 수
있다.

4. **관찰자 효과와 실천적 시민성**: '관찰자 효과'처럼, 미디어·여론조사·SNS 등 정치 행위자 또는 시
민의 선택이 정치 현실과 결과 자체를 바꿀 수 있음을 이론적으로 명료하게 설명한다. 이는 시민의 참
여와 정책 설계 과정에서 '행위의 중요성', 정치적 상상력의 확장으로 이어질 수 있다.

5. **현실 다원성·포용성 증대**: 양자적 사고는 '하나의 일방적 진리'를 강요하는 절대주의를 피하고, 다
양한 관점·가치의 공존과 긴장, 갈등을 포용하는 역동적 정치 모델 구축에 기여한다. 복잡성·불확실
성·다중성을 관리하는 새로운 정치적 패러다임이 가능해진다. 이처럼 양자 인식론을 정치에 적용하
면, 정치 현실의 유연성, 다양성, 창의성, 시민 참여의 실효성, 그리고 극단적 대립의 완화 등 다양한
장점을 얻을 수 있다. ─필자 주

현상을 단순한 집행 비효율이나 도덕적 해이의 문제로 설명하는 것
은 정확하지 않다. 문제는 예산의 크기가 아니라, 예산이 작동하도
록 설계된 인식 프레임 자체에 있다.

우선 '분리된 정책'이라는 설계 오류가 있다. 기존 저출산 예산의
가장 큰 특징은 정책의 분절화다. 출산 장려금, 보육 지원, 주거 보
조, 육아 휴직, 여성 고용 대책 등 수십 개의 정책이 병렬적으로 나
열되었지만, 이들은 하나의 미래 구조로 통합되지 않았다.

각 부처는 자신에게 주어진 정책 목표를 충실히 수행했지만, 그
목표들 사이의 상호작용—노동시장, 기술 변화, 교육 구조, 국제 이
동성—은 정책 설계 단계에서 거의 고려되지 않았다. 이로 인해 저
출산 정책은 사회 구조를 바꾸는 장기전략이 아니라, 사후 대응성
재정 집행의 집합으로 작동했다.

이러한 분절적 접근은 정책 담당자의 무능 때문이 아니라, 정책
을 바라보는 세계관의 문제에서 비롯된다. 한국의 저출산 정책은
기본적으로 '뉴턴적 정책 사고'에 기반해 왔다. 즉, 문제를 독립된
변수로 분해하고, 각 변수에 예산을 투입하면 결과가 선형적으로
개선될 것이라는 가정이다. 그러나 저출산은 단일 원인으로 설명되
지 않는 복합 현상이다.

노동시장 구조, 주거 비용, 교육 경쟁, 성 역할 변화, 기술 발전,
국제 환경[13]은 서로 얽혀 있으며, 이 중 하나만 조정한다고 해서 전
체 결과가 바뀌지 않는다. 그럼에도 정책은 여전히 '출산 → 지원 →

　　　　　　　　　　　　신냉전 시대와 한국 정치

증가'라는 단순 인과모델을 반복 적용해 왔다.

또 하나의 구조적 한계는 정책 목표가 출산율이라는 단일 지표에 과도하게 집중되어 있다는 점이다. 출산율은 결과 지표지, 설계 지표가 아니다. 출산율을 직접 조정 대상으로 삼는 순간 정책은 시민의 삶 전체가 아니라 특정 행동(출산 여부)을 유도하는 방향으로 왜곡된다. 이는 장기적으로 정책 신뢰를 약화시키고, 개인의 선택을 존중하지 않는다는 반감을 키운다. 결과적으로 예산은 투입되었지만, 사회는 변화하지 않았고, 정책은 반복되었으며, 출산율은 구조적 추세를 벗어나지 못했다.

퀀텀정치혁명론의 관점에서 보면, 저출산 예산의 실패는 관계 설계의 실패다. 예산은 개별 정책 항목에 투입되었지만, 시민이 기술·노동·교육·글로벌 시장과 맺는 관계를 재구성하지 못했다. 양자역학에서 상태는 개별 입자의 속성이 아니라 상호작용의 결과다. 마찬가지로 출산과 인구 구조 역시 단독 정책의 결과가 아니라, 사회 전체의 관계망이 만들어 내는 현상이다. 이 관계망을 전환하지

---

13 예컨대 독일은 2000년대 초부터 동유럽과의 '전문기술 인력 공급망'을 체계적으로 확장했다. 그 결과 내국 노동력 감소와 인구 고령화에도 불구하고 실제 경제기반·고용·인구 유지를 달성했다. 이 과정에서 노동시장도 안정되고, 복지제도의 지속 가능성도 확보되었다. 동시에 동유럽·아시아 인력 및 국제 학생들이 산업현장과 연구개발에 유입되었고, 2010년대 후반 제조업·첨단산업의 경쟁력, 지역 경제의 활력 등 연동 효과가 뚜렷해졌다. 이것은 국내 문제를 국제 문제와 연결시켰기 때문에 가능했던 성과의 구체적 사례. 즉, 현재 모든 국내 문제는 일국적 차원에서 해결되지 않는다. 즉 현재의 일국적 문제는 지구적 차원의 고민 속에서 접근해야 한다. -필자 주

않는 한 예산 규모는 결정적 변수가 되지 않는다.

따라서 저출산 예산을 둘러싼 핵심 질문은 "더 써야 하는가, 덜 써야 하는가"가 아니다. 진짜 질문은 이것이다. "이 예산은 어떤 미래 구조를 전제로 설계되어 있는가?"

AI·자동화·초연결 시대에 맞는 인간의 역할, 노동의 재정의, 교육과 기술의 연계, 국제 이동성과 개방성이라는 큰 구조 없이 집행되는 예산은, 아무리 커져도 효과를 내기 어렵다. 저출산 예산의 실패는 재정의 실패가 아니라, 시대 인식의 실패다.

말하자면 저출산 위기론은 하나의 강력한 전제를 바탕으로 작동해 왔다. 인구는 노동력이고, 노동력은 곧 성장이며, 성장은 국가 생존의 조건이다. 이 전제는 산업화 시대에는 합리적이었다. 대량 생산과 내수 시장, 인구 기반의 군사력과 조세 구조가 국가 경쟁력의 핵심이었기 때문이다. 그러나 오늘날 이 전제는 더 이상 자명하지 않다. 예컨대 앞으로 늘어날 인구를 먹여 살릴 일자리는 있는가? 없는데 아이만 많이 낳는다면 자본만 좋은 일 시키는 것 아닌가?

이미 AI, 자동화, 데이터 경제, 그리고 양자기술이 생산과 혁신의 중심으로 이동하는 환경에서, 인구 규모와 국가 경쟁력 사이의 인과관계는 이미 느슨해지고 있다. 문제는 우리가 여전히 과거의 인구-성장 도식을 현재의 정책 판단에 그대로 적용하고 있다는 점이다.

즉, 우리는 "AI 시대에도 인구 규모를 핵심 변수로 간주해야 하는가"라는 질문을 다시 던질 수밖에 없는 상황에 처했다. AI와 자동화는 인간 노동의 상당 부분을 대체하고 있다. 반복적·표준화된 업무는 빠르게 기계로 이전되고 있으며, 이 흐름은 되돌릴 수 없다. 이 점에서 '인간이 잉여가 되는 시대'라는 진단은 일정 부분 사실이다. 2008년도의 기본소득론이 제기한 '존재가치론'은 잉여인간의 주체 선언이었던 셈이다.

우리는 중요한 문제 제기를 해야 한다. 노동의 감소는 곧 인간의 불필요함을 의미하지 않는다. 문제는 "얼마나 많은 사람이 필요한가"가 아니라, "어떤 역할을 수행하는 인간이 필요한가"다. AI 시대의 핵심 자원은 노동량이 아니라, 판단 능력, 책임, 가치 설정, 그리고 제도 설계 능력이다. 이는 숫자로 환산되지 않으며, 단순한 인구 증가로 확보될 수 있는 것도 아니다. 물론 저출산이 '문제처럼 보이는' 구조적 이유가 있다. 대한민국의 연금, 복지, 교육, 주거, 노동시장 구조가 모두 '젊은 노동 인구가 지속적으로 유입된다'는 산업화 시대의 가정 위에 고정되어 있기 때문이다. 즉, 문제의 핵심은 출산율 그 자체가 아니라, 인구 구조 변화에 적응하지 못한 제도 설계의 경직성이다. 출산율을 인위적으로 끌어올리지 못하면 현재의 사회복지체계는 존립 불가능한 것이 사실이다. 그러나 그것을 유지하기 위해 억지로 늘린다고 해도 미래 산업과 연결되지 않은 인구 증가는 장기적으로 재정 부담과 사회적 비효율을 확대할 수밖에 없게 된다.

따라서 우리는 피할 수 없는 질문에 도달한다. 저출산을 반드시 '막아야 하는가'라는 불편한 질문이다. 물론 당연히 현재의 사회경제 구조에서는 출산율을 올리지 않으면 제도가 붕괴한다. 그러나 미래 산업 구조에서는 늘어난 인구를 고용할 이유가 사라진다.

산업사회형 복지국가의 생존 조건과 후기산업사회형 경제 구조의 작동 원리가 서로 충돌하고 있다. 즉, 출산율을 올려야 지금 제도가 유지되고 출산율을 올리면 미래 경제와는 불일치한다. 이 모순을 해결하지 않으면 출산 정책은 성공해도 국가 전략은 실패한다.

현재 한국의 연금·복지·건강보험·교육·지방재정·주택금융은 모두 '젊은 노동인구의 지속적 유입'을 전제로 설계되어 있다. 따라서 출산율 하락은 제도적 관점에서는 즉각적인 위기다. 그러나 AI·자동화·플랫폼 경제의 방향은 노동 수요의 구조적 감소를 초래한다. 따라서 지금의 정책은 논리적으로 자기모순 상태에 빠져 있다. 오늘을 살리려면 출산율을 올려야 하고 내일을 대비하려면 출산율 상승이 반드시 유효하지 않다. 이것이 바로 정책 불능 상태(policy paralysis)의 본질이다.

그렇다면 도대체 어떻게 해야 하는가? 출산율을 직접 목표로 삼는 순간 정치는 미래 사회의 구조 설계가 아니라 과거 제도를 연명시키는 숫자 조작으로 전락한다. 퀀텀정치는 이분법을 거부하고 질문을 바꾼다. "얼마나 많은 인구가 필요한가?"라는 질문은 "사회는 인간의 어떤 기능을 필요로 하는가?"로 바뀌어야 한다.

좀 더 설명하자면 AI 시대에 희소해지는 것은 노동이 아니라 다음 네 가지다. 판단 능력, 책임 주체성, 가치 설정 능력, 제도 설계 능력. 이것들은 단순 인구 증가로 확보 불가능하다. 즉, 인간의 '질적 기능'이 핵심 자원이 되는 시대다.

그렇다면 딜레마의 해법은 무엇인가? 퀀텀정치혁명론의 정책적 해법은 '대체'가 아니라 '전환'이다. 인구를 '노동 공급'이 아니라 '미래 기능 자산'으로 재정의할 수밖에 없다. 구체적 정책 방향은 출산 정책을 인구 투자 정책으로 전환하는 것이다. 출산 장려금은 미래 기능 축적 계좌에 적립시켜 주어야 한다. 출산율을 숫자로 밀어 올리는 것이 아니라 낳을 가치가 있는 사회 구조를 먼저 만드는 것이다.

물론 당면한 문제는 연금·복지 구조의 근본적 재설계다. 지금의 복지는 "일하면 보험료를 내고, 나중에 돌려받는다"는 구조에 묶여 있다. 하지만 AI와 플랫폼 경제 시대에는 일하지 않아도 사회는 계속 부를 생산한다. 문제는 그 부가 누구에게, 어떤 기준으로 돌아가느냐다. 퀀텀정치의 복지 모델은 이 생산성을 사회 전체가 나누는 방식이다. 노동만이 아니라, 기술 개발, 데이터 축적, 공공적 기여까지 포함해 사회에 가치를 만들어 낸 관계 전체를 기준으로 복지를 설계한다. 복지는 더 이상 과거의 노동을 보상하는 제도가 아니라, 미래의 사회 참여 능력을 키우는 공공 인프라가 된다. 즉, 출산율이 낮아져도 제도는 붕괴하지 않는다. ‘일자리 창출’이란 정책목표는 ‘역할 창출’로 치환된다. 미래 사회에서 국가는 일자리를 만들 수는 없지만 역할은 설계할 수 있다.

아마도 노동운동의 전략적 목표도 임금극대화전략이 아니라 역할확보전략으로 전환되어야 할 것이다. 미래의 노동운동은 ‘더 많이 받는 투쟁’이 아니라, ‘어떤 시스템의 일부로 남을 것인가’를 둘러싼 투쟁이 될 수밖에 없다.

퀀텀정치혁명론이 제시하는 해법은 출산을 강요하는 것이 아니라, 인간의 역할을 재정의하고 제도의 설계 기준을 전환하는 데 있다. 문제는 인구의 크기가 아니라, 인간을 어떠한 기능의 주체로 조직하느냐에 있다. ‘딜레마’는 인류에게 곤란을 주려는 것이 아니라 그것을 해결하는 과정에서 인간의 존재 의미를 재정립할 것을 촉구하고 있는 것이다.

그러나 그 과제를 현재의 낡은 인식론으로 풀 수 있을까? 전체를 보려는 시도 자체는 여전히 중요하지만, 하나의 이론적 도구만으로는 복잡해진 세계를 설명할 수 없다. 특히 1980년대 ‘전환시대의 논리’에 머문 좌파적 세계관은 변화한 현실을 정확히 관측하는 데 근본적인 한계를 드러낸다. 이러한 인식틀 위에서 경제를 설계하겠다는 것은, 천동설에 기반한 우주 지도를 들고 인공위성의 궤도를 계산하려는 것과 다르지 않다.

우파 역시 ‘뉴턴적 세계관’이라는 오래된 틀에 갇혀 있다. 뉴턴적 세계관은 물리학에서 '공간과 시간, 질량과 힘이 절대적이고 독립적'이라는 사고에서 출발한다. 이를 사회와 정책에 그대로 적용하면, 개별 산업과 정책 단위만 들여다보는 '부분 최적화' 사고로 귀결된다. 세계 경제의 얽힘, 정보 흐름, 기술 혁신의 복잡성을 이해하지 못하게 되며, 단기 효율과 정치적 계산에 매몰될수록 장기적 국가 경쟁력과 후세대의 이익은 뒷전으로 밀린다.

한국 정치권 특유의 단견—나는 그중에 하나를 관료적 자동화 인식론이라 명명했었는데—은 이 문제를 더욱 심화시킨다. 정책은 선거전략과 정파적 이해를 중심으로 설계되고, 통합적 시야는 제한된다. 좌우를 막론하고, 정치적 단견과 사고틀의 경직성은 21세기 초연결·초지능 세계를 이해하고 대응하는 데 결정적 장애물이 된다.

6.   자본주의라는 유령

관료주의적 자동화 인식은 지도를 땅이라고 착각하는 것이다. 자본주의라는 개념은 현실을 이해하기 위한 지도일 뿐인데, 한국의 관료와 정치권은 그 지도를 현실로 믿고 그대로 따라 걷는다. 지형은 바뀌어도 길은 수정되지 않는다.

지금부터는 인식론의 전환을 위해 우리가 무엇을 해방시켜야 할지 이야기할 차례다. 솔직히 여기까지 읽은 것만 해도 대단한 인내심을 발휘한 것이다. 대개 특별한 학문적 혹은 사회운동적 경험이 없는 사람들에게는 지루한 이야기일 것이다. 그러나 이러한 과정에 대해 그동안 논의를 못 한 것이 오늘날 대한민국의 문제를 더 심각하게 만든 이유라고 생각한다. 오늘의 위기를 제대로 이해하지 못한 이유는, 우리가 현실을 해석하는 언어와 개념부터 타인의 틀에 맡겨 왔기 때문이다. 지금부터 하는 이야기들은 말하자면 우리의 뇌 속에 박혀 있는 거대한 쇠기둥 같은 것들에 대한 것이다. 이것을 제거하지 않고 새로운 전환을 하기란 쉽지 않다.

한국의 보수 정치가 오늘의 정체성 위기를 겪는 첫 번째 이유는, 스스로의 체제를 '자본주의'라는 타자의 개념으로 설명해 왔기 때문이다. 원래 우파는 자본주의라는 개념을 객관성을 가진 개념으로 사용해선 안 된다. '자본주의'라는 개념은 본래 마르크스주의 진영에서 시장경제의 모순과 지배 구조를 비판하기 위해 만든 용어다.

보수우파는 오랫동안 상대 진영이 만들어 놓은 비판의 언어를 그대로 가져와 자신들의 입장을 설명해 왔다. "자유시장은 필요하다"는 말을 하면서도, 왜 필요한지, 어떻게 바뀌어야 하는지는 스스로 말하지 못했다. 그 결과 보수는 공격을 막는 데에는 익숙해졌지만, 자유시장을 자기 철학으로 해석하고 발전시키는 데에는 실패했다. 자유시장은 하나의 비전이 아니라, 비판에 대응하기 위한 구호로만 남게 되었다. 그 결과 기술과 경제, 개인과 공동체가 재편되는 시대에 보수는 세계를 읽는 언어를 잃어버렸다. 이는 정치적 패배 이전에 인식론적 패배였다.

독자 중에는 이 책에서 '자본주의'라는 단어에 너무 과도한 의미를 부여하는 것이 아닌가 생각할 수도 있다. 그러나 이 문제를 단순한 용어 선택이나 이념에 대한 취향의 문제로 치부하기는 어렵다. 내가 다루고자 하는 것은 자본주의라는 명칭 그 자체가 아니라, 그것이 한국 사회에서 어떻게 이해되고 작동해 왔는가라는 인식의 문제다. 이 인식은 한국의 근현대 정치 지형 전체를 관통해 왔으며, 동시에 본인 개인의 삶의 궤적과도 깊이 맞닿아 있다.

1980년대 초, 나는 민주화 운동으로 제적되었다가 복학했고 당시 운동권 내부에서는 "한국 사회를 어떻게 규정할 것인가"라는 사회구성체 논쟁이 치열했다. NL(민족해방파)은 한국 사회를 '미 제국주의의 종속적 식민지 반봉건 사회'로 규정했고, PD(계급해방파)는 '신식민지 국가독점자본주의 사회'라고 주장했다. 어느 모순을 주요 모순으로 보느냐에 따라 투쟁전략이 갈라졌고, 반미 투쟁이냐, 계급 투쟁이냐는 그 시대 활동가들의 삶의 방향을 결정짓는 문제였다.

당연히 나도 당시에는 그 논쟁 속에 있었다. 지금 김민석 국무총리나 민주당 정청래 대표 역시 NL 계열이었을 가능성이 크다. 김민석은 미 문화원 점거 사건에서 정치·조직적 후방 지원을 맡았고, 정청래는 미 대사관저 점거 사건의 직접 참여자였기 때문이다. 이제는 그들도 총노선에 대한 입장을 분명히 밝혀야 한다. 그것이 단지 청춘의 이상주의였던 것인지, 지금도 그 노선을 유지하는지, 아니면 전혀 다른 발전전략을 갖게 되었는지. 아무런 정리 없이 그때의 경력을 정치적 자산으로만 활용해 권력을 행사한다면, 국가를 책임지는 데 필요한 철학적 정합성이 결여될 수밖에 없기 때문이다.

나는 당시 NL이든 PD든 모두 현실을 충분히 설명하지 못한다고 느꼈지만, 그래도 조직활동을 하며 나름 혁명의 꿈을 실현할 궁리를 하고 있었다. 그런데 소련이 붕괴하자 사회구성체 논쟁은 봄눈 녹듯 사라졌다. NL은 흩어졌지만 그중 주사파는 남아 정파로 생존했고, PD 계열은 이론적 기반을 잃고 약화되었다. 나로서는 허망했다. 논쟁의 장(場) 자체가 사라졌기 때문이다. 그런데 나는 그 이유가 단순히 국제 정세의 변화 때문만은 아니라고 본다. 당시의 모

    신냉전 시대와 한국 정치

두가 너무 당연하게 '자본주의'라는 언어를 전제했기 때문이다. 자유시장주의는 자체 모순을 감추는 기만적 용어로 인식되었고 자본주의란 단어가 객관적이라는 믿음을 전혀 의심하지 않았다. 그러다 보니 사상의 전향이나 전략 수정도 피상적으로 이루어질 수밖에 없었다. 쉽게 말해 자본주의를 비판하고자 만든 자본주의라는 개념이 마치 공정한 심판을 보장하는 개념인 줄 착각하고 있었던 것이다. 그래서 자본주의라는 용어를 사용하는 이상 우리가 지금은 흩어져 살더라도 언젠가 다시 만날 것이라는 암묵적 믿음이 있었던 것이다. … 적어도 나는 그랬다.

나는 노동 현장에서 6년 동안 용접공·프레스공, 주물 등 몸으로 하는 일은 거의 다 하며 공장 생활을 했다. 특히 철을 다루는 일을 할 때는 과장하면 하루도 피를 보지 않은 날이 없던 시절을 겪었다. 약간 쉬워 보이는 도금이나 유리섬유 공장 같은 곳은 그 나름 또 다른 고통이 있었다. 산재의 위험은 항상 도사리고 있었다. 그곳에서 '자본주의'라는 말은 추상적 개념이 아니라 위협적 현실이었다. 혼자서 '잘리운 손가락'이라는 민중가요를 흥얼거리는 게 자연스러웠다. 그 시간과 공간의 느낌을 지금도 잊을 수 없다. 그러나 경험은 시작이지 답은 아니다.

우리 헌법에는 '자본주의'라는 말이 없다. 선진국 헌법도 대부분 그렇다. 이유는 간단하다. '자본주의'라는 말은 세상을 설명하기보다 특정 방식으로만 보게 만드는 말이기 때문이다.

이 용어를 사용하는 순간, 우리는 시장을 살아 있는 현실로 보기보다 '비판의 대상'이나 '적대의 구조'로 먼저 인식하게 된다. 그러다 보면 시장이 실제로 만들어 내는 창의성, 협력, 신뢰, 법과 규칙의 역할 같은 중요한 요소들은 눈에 들어오지 않게 된다.

언어는 사유의 조건이다. 말은 우리가 무엇을 보고 무엇을 보지 않을지를 정한다. 하이데거(Heidegger)가 말했듯, 우리는 언어가 만들어 놓은 집 안에서 생각한다. 그래서 '자본주의'라는 말에 갇히면 현실은 복잡한 사건이 아니라 단순한 도식으로 줄어든다.

이런 상태가 오래 지속되면 역설이 생긴다. 체제를 비판하려 했던 사람들이 오히려 그 체제를 제대로 이해하지 못하게 되는 것이다. 산업사회가 커질수록 관료제는 자동으로 굴러가고, 사람들은 스스로 생각하기보다 주어진 구조에 맞춰 사고하게 된다. 그렇게 되면 정치와 행정은 변화를 만드는 힘이 아니라, 기존 체제를 굳히는 장치가 된다. 쉽게 말해 문제는 자본주의가 아니라, 그 말을 통해 세계를 너무 단순하게 보게 된다는 것이다.

좌파도 비슷한 딜레마에 빠져 있는데 소련 붕괴 이후 많은 이들이 스스로 '사회주의자'라는 말을 꺼리게 된 것은, 단지 정치적 이유 때문만이 아니라 그 용어가 더 이상 자신의 정체성을 담지 못한다고 느끼기 때문이다. 개념은 정체성의 틀을 결정한다. 하지만 '사회주의'라는 말이 여전히 사고의 중심축으로 남아 있는 한, 좌파는 새로운 세계를 상상한다고 해도 결국 20세기적 인식 구조의 중력에서 벗어나기 어렵다. 언어는 사유를 비추는 창이 아니라, 사유가 머물 수 있는 방의 구조를 미리 결정하는 건축 도면이다. 그래서 새로운 담론을 세우려는 시도도, 낡은 도면 위에 다시 설계하는 것처럼 필연적으로 제한된다. 기표가 정체성을 규정하고 정체성이 시야를 규정하기 때문이다.

결국 문제는 이념의 노후화가 아니라, 그것을 규정하는 언어적 틀 자체가 변화의 여지를 봉쇄한다는 점이다. 그래서 좌파는 '사회주의'라는 말의 경계를 넘어설 새 언어를, 우파는 '자본주의'라는 낡은 도식을 넘어설 새로운 기표를 찾아야 한다. 언어를 바꾸지 못하면 세계도 바뀌지 않는다. 그래서 나는 이 책에서 '자본주의'라는 단어를 가능한 한 제한적으로 사용할 것이다. 대신 '자유시장주의'라는 개념을 사용해 분석을 시도하려 한다. 왜냐하면 자본주의 단계론(1.0~4.0)은 '생산수단 소유와 지배'라는 구조 분석에 기반한 반면, 자유시장주의 단계론은 기술·문화·정책·국가의 역할 변화를 중심으로 본다. 이는 단순한 말 바꾸기가 아니라, 서로 다른 세계관·정책전략을 생산하는 완전히 다른 알고리즘이다.

미국 트럼프 행정부의 산업전략은 겉으로 보면 '자본주의 4.0'이지만 진보 진영의 국가 개입론과 비슷해 보인다. 그러나 실제로는 칼레츠키(Kalecki)의 단계론이나 전통적인 좌파 경제이론과는 전혀 다른 인식 위에서 작동한다. 문제는 한국의 지식사회가 이러한 차이를 따지기보다, 용어만 보고 기존 이론의 틀을 그대로 가져와 해석하려는 데 있다.

이는 1980년대 운동권이 '자본주의'라는 개념이 정말 객관적인 분석 도구인지 따져 보지 않은 채, 사회구성체 논쟁에 매달렸던 것과 닮아 있다. 개념을 검증하지 않고 수입하면, 현실은 그 틀에 맞춰 왜곡된다. 이런 인식 오류를 바로잡지 못한 채 국가를 운영할 경우, 경제는 겉으로는 유지되는 것처럼 보이지만 내부에서는 서서히 활력을 잃게 된다. 실제로 많은 유럽의 사회민주주의 국가들은 제도적 안정을 유지했지만 사회·경제적 활력이 점진적으로 약화되는 경로를 이미 경험해 왔다.

요컨대, 오늘날 한국 경제의 문제는 단순히 체제 선택의 문제가 아니라 인식론적 수준의 문제다. 이재명 정부의 정책은 표면적으로는 '자립'과 '민족경제'를 표방하지만, 실질적으로는 외세의 구조와 조건에 순응하는 형태를 반복한다. 이는 1997년 IMF 사태 당시 한국이 '구조개혁'이라는 이름으로 과도한 외부 처방을 수용하며 자율적 조정 능력을 상실했던 과정과 유사하다. IMF 내부 평가보고서[14]

---

14 당시 IMF 내부 평가 보고서인 『Was Korea's Economy Structurally Dysfunctional in the Mid-1990s?』(Crotty & Lee, 2007)에서는 IMF가 1997년 말 한국 경제에 대해 'systemic breakdown of economic relations'라는 표현을 사용했고, 이를 근거로 'extreme structural conditionality(극단적 구조 조건부성)'를 제시했다는 점을 비판적으로 분석하고 있다. 즉, 한국의 위기가 단순한 유동성 위기(liquidity squeeze)였음에도 IMF가 '구조적 붕괴' 수준으로 진단하고 대폭적인 개혁을 요구했다는 것이 핵심이다. IMF 내부 평가 보고서인 IEO(Independent Evaluation Office)의 2003년 보고서 『IMF and Recent Capital-Account Crises: Indonesia, Korea,

에서도 인정하듯, 한국에 적용된 재정 긴축은 지나쳤다. 그럼에도 불구하고 당시 김대중 정부는 IMF의 요구를 거의 전면적으로 수용하였다.

문제는 외부의 압박에 있지 않았다. 오히려 IMF의 무리한 요구를 비판적으로 검토하지 못하고 '국제 규범'이나 '시장 근본주의'라는 이름으로 내면화한 우리 내부의 사고체계와 정책 엘리트의 인식 구조에 있었다. 즉, 외부의 압력이 강했기 때문이 아니라, 이미 우리 내부가 그 논리를 자기검열적 합리성으로 받아들이는 데 익숙해 있었기 때문이다. 당시 인도네시아가 일정한 협상 여지를 확보하고 서민경제 보호를 우선시하는 정책적 자율성을 끝까지 유지한 것과 비교해 보면, 한국의 대응은 단지 외세 순응이 아니라 정책 결정의 인식틀 자체가 외부 논리를 복제한 사례였다.

그렇다면 이제 던져야 할 질문은 명확하다. "우리 내부의 어떤 권력적·지식적 역학이 이러한 자율성의 상실을 반복하게 만드는가?" 좀 더 쉽게 질문을 바꿔 보자. 좌파정권이라 불렸던 김대중 정권은 왜 신자유주의 정책을 추진했는가? 우파정권은 왜 시장만능주의만 외치고 있는가?

Brazil」의 Executive Summary에는 "The greater-than-expected downturn reflected … the fiscal tightening in the program was unnecessary, as the IMF staff has itself concluded." 라고 명시되어 있다. IMF, 즉 IMF 스태프 스스로 한국 프로그램에서의 재정 긴축(fiscal tightening) 이 불필요했었다고 평가한 부분이 있다는 의미다. -필자 주

답은 다음 장에서 자세히 다루겠지만 먼저 결론을 말하면 김대중 정부가 신자유주의를 선택한 것도, 우파가 시장만능주의에 머무는 것도, 모두 정치가 스스로를 '설계자'가 아닌 '적응자'로 규정해 온 결과다. 그리고 바로 이 지점에서 퀀텀정치혁명론이 문제 삼는 것은 정책의 방향이 아니라, 권력이 세계를 인식하는 방식 그 자체다.

7. 관료적 자동화 인식론의 탄생: 10·26 이후, 한국 정치에서 판단이 사라진 이유

10·26 이전에는 노동이 배제되었고 10·26 이후에는 생각이 배제되었다.

관료주의 혹은 관료주의적 자동화 인식론이 특별히 왜 한국에서 강화되었는가를 이해하기 위해서는 10·26 사태의 원인과 결과를 파악하는 것이 중요하다. 약간의 인내심을 요구하긴 하지만 천천히 따라가 본다면 매우 놀라운 것을 보게 될 것이다.

알다시피 1929년 대공황은 자유시장 1.0 체제가 균형을 잃고 무너진 순간이었다. 이때 등장한 인물이 바로 존 메이너드 케인스

(John Maynard Keynes)다. 케인스는 "정부가 무대 뒤에 숨어 있지 말고, 직접 출연하여 경제의 분위기를 바꿔야 한다"고 주장한다. 그의 아이디어는 단순했다. 시장 실패에 대한 해답은 유효수요 창출, 즉 국가가 지출을 늘려 사람들이 돈을 쓰게 만드는 것이다.

실제로 미국은 1933년 루스벨트 대통령(Roosevelt)의 뉴딜 정책을 통해 케인스적 실험을 구체적으로 실행한다. 대규모 인프라 건설, 사회보장체계 도입, 금융 개혁 등 이 모든 것들은 '연방정부가 경제의 중심 무대에 올라서는' 거대한 전환이었다. 그 결과 1933년 이후 미국의 실질 GDP는 약 7~10%대 성장률을 보이며 극심했던 실업률(1933년 24.9%)이 1940년대에는 10% 이하로 낮아진다. '황금기'라는 이름이 붙은 이유다. 이 시기, 유럽 각국도 사회복지 확대와 정부 주도 성장 정책을 본격적으로 도입해 국민의 생활 수준을 획기적으로 끌어올렸다. 이 시기가 자유시장주의 2.0에 해당한다. 이른바 압축성장의 시대였다.

케인스의 아이디어는 마치 거대한 오케스트라의 '지휘자'처럼 정부가 자본주의 경제의 혼돈을 통제할 수 있다는 희망에서 출발했다. 대공황과 전쟁의 시대에는 이 지휘가 정말 의미가 있었다. 미국의 뉴딜, 서유럽의 복지국가, 일본의 고도성장 모두 정부가 지출하고 조율하자 일자리와 생산, 소비가 늘어났다.

그런데 이 아름다운 교향곡은 곧 불협화음으로 무너졌다. 가장 치명적인 전환점은 1970년대 오일 쇼크[15]였다. 석유 가격이 순식간에 4배 이상 뛴 1973년, 각국 정부는 예전처럼 돈을 풀고, 공공투자를 늘리는 방식으로 불황을 극복하려 했다. 하지만 이번에는 예전과 달랐다. 실업률은 오히려 늘고, 물가도 치솟았다. 정부가 악기를 더 추가할수록, 오케스트라는 점점 더 시끄럽고, 뒤죽박죽이 되었다.

왜 이런 일이 벌어졌을까? 이유는 두 가지다. 첫째, 정부 중심의 수요 관리 정책은 생산의 토대 자체가 무너지는 상황에서는 무력했다. 오일 쇼크로 공장 가동이 줄어드는 동안, 정부가 아무리 돈을 풀어도 물건이 부족하면 가격만 오를 뿐 실업과 침체는 해결되지 않았다.

둘째, 반복되는 정부 부양책은 '인플레이션 기대심리'를 불렀다.

---

15 1970년대 오일 쇼크의 가장 근본적 원인은 중동 지역의 지정학적 위기와 산유국들의 집단적 행동에서 비롯됐다. 1973년 1차 오일 쇼크는 이스라엘과 아랍 국가들 사이의 '제4차 중동전쟁'(욤 키푸르 전쟁) 발발과 직접 연관되어 있었다. 이때 OPEC(석유수출국기구) 회원국들은 서방 국가, 특히 이스라엘을 지원하는 미국·서유럽에 대한 보복으로 석유 수출을 중단하고, 국제 유가를 예전의 수배로 인상한다.

1979년 2차 오일 쇼크 역시, 이란 혁명(이슬람 혁명) 등 중동의 정치적 격변이 원인이 되어 산유국에서의 급격한 생산 감소와 불안정이 세계 시장에 여파를 미쳤다.

이렇게 공급망이 인위적으로 봉쇄·축소된 결과, 국제유가는 단기간에 3~4배로 폭등했다. 제조·물류·에너지 등 전 경제 시스템의 생산비가 급등하면서, 각국 경제는 생산성 침체와 동시에 급격한 물가 상승(스태그플레이션)을 동시에 경험하게 된다.

즉, 오일 쇼크의 본질적 원인은 에너지 공급이 정치·외교적 원인으로 인해 인위적 차원에서 '병목 현상'에 직면했기 때문이다. 이 여파는 산업, 금융, 복지 등 자본주의 모든 시스템에 자유시장주의도, 국가개입주의(케인스주의)도 감당하기 힘든 '복합 쇼크'를 남겼다. -필자 주사람들이 "정부가 돈을 쏟아붓는다. 고로 물가가 또 오를 것이다"라고 믿자, 실제로 임금과 가격이 함께 치솟았다. 미국에서는 1979년 소비자물가상승률이 13.3%를 기록했고, 영국도 두 자릿수 인플레이션을 겪었다. 결국 정부 개입이 오히려 위험한 악순환을 만들어버린 셈이다.

이 시기 세계 경제의 데이터는 케인스주의의 한계를 적나라하게 보여 준다. 1970~80년대 미국 실업률은 8~9%선, 영국도 5~11% 사이를 오르내렸다. 물가는 잡히지 않고, 경제성장률도 정체되었다. 인간은 통제력을 동경하지만, 역사적 현실은 언제나 '예측 불가'의 힘을 지닌 대상이었다. 케인스의 지휘는 공급 충격과 기대심리라는 두 변수 앞에서 무너졌다. 경제는 중앙의 지휘만으로 조율되지 않는, 복잡계의 삶 속에 들어서 있었던 것이다.

사실 정부가 스태그플레이션 시기에 통화량을 늘릴 수밖에 없었던 주요 이유는 정치적인 것이었다. 구체적으로 세 가지 이유가 복합적으로 작용했다. 첫째, 정치적 권력의 취약성이다. 실업률이 급등하면 사회 불안이 심화되고, 정권의 안정성이 위협받으므로, 경기부양책을 쓰지 않으면 정치적 타격이 클 수밖에 없었다. 둘째, 대중의 불만 완화가 필요했다. 정부는 단기적으로 민생 위기 완화, 고용 유지 압력에 시달렸고, 이로 인해 경제 원칙보다는 단기적 대중 심리 안정에 우선했다. 셋째, 케인스주의적 경제관의 영향력이 여전했다. 당시 정책결정자들은 장기불황 타개에 '통화·재정 확대'라는 케인스식 해법에 익숙했고, 이념적으로도 이 방법에 많이 경도되어 있었다.

그러나 구조적 문제가 있었다. 즉, 통화는 은행을 통해 풀게 되지만 은행은 기본적으로 대출 회수를 위해 신용이 담보되는 사람들에게 더 큰 돈을 준다. 결국 서민들에게는 돈이 흐르지 않고 부자만 더 부자가 되게 만든다. 통화량 확대라는 목적이 사실상 관철되기 어려운 구조인 것이다. 결국 시장과 정부 모두를 신뢰하기 어려운 시대가 되었고 더 이상 지탱하기 어렵게 되었다.

2025년의 한국은 50년 전 스태그플레이션의 시대로 되돌아간 듯하다. 경제 곳곳에 '불안의 그림자'가 어른거린다. 신자유주의 병폐와 케인스주의의 비효율이 혼재되어 있다. 실업률과 물가가 동반 상승하고, 곳곳에서 한계기업의 부담이 눈덩이처럼 커진다. 그 모든 현상 이면에는, 정파적 이권세력들의 '불안한 조율'이 숨어 있다. 오늘날 대한민국 정책 당국자들은, 1970년대 서방 정부처럼 '확장적 재정과 통화 정책, 대중 심리 완화, 정치 안정 유지'라는 세 가지 압박에 사로잡혀 있다. 거대한 사회적 불만, 고용 불안, 그리고 내일의 리스크 앞에서 그들은 '원칙보다 조직과 개인의 생존'을 택한다. 이런 흐름 위에서, '노란봉투법'과 '더 센 상법' 등이 완장을 달고 등장했다. 이들 법안은 표면적으로 사회적 약자 보호, 불평등 완화, 노동 안정이라는 큰 명분을 내세우지만 항상 그렇듯이 선한 의도가 좋은 결과를 낳는 것은 아니다. 오히려 황금알을 낳는 거위를 잡아

 신냉전 시대와 한국 정치

먹는 경우가 더 많다.

역사는 다시 '의도치 않은 결과'의 경로로 나아간다. 노란봉투법, 더 센 상법으로 기업의 법적 리스크가 커지고, 자본이탈·투자 회피가 점증한다. 동시에 미국과 유럽이 인플레이션 압력에 고관세, '리쇼어링(reshoring)' 정책을 내걸면서, 수출산업 중심의 한국 경제는 외부 관세 충격이라는 새로운 파도에 직면한다. 기업들은 이중고(노동비용·규제비용 상승+수출장벽)를 겪는다. 그 결과는? 중소기업과 한계기업의 파산, 대기업의 해외 생산·투자 확대로 국내 고용 기반은 흔들린다. 정부는 다시 경기 부양을 위한 재정 지출, 마른 수건 짜내기식 통화 정책에 의존할 수밖에 없다. 한쪽에서는 민생지원금으로 돈을 뿌리고 다른 쪽에서는 대출을 조인다. 그러나 이러한 구조에선 정책의 불협화음은 커질 뿐이다.

이재명 정부가 코스피 5000을 이야기하지만 이는 자칫하면 실질 가치보다 기대가 기대를 떠받치는 이른바 다단계 기업처럼 될 우려가 있다. 원천기술력을 확보한 기업이 별로 없기 때문이다. 지금 원화가치가 계속 떨어지는 것은 한국의 미래에 대한 전망이 어둡기 때문이다. 세계 1위의 압도적 가계 부채는 전부 부동산의 신화에 베팅한 중산층의 꿈이었지만, 이제 터질 날을 받아놓은 시한폭탄이 되었다. 뇌관을 제거하는 작업은 위험을 감수해야 하지만 정부는 그 위험을 감수하려 하지 않는다. 그 사이 시간은 점점 터지는 순간에 가까이 가고 있다. 뇌관을 끊을 전선이 파란 줄인지 빨간

줄인지 조차도 모르고 있다. 점잖은 표현으로 '과거의 처방으로 새로운 위기'에 맞서고 있는 중이다. 내가 과장하고 있다면 좋겠다.

우리는 이미 이런 상황을 겪었고 그 결과가 어떤 것인지 알고 있다. 조금만 더 시계를 거꾸로 돌려 1976년으로 돌아가 보자. 1970년대 후반 오일 쇼크와 박정희 체제의 붕괴는 서로 깊게 연결되어 있었다. 특히 1979년 2차 오일 쇼크는 원유 가격의 급등으로 한국 경제의 가장 취약한 고리를 극단적으로 흔들었다. 당시 한국은 중화학공업 중심의 성장을 강행하여 제조업 성장률이 20%를 넘고, 석유 의존도가 매우 높아진 상황이었다. 지미 카터(Jimmy Carter) 대통령은 1976년 선거 유세에서 '주한미군 철수'를 공약하면서, 한국 정부와 미 의회 모두에 심각한 충격을 준다. 명분은 도덕 정치를 표방했지만 사실은 이미 오일 쇼크, 산업경쟁력 약화, 복지 지출 증가, 베트남전 후유증 등으로 심각한 재정위기를 겪고 있는 상태에서 탈출하려는 것이었다. 국방비 절감은 예산 균형을 맞추는 현실적 방편이었고, 해외 주둔 미군은 가장 이상적인 '비용 절감 대상'이었다. 특히 4만 명 정도의 한반도 주둔 미군의 유지 비용은 카터 행정부가 직면한 막대한 비용 부담의 일부였다. 카터는 "양동이가 새면, 새는 물부터 막아라"라는 원칙처럼, 외부 지출 줄이기부터 시도한 셈이다. 사실 지금의 트럼프도 당시 카터의 고민과 비슷한 고민을 하고 있을 것이다.

오일 쇼크로 촉발된 경제불안과 민생 악화, 물가 폭등 등은 부

코스피 5000?
"과거의 처방으로 새로운 위기에 맞선다."
코스피 5000
4000
3000
2000
1000
코스피 1000
코스피 2000
코스피 5000
대박!
대박!
대박!
투자
투자
투자
투자
투자
위기
부채
00:02
부동산
빚
위험한 다단계
수법인가?
언제 터질지 모르는
시한폭탄!

산·마산 민주항쟁 등 시민의 저항 심화와 함께 체제 기반을 약화시켰고, 이는 박정희 체제의 몰락에 결정적인 환경적 압력으로 작용했다. 결국 1979년 10·26 김재규 중정부장은 박정희 대통령의 가슴을 향해 방아쇠를 당긴다. 이때 나는 고등학교 3학년이었다. 다음 날 아침 학교 마당에서 하늘을 보고 눈물짓던 교장 선생님의 모습을 목격했다. 그러나 우리는 그것이 무엇을 의미하는지 전혀 몰랐다. 오히려 입시 지옥이라는 억눌린 분위기에서 뭔가 신나는 일이 생겼다는 분위기였다.

사람들은 카터를 인권·도덕정치인으로 기억하겠지만, 사실 신자유주의의 문을 연 사람은 레이건이 아니라 카터였다. 1970년대 말 케인스주의 정책에 집착했던 경제관료들을 전환시킨 결정적 조치는 지미 카터 대통령이 1979년 8월 6일 폴 볼커(Paul Adolph Volcker)를 연방준비제도(FRB) 의장으로 임명하면서 이루어졌다. 볼커는 10월 6일 단호한 금리 인상과 긴축통화정책을 통해 미국 경제정책의 주도권을 기존 케인스 계열 관료와 학자들에서 통화주의적 인사로 전환했고, 이는 전임자 및 관료진의 대거 교체로 이어졌다.

당시 김재규 중정부장은 이런 상황을 민감하게 받아들이고 있었다. 10·26 사태 불과 사흘 전 국무회의에서 부마민주항쟁의 배경에 대해 '무거운 세금과 잘못된 시정, 낮은 임금' 등 경제 문제를 직접 지적했다. 김재규는 자신의 독자적 미 정보라인을 통해 당시 카

터의 긴축 기조 전환이 '한국에도 통화·재정 긴축, 외자조달의 한
계, 대미관계의 불안정'으로 번질 것을 알고 있었다. 이것은 단순한
정책 전환이 아니라 박정희 정권과 정면충돌하는 상황으로 가게 될
것이라 판단하고 있었다. 특히 인사에서 미국 경제 주도권이 케인
스 계열에서 통화주의자 집단으로 대폭 바뀌는 것을 보고 한국의
유신체제와 박정희의 고립은 막기 어렵다고 생각했을 것이다. 그
러나 신현확 등 경제관료들은 기존 성장 드라이브 유지와 위기관리
의 필요성을 강조했고 국무회의의 분위기는 매우 심각했다. 김재규
자신은 무사안일한 관료들에게 분노하고 있었다. '경제위기 인식과
대응, 민심 폭발의 구조적 원인, 정책 변화 대 현상 유지'가 쟁점이
었고 판단 차이는 심각했다.

박정희는 이미 1979년에 경제적 토대가 흔들리고 있다는 사실
을 직감하고 있었다. 그러나 그의 위기 인식은 어디까지나 '관리 가
능한 난기류'의 범주를 벗어나지 않았다. 그는 오일 쇼크가 만들어
낸 구조적 충격을 단기 부양책과 강력한 국가 동원체계로 돌파할
수 있다고 믿었다. 이것이 바로 박정희식 케인스주의―"정부가 경
제의 엔진을 직접 돌린다"는 국가주의적 개발모델―의 마지막 단
계였다. 그러나 1979년 당시 세계는 이미 이 모델을 버리고 있었고,
미국은 통화주의와 규제 완화, 작은 정부 원칙을 중심으로 대전환
을 시작하고 있었다.

여기서 박정희 체제는 구조적 단절을 맞는다. 한국은 아직 '고도

성장기 국가주의 시스템' 위에 올라서 있었지만, 그 시스템이 의존하고 있던 국제적 질서(저유가·저금리·수출주도 환경·미국의 전략적 후견)는 이미 사라지고 있었던 것이다. 이는 마치 바다 밑 조류가 변하는데 배 위에서는 파도의 변화만 보고 운행하는 것과 같았다.

박정희는 여전히 '산업화-성장-수출'이라는 직선적 성장 방정식을 유지하려 했지만, 세계 경제는 더 이상 이를 지지하지 않았다. 오일 가격 급등은 에너지 기반 제조업 구조를 직격했고, 미국의 긴축 기조 전환은 한국의 외자조달 비용을 폭증시켰다. 더구나 미·중 관계가 급속하게 개선되면서 한국의 지정학적 중요성 또한 상대적으로 희석되기 시작했다.

즉, 국가주의적 개발경제의 기반이었던 '저비용 자원 공급+미국의 전략적 우산+저임금 산업역군'이라는 삼각축이 동시에 무너지는 국면이었다.

이때 김재규가 감지한 것은 단순히 경제지표가 아니라 세계 질서의 패러다임 시프트였다. 그는 통화주의, 긴축, 규제 완화, 시장주의로 넘어가는 미국의 전환이 한국의 국가 모델 전체를 흔들 것이라는 사실을 직감했다. 반면, 박정희는 여전히 '총력동원형 국가주의', '산업화의 마무리'라는 전략 위에서 움직였다.

1970년대 후반의 한국은 케인스주의적 국가주의와 신자유주의적 시장주의가 겹쳐진 혼종적 국면이었고, 그 충돌은 '부마항쟁 →

비상조치 강화 → 경제위기 → 한-미 전략구조의 불안정 → 관료집단 내부의 갈등 → 10·26 사태'라는 복잡한 경로를 거쳐 폭발했다.

이것은 우연한 암살 사건이 아니라 한 시대의 시스템 붕괴 과정 속에서 필연적으로 누적된 긴장의 폭발이었다. 그렇다면 이것은 도저히 막을 수 없는 것이었을까? 막으려고 했다면 어떤 조치를 취했어야 할까?

약간의 사고실험을 해 본다면, 좌파적 분석틀 가운데에서도 보다 정교한 라클라우와 푸코의 분석틀을 사용해 분석할 경우 어떤 결론을 내릴 수 있을까? 좀 더 정확하게 말하면 그들의 분석방식은 구조-담론적 인식틀이다. 즉, 사건의 원인을 주체의 의지나 단일한 경제논리가 아니라, 사회 전체의 헤게모니(hegemony)적 구성방식에서 찾는 접근방식이다. 이들의 관점에서 본다면 1970년대 후반의 한국 사회가 보여 준 균열은 단순한 정책 실패나 권력 내부의 균열이 아니라, 담론체계 자체의 한계가 드러난 사건이었다.

라클라우식으로 말하면, '국가적 근대화'라는 헤게모니적 기표는 더 이상 사회적 요구들을 등가적으로 포섭할 수 없게 되었고, 그 틈에서 억눌려 온 요구들이 서로 다른 적대의 선을 형성하며 등가사슬(equivalential chain)의 붕괴가 발생했다. 그 과정에서 '유신체제'라는 빈 기표는 더 이상 접착력을 유지하지 못했고, 균열은 필연적으로 폭발했다.

푸코의 용어로 보면, 유신체제는 '발전·안보·질서'라는 담론의 삼중 구조 위에서 자신을 정당화했지만, 경제위기·대외전략 불안정·사회 저항의 확산이라는 현실은 기존의 지식-권력 체계가 더 이상 사회를 설명하고 규율할 수 없음을 노출시켰다. 즉, 권력은 작동을 멈춘 것이 아니라, 자신을 지탱하던 담론적 토대가 붕괴함으로써 규율의 생산성이 상실된 것이다. 따라서 10·26은 단순히 피할 수 없는 숙명이었다기보다, 기존 헤게모니가 붕괴한 이후 새로운 헤게모니가 형성되기 전까지의 '공백기'에서 발생한 구조적 파열이었다.

"막을 수 있었는가"라는 질문은, 사실 그 시대에 새로운 주도적 기표를 구성할 수 있는 정치적·담론적 주체가 존재했는가라는 질문과 동일하다. 그러나 유신체제의 담론은 이미 균열을 흡수할 언어적·제도적 능력을 상실했고, 그 균열을 재조합할 새로운 담론 주체 역시 형성되지 않았다. 그런 의미에서 10·26은 '대안적 헤게모니의 부재가 만들어 낸 역사적 귀결'이었다.

그러나 퀀텀정치혁명론의 관점에서 보면 전혀 다른 결론에 도달한다. 1970년대 후반의 한국은 하나의 단일한 구조가 아니라, 서로 다른 관측자적 인식체계들이 동시에 작동하며 충돌하는 양자적 중첩 상태에 놓여 있었다. 케인스주의적 국가주의와 신자유주의적 시장 논리, 냉전전략 환경과 국내 권력 구조, 강압적 안정과 누적된 불만은 단선적 인과관계가 아니라, 서로 간섭하는 파동처럼 중첩되며 시스템의 불확정성을 증폭시켰다.

이러한 상황에서 핵심은 사건의 내용이 아니라 관측의 방식이었다. 체제는 사회적 긴장을 '조정해야 할 문제'로 관측하지 않고, '통제해야 할 위협'이라는 단일한 질서 프레임으로만 인식했다. 이 관측 행위 자체가 시스템의 가능성을 축소시키는 관측자 효과로 작동하여 그 결과 체제는 선택지를 스스로 소거해 나갔다. 즉, 실재의 위기가 축적되어 폭발한 것이 아니라, 위기를 관측하는 방식이 위기를 현실화한 것이다. 퀀텀정치관에서 위기란 외부 충격이 아니라, 시스템 내부에서 관측 불가능한 영역이 확장되는 과정이며, 이 영역이 임계점에 도달할 때 사건은 원인과 결과의 연쇄가 아니라 출현(emergence)의 형태로 나타난다.

이런 관점에서 본다면 10·26은 우연적 사고도, 단순한 구조적 필연도 아니다. 그것은 관측 방식의 전환 없이 기존 구조를 유지하려 했던 체제가 스스로 만들어 낸 파동의 붕괴였다. 체제는 새로운 가능성의 공간을 열어야 했지만, 대신 하나의 고전적 인식틀에 집착함으로써 자신을 파동함수의 붕괴점으로 몰아넣었다.

그렇다면 막을 수 있었는가? 가능했다. 그러나 그것은 정책 조정의 문제가 아니라, 체제를 지탱하던 인식론 자체의 전환이 선행될 때에만 가능한 일이었다. 그 전환이 이루어지지 않았기 때문에, 사건은 개별 행위자의 의지와 무관하게 사후적으로 '필연처럼' 나타난 것이다.

나는 그 시대의 핵심 문제가 단순히 '유신체제의 권위주의'에만 있었던 것이 아니라, 노동을 체계적으로 배제한 정책 구조에 있었다고 본다. 노동이 배제된 순간, 체제는 경제성장의 에너지를 사회적 안정으로 전환할 통로를 상실했다. 성장의 파동은 사회로 흡수되지 못한 채, 불만과 저항, 적대로 중첩되며 시스템 전체를 불안정 상태로 밀어 넣었다.

쿼텀정치적 관점에서 보면, 노동 배제는 단순한 경제정책의 실패가 아니다. 그것은 사회적 상호작용의 방향을 하나로 고정시킨 선택이었다. 선택지가 사라진 사회는 결국 스스로를 다른 상태로 전환할 능력을 잃는다. 만약 그 시기에 노동을 협력의 파트너로 재정의하고, 임금·복지·참여 구조를 실험적으로 확장하여 성장의 압력을 사회적 신뢰로 전환할 수 있었다면, 한국 사회는 전혀 다른 경로로 이동했을 것이다. 비극은 피할 수 있었다는 뜻이다.

요컨대 쿼텀정치혁명론은 이렇게 말한다. 역사는 불가피하게 무너진 것이 아니라, 다른 방식으로 관측하고 상호작용했다면 전혀 다른 미래로 분기할 수 있었다. 10·26은 체제의 예정된 종말이 아니라, 노동 배제를 중심으로 한 인식틀의 단일화가 스스로 선택지를 봉인한 결과였다.

자! 그렇다면 김재규의 행위는 어떻게 평가되어야 하는가? 이 질문은 곧 이렇게 바꿀 수 있다. 그 행위는 한국 사회의 정치적·역사적·심리적 구조에 어떤 영향을 남겼는가? 그리고 바로 이 지점에서, 우리는 또 하나의 중요한 질문과 마주하게 된다. 왜 한국은

1980년 이후 신자유주의로 이행했음에도 불구하고, 미국이나 유럽처럼 '시장 개혁의 성공'도, 케인스적 복지국가의 완성도 이루지 못했는가? 왜 우리는 국가주의의 장점도 잃고, 시장주의의 장점도 얻지 못한 채 양쪽의 부정적 요소만 중첩된 구조로 떨어졌는가?

질문들은 각각 다르지만 그 답을 찾는 하나의 열쇠가 있다면 그것은 10·26 사태에 의한 트라우마가 만든 관료적 자동화 인식론이라 할 수 있다. 총탄에 의한 박정희 대통령의 죽음은 단지 한 개인의 비극이 아니었다. 그것은 한국 사회 전체, 특히 관료와 정치 엘리트의 의식 구조에 말로 설명되지 않는 깊은 트라우마를 남겼다. 고문이 개인의 정신과 신체에 흔적을 남기듯, 이 사건은 국가의 집단적 정신에도 흔적을 남겼다. 그 흔적 중 하나가 앞에서 이야기했던 거대한 쇠기둥, 즉 관료적 자동화 인식론이다. 쉽게 말하면 "주체적으로 판단하는 것은 위험하다", "새로운 해법보다 선명한 정체성이 안전하다", "복잡한 분석은 손해다", "특정 이념과 상징에 자동 반응하면 무난하게 살아남을 수 있다"는 사고방식이다. 한마디로 말해, 튀면 죽는다는 집단적 학습이다. 대통령도 총에 맞아 죽는 세상에서, 누가 감히 새로운 길을 말하겠는가.

이 사고방식은 곧 정치의 자동화로 이어졌다. 관료제의 자동화가 '매뉴얼 의존'이라면, 정치의 자동화는 '적대의 매뉴얼 의존'이다. 좌우는 복잡한 현실을 해석하는 언어가 아니라, 즉각 반응해야 할 기호로 굳어졌다. 그 결과 한국 정치는 미래를 해석하지 못한 채,

과거의 상징을 반복, 재생산하는 체계로 고착되었다. 5·18, 12·12, 친일과 반일, 산업화와 민주화, 박정희와 김대중, 촛불과 태극기. 이것은 더 이상 역사적 토론이 아니라, 자동 재생되는 정치적 알고리즘이다. 판단은 사라지고 상징만 남는다. 실제 정책은 실종되고, 정치적 제스처만 반복된다. 김재규의 총탄은 한 사람을 쓰러뜨린 것이 아니라, 한국 사회의 '정치적 전두엽'을 마비시켰다. 그 결과 국가는 스스로 사고하고 설계하는 능력을 잃고, 이미 굳어진 절차와 외부 모델을 반복 모방하는 방향으로 움직이게 되었다. 그것이 가장 안전했기 때문이다. 어쩌면 한국은 아직도 김재규의 총알이 공중에 멈춰 있는 정지된 세계 속에서 살고 있는지 모르겠다. 국가주의든 신자유주의든, 우리는 모두 같은 고전적 철학의 궤도 위에서 회전만 하고 있을 뿐이다. 움직이고 있는 것처럼 보이지만, 실은 같은 자리에서 맴돌고 있는 것이다.

8. 적대적 공존과 인식론의 외주화

아무래도 관료적 자동화 인식론에 대해 그것이 어떻게 현실에서 작동했는지 구체적인 경험을 들어 좀 더 이야기해야만 할 것 같다. 신자유주의가 상당한 설득력을 가졌던 것은 이유가 있었다. 좌파 중에서도 권위주의적 정부의 위험성을 인식한 일부가 '자유의 보장'이라는 하이에크(Hayek)의 메시지에 공감했다. 내가 가장 공감했던 것은 인간에 대한 평가가 인간에 의해서가 아니라 시장에서 이루어진다는 것이었다. 사회주의에서는 사실 인간에 대한 평가가 상급기관에 위치한 인간에 의해 진행된다. 그러나 시장에서 평가받는다는 것은 인위적인 요소가 작용되는 것이 아니라 인간들의 숨겨진 본성, 감성까지 솔직하게 동원된 평가가 진행된다. 인간의 불완전성은 극복되기 어렵기 때문에 시장에서 최종 결정된다는 원칙은 어쩌면 인간이 취할 수 있는 최선의 방안이라는 것이다.

이것은 어쩌면 겪어 보지 못하면 이해하기 어려운 문제일 수도 있다. 나는 인천에서 노동운동을 몇 개의 소모임으로 운영하고 있었다. 일주일에 한 번씩 상호 비판하면서 자신들의 신념과 활동 간의 간극을 좁혀 나가는 자기비판 시간을 가졌다. 어떤 상황이 생기면 주 2회씩 진행하기도 했다. 나는 리더였지만 더 적극적으로 자기비판에 모범을 보여야 했다. 그러나 그러한 비판을 하는 과정에서 점점 그것이 실제 인간의 본성과 현실 그리고 인간관계에서 일어나는 다양한 변화를 도저히 올바로 반영할 수 없다는 생각을 가지게 되었다. 어떤 평가의 기준이 있어야 하는데 그 기준은 혁명이론이었다. 그러나 그 혁명이론의 근본적 문제에 대해서는 토론 자체가 불가능했다. 그런 상태에서 서로와 자신에 대한 평가는 서로의 숨통을 조이는 지옥으로 몰아넣는 결과를 초래했다. 인간이 다른 인간을 평가할 권리는 본질적으로 위험한 권한이며 이상한 집단이 독점할 경우 그 조직은 무너진다. 모든 공산국가가 무너질 수밖에 없는 것도 그런 심판의 불완전성을 해결할 방법이 없기 때문이다.

나 역시 80년대 지하서클 활동을 하면서 인간의 불완전성이 초래하는 비극을 겪지 않았다면 사회주의가 현실에서 어떻게 작동하는가를 전혀 알지 못했을 것이다. 마치 서방세계 지식인들이 소련을 찬양하다 실체를 겪고 전향한 것처럼 적어도 조금이라도 자기 머리로 고민을 하는 사람이라면 견디기 어렵게 된다. 그런 조직에서 살아남은 사람은 맹목적인 성향이 될 수 밖에 없고 따라서 결국 소련처럼 감당할 지도력이 약하면 파국으로 치닫게 된다.

서방세계에서는 영웅이었지만 막상 소련 체제를 내부에서 붕괴시킨 고르바초프[16]가 스탈린식 혹은 마오쩌둥식 개념으로 국정 운

　　　　　　　　　　　　　　　　　　　　신냉전 시대와 한국 정치

영을 했다면 어떻게 되었을까? 그리고 그것이 가능했을까? 그는 자신의 개혁노선을 관철시키기 위해 레닌의 저작을 읽으면서 힘을 얻었다고 했다. 그에겐 레닌이야말로 이상주의를 현실로 만들어 낸 위대한 교사였다. 한때 한국의 운동권 학생들이 그러했듯이... 그러나 레닌이 활동한 시대적 조건과 고르바초프의 조건은 달랐다. 레닌은 물 들어올 때 노를 저었지만 고르바초프는 이미 물이 빠지고 있는 상태에서 노를 저은 것이었다. 그는 다른 전략을 택할 수도 있었지만 그의 이상주의적 낙관성은 끝까지 자기 이상과 함께 소련 체제를 침몰하게 만들었다.

반면 중국은 다른 길을 택했다. 마오쩌둥은 공산주의를 실제로 진지하게 믿었고 그 이상을 실현하기 위해 모든 것을 희생할 의

---

16 고르바초프가 소련 공산당 권력을 놓치게 된 가장 핵심적인 이유는 '자유화·개혁 정책(페레스트로이카, 글라스노스트)으로 체제의 위기와 침체를 극복하고자 했지만, 이념적 이상과 현실(경제적·정치적 무력화)의 괴리를 충분히 인식하지 못한 채 급진적 개혁을 추진했기 때문'이다. 구체적으로, 경제적 차원에서는 소련의 계획경제 시스템이 시장·생산·사회생활을 극도로 경직시키고, 효율성 상실과 소비재 부족, 국민 불만, 재정 파탄(아프간 전쟁·유가 폭락 등)으로 체제 붕괴 위기에 직면했다. 정치사회적으로는 개혁과 공개(글라스노스트) 정책이 통제력 약화, 민족운동·분리주의, 대중 불만 확산으로 이어지며 '중앙 권력의 쇠퇴'와 '공산당의 실질적 해체'로 직결됐다.
고르바초프는 서구식 민주적 개혁과 일정 부분 시장경제 도입이 '사회주의의 자기혁신'으로 작동할 것이라 기대했으나, 소련의 현실적 여건(경제·사회적 취약성, 민족문제, 관료체계의 반발 등)에 대한 인식과 대처가 부족했다는 평가가 지배적이다. '공산당 일당독재'와 '중앙계획경제'라는 기존 이념체제가 현실적 효율성과 국민 통합을 더이상 유지할 수 없다는 인식하에 대동단결을 유지하지 못했고, 개방·개혁 정책이 오히려 분열과 혼란을 확대시켰다. 중국과 북한 등은 소련의 사례를 보면서 아마 다짐했을 것이다. "흔들리면 죽는다!" - 필자 주

지를 가지고 있었다. 마오쩌둥의 좌경적 정책인 인민공사 제도는 1958년부터 대약진 운동 기간에 시행된 집단농장 방식의 조직 형태로, 농민들을 강제적으로 한곳에 모아 집단적으로 작업과 소비를 하도록 했다. 이로 인해 개인의 생산 의욕이 저하되고, 농업 생산력이 급격히 떨어져 심각한 식량난을 초래했다. 생각해 보라. 갑자기 개인적 농사를 금지시키고 집단부락화하며 밥도 공동식당에서 먹게 했다. 그것이 생산력을 높이는 혁명적 생활방식이라고 생각한 것이다.

한때 한국의 운동권도 그런 세상을 꿈꾸었다. 농촌으로 귀농하는 사람도 있었고 도시에서 그런 공동체적 삶을 만들어 가기도 했었다. 나 역시 20대에는 인천 만수동에서 철거민들과 함께 한우리라는 주민공동체 마을을 만들고 60여 세대가 모여 공동체 비슷한 생활을 한 적이 있다. 제정구씨와 함께 도시빈민운동을 할 때였다. 당시 MBC 라디오에서 취재를 온 적도 있다. 내가 청년회장을 맡아서 촌장 역할을 했는데 사실 오래가지 못했다. 도저히 개인 생활이 보장되지 않았고 주민들의 일상생활에서 나오는 다양한 민원들을 감당하기 불가능하다는 것을 알게 되었다. 앞서 말했지만 일종의 지하서클에서 조직활동을 병행하던 시기였다. 실제 주민의 삶과 이상을 꿈꾸던 청년의 삶은 현실에서는 해결할 수 없는 문제들이 존재했다.

그러나 놀랍게도 정권을 쥔 중국 공산당은 실제 공산주의적 이상을 주민의 삶에 그대로 적용했고 그것은 재앙을 불렀다. 인민공사와 대약진 운동으로 인한 사망자는 4,000만 명에서 4,500만 명에 이르는 것으로 알려졌다. 결국 마오가 죽고 나서야 그런 좌경적 오류가 덩샤오핑(등소평) 지도부에 의해 해결된다. 때마침 미국이 신자유주의를 통해 소련을 성공적으로 와해시킨 자신감이 넘쳐날 때였다.

미국은 중국도 돈과 시장의 효율성을 경험하면 반드시 체제가 변하게 될 것이라고 믿었다. 그러나 엄청난 좌익교조주의의 피해를 겪은 중국 공산당으로서는 모처럼 다시 잡은 정권을 다시는 놓지 않으리라 결심하고 있었다. 문화대혁명 기간에 겪은 공산당의 인적·물적 피해는 당을 더욱 독하게 만들었다. 말하자면 면역주사를 엄청 강하게 맞은 것이다. 소련은 관념적 노선으로 스스로 붕괴했지만 중국은 이미 내부적으로 홍역을 치렀고 단일한 지도부가 오히려 신자유주의를 이용해 당을 강화하는 노선으로 선회하는 유연성을 갖고 있었다. 미국의 자만심과 중공의 실용주의가 일시적 봉합을 가능하게 만든 것이다.

소련의 몰락과 신자유주의는 중국에게 절묘한 기회였다. 미국은 신자유주의 정책을 추진하면서 중국의 경제 개방을 촉진했고, 이를 통해 중국이 세계 무역에 적극 참여하도록 유도했다. 특히 2001년 중국의 WTO(세계무역기구) 가입 이후 미국과의 무역이 급증했으며, 중국은 미국에 대한 대규모 무역 흑자[17]를 기록하며 큰 경제적 이익을 얻었다. 중국은 미국 시장 개방과 자유무역 질서 덕분에 세계적인 제조업 중심지로 부상할 수 있었던 것이다.

2025년 9월 3일 중국의 전승절 80주년 열병식에서 시진핑이 미국을 전혀 언급하지 않은 것에 대해 매우 놀랐다고 트럼프가 불평한 것은 이런 상황을 배경으로 한 것이다. 미국의 입장에서는 그럴 만하지 않은가? 이제 트럼프는 더 이상 맘씨 좋은 키다리 아저씨 역할을 포기하겠다고 선언했다. 사실 미국 내부 경제상황만 보면 그럴 수밖에 없는 정세가 조성되고 있다.

결론적으로 하이에크, 즉 신자유주의의 핵심적 오류는 인간을 '너무 믿은 것'이 아니라, 인간이 살아가는 사회적·제도적·도덕적 조건을 너무 과소평가한 것이었다. 신자유주의의 붕괴는 단순히 탐욕의 문제가 아니라, '시장 자율성의 철학이 그 자율성을 가능하게 하는 기반을 스스로 파괴한 결과'였다. 철학적으로는 인간 조건의 망각, 경제적으로는 정보의 왜곡, 정치적으로는 국가의 기능 부정이 그 붕괴의 세 축이었다.

17　연도별 중국의 미국과의 무역 흑자 규모는 대략적으로 다음과 같다.

- 1998년: 약 20.6억 달러
- 1999년: 약 22.5억 달러
- 2000년: 약 29.8억 달러
- 2001년: 약 28.1억 달러
- 2002년: 약 42.7억 달러
- 2003년: 약 58.6억 달러
- 2006년: 약 144.2억 달러(전체 대외 무역 흑자 중 81.2% 차지)
- 2018년: 3,233억 달러(사상 최대 규모)

나는 2000년 초 신자유주의가 맹위를 떨칠 당시 민주노총의 대변인을 맡고 있었는데 노무현 정권의 신자유주의적 정책을 비판하는 것은 자동판매기에서 커피를 뽑는 것처럼 쉬운 것이었다. 나는 관료적 자동화 기계가 되었고 결론은 항상 똑같았다.

그러나 나에겐 두 가지 딜레마가 있었는데 첫째는 국가의 책임을 진 입장에서 보면 또 이해할 수 있는 것이 IMF 개혁의 긍정적 측면도 무시할 수 없었던 점이다. 둘째는 좌파는 신자유주의를 '외세의 도구'로 봤지만, IMF의 요구 중에는 한국 내부의 관료적 권력·재벌 독점의 해체라는 평소 우리의 요구도 있었기 때문에 혼란이 일어났다. 참여연대 등 좌파단체들은 재벌 해체라는 요구의 공통점 때문에 IMF 연대론까지 조심스레 제기되고 있었지만 막상 민주노총의 주력인 현대자동차 등 재벌그룹 노조들은 이에 강력히 반대하고 있었다. 재벌이 해체되면 재벌기업 노조들은 어떻게 될까 하는 불안감들이 존재했다.

민주노총은 건설 과정에서 대산별 건설론과 소산별 건설론, 그룹노조운동론 등이 올바로 정리되지 못하면서 과학적 운동론을 정립할 토대를 마련하지 못하고 서로 발목 잡는 정파적 구조가 고착화되고 있었다. 이런 문제들이 서로 연결되면서 노동운동은 극단적 이기주의와 정치주의로 양극화되었고 그 빈틈에 비정규 조직화를 기반으로 한 주사파가 민주노총을 장악하는 계기가 되기도 했다. 한 사회가 건강하게 발전한다는 것은 각 부문이 전체 속에서 올바른 조직 전망을 세울 때 가능하다. 그런 점에서 한국 사회는 이미 성장과 동시에 해체되어 가고 있었다.

어쨌든 신자유주의에 대한 좌파의 비판은 국제체제의 구조를 과잉 단순화하여, 신자유주의가 내포한 제도적 합리화와 자율성 확대의 측면을 간과했다. 신자유주의에 대한 올바른 비판은 "그것이 불평등을 낳았다"는 것이 아니라, "그것이 제도적 자유를 확장하면서도 인간적·사회적 연대의 기반을 만들지 못했다"는 데 있어야 했다. 그러나 당시 나는 신자유주의의 한 측면, 즉 그것이 만들어 내는 불평등의 조각들에만 초점을 두고 논평을 쏟아 내고 있었다. 물론 여러 지표상으로 절대적 빈곤 자체가 축소되고 있는 것이 성장의 과실이라는 증거도 있었지만 그것을 무시했던 것은 의도적이라기보다 성장 그 자체에 대한 회의적 시각 때문이었다.

이를테면 양적 성장이 인간의 행복을 담보하지 못한다는 좌파들의 일반적 정서 같은 것이 애써 그런 지표들을 외면하게 만들었다.

지금 와서 보면 공정하지 않았고 객관적이지 못했다. 한미 FTA를 통해 한국과 미국 양국은 각각 경제적 이익을 얻었으나, 구체적 수치와 연구 결과를 보면 한국이 상대적으로 더 큰 경제적 이득을 봤다.

첫째, 거시경제 지표[18]를 보면, 한국은 2011~2020년 기간 동안 연평균 2.4%의 실질 GDP 성장률을 기록하며, 인구 천만 명 이상의 OECD 국가 중 3위에 올랐다. 반면 미국은 같은 기간 1.7% 성장으로 6위였다. 둘째, 무역 측면에서 한국의 대미 무역수지는 크게 개선되었다. 2011년 약 93억 달러였던 대미 무역수지는 2021년 약 193억 달러로 두 배 이상 증가했다. 셋째, 투자 측면에서는 한국의 대미 직접투자도 FTA 전과 비교해 연평균 약 28억 달러 증가했으며, 미국의 한국 직접투자도 같이 증가했으나 미국의 대한민국 투자 중 제조업 비중이 높은 반면, 한국의 대미 투자는 주로 서비스업에 집중되었다.

요약하면, 한미 FTA 발효 후 10년간 한국과 미국 간의 교역 규모는 무려 66.1%나 증가했다. 특히 한국의 대미 수출은 2012년 585억 달러에서 2021년 959억 달러로 61.1% 증가했다. 무역수지는 연평균 약 100억 달러의 추가 무역흑자를 냈으며, 10년 내내 대미 무역흑자를 유지했다. 농축수산물의 경우도 수출 증가율이 수입 증가율

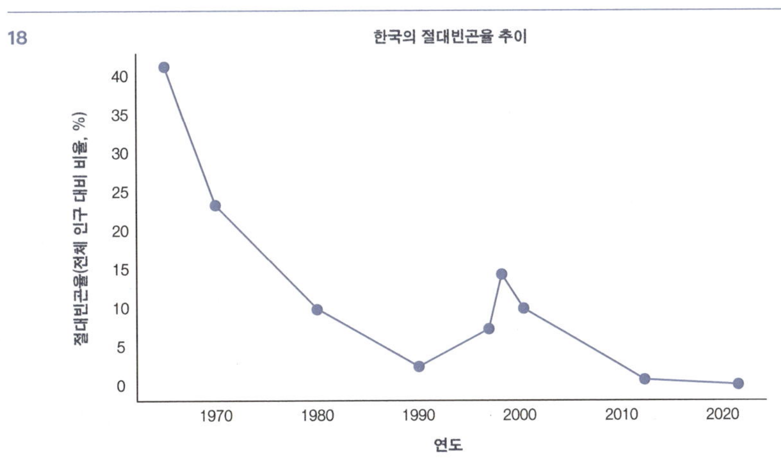

을 능가하며, 좌파들의 우려와 달리 농업 역시 성장세를 보였다.

그럼에도 불구하고, 많은 좌파들은 마치 이 모든 수치를 모르는 척 하는 것 같다. 입을 굳게 다물거나 혹은 "한미 FTA는 그 당시에는 반대하는 것이 옳았다"는 주장도 흔히 들을 수 있다. 그러나 이 말은 책임 회피성 궤변에 불과하다. 정책 판단은 '그때의 감정'이 아니라 '그때의 정보에 대한 최적의 해석 능력'으로 평가된다. 한미 FTA 반대의 핵심 논리는 반미 정서, 세계화에 대한 이념적 거부, 자본 대 농민의 적대 구도, 시장 개방에 대한 구조적 불신에 기초해 있었다. 즉, 데이터 기반 판단이 아니라 이념적 전제에 기반한 판단이었다.

세계은행 기준 절대빈곤율은 급격히 하락하며 성장의 성과를 보여 주었다. 그러나 동시에 OECD 기준 상대빈곤율, 중산층 비중, 세대 간 소득 이동성, 고용 안정성 지표는 악화되었고, 이는 신자유주의적 제도 합리화가 사회적 연대와 안정성으로 연결되지 못했음을 시사한다. 즉 좌파의 비판이 통할 수 있었던 핵심은 신자유주의가 제도적 자유를 확장했음에도 불구하고 사회적 관계와 안정성을 제도화하지 못했다는 점으로 절대빈곤의 확대가 아니었다.

그렇다면 질문은 단순해진다. 당시의 판단을 지탱했던 이념적 전제는 지금도 유효한가? 만약 그 전제가 경험적·제도적 변화 속에서 수정되었거나 폐기되었다면, 그 위에서 내려진 판단 역시 재검토되어야 한다. 그럼에도 불구하고 "그때는 맞았다"는 주장을 반복하는 것은, 사실상 "지금도 그 이념은 옳다"는 명제를 암묵적으로 전제하는 것과 다르지 않다. 이는 반증 가능성을 차단한 채 과거의 판단을 현재로 연장하는 자기 면책의 논리다.

문제는 정책이 아니라, 이념이 스스로를 검증하지 않는 방식이다. 어떤 특정 정치 이념이 경험적 결과에 의해 수정되지 않는 순간, 그것은 더 이상 현실을 설명하는 이론이 아니라 정체성을 방어하는 신앙 체계가 된다. 한국 좌파가 실패한 지점은 신자유주의를 비판했다는 데 있지 않다. 실패의 본질은, 그 비판이 현실의 변화와 제도적 성과에 의해 갱신되지 못한 채 도덕적 확신으로 고착되었다는 데 있다. 이념이 현실을 검증하는 도구가 아니라, 현실을 걸러내는 필터로 작동할 때 정치는 학습 능력을 상실한다.

퀀텀정치혁명론이 문제 삼는 것은 특정 정책의 옳고 그름이 아니라, 바로 이 '학습 불가능한 정치 구조'이다. 실제로 좌파들은 언제나 같은 방식으로 행동해 왔다는 점이다. 박정희 정부 시절, 이들은 경부고속도로가 '돈 있는 자만 편하게 다니는 길'이라며 공사 현장에서 드러누워 결사반대를 외쳤다. 중화학공업 정책이 추진될 때는 한국은 농업 중심 국가여야 한다며 산업화 자체를 비현실적 모험이라 규정했다. 오늘날 세계가 인정하는 인천공항 건설 역시 지반 침하와 철새 충돌을 이유로 '절대 불가'라 주장했다. 문재인 정부 시절 소득이 성장을 이끈다는 소득주도 성장론으로 경제 정책을 뒤흔들었지만, 실제로는 양극화 가속이라는 지적을 받았다.

이 사례들은 우연한 오류가 아니다. 세계와 산업의 흐름을 구조적으로 오독하는 일관된 패턴이다. 정치는 현실을 해석하는 능력이고, 국가는 그 능력의 총합으로 움직인다. 그런 점에서 만약 주요한 분기점마다 책임자가 '좋은 게 좋은 것'이라며 이런 주장을 적당히 수용했다면 오늘의 한국은 없었을 것이다. 솔직히 필리핀이나 태국 수준 혹은 더 뒤처진 국가의 궤도에서 벗어나기 어려웠을 것이다라는 보수의 정서는 이해할 만하다. 그러나 반드시 기억해야 할 것은 좌파 역시 반대를 위한 반대만은 아니었다. 그들 대다수는 진심으로 그것이 공동체를 파괴하는 결과를 초래한다는 공포를 안고 있었다. 그것은 말하자면 정치적 트라우마의 영역이다. 그리고 그것이 또 다른 측면에서 한국 사회의 발전 동력이었던 것 자체를 부정하긴 어렵다.

어떤 경우에서든 정치에서 타협하지 않는 선택은 언제나 거센 비난을 동반한다. 그 결정은 개인의 정치적 생명을 위태롭게 하고, 때로는 모든 책임을 홀로 짊어지는 결과로 이어진다. 반면 오늘의 대한민국을 지배하는 관료적 자동화 인식론 속에서는 이러한 정치적 결단을 기대하기 어렵다. 갈등을 해석하고 선택을 통해 방향을 만드는 정치의 기능은 사라지고, 비난을 회피하는 관리와 절차의 반복만이 남았다. 재레드 다이아몬드가 『총, 균, 쇠』에서 말한 자연환경의 제약은 일반적으로 국가의 운명을 결정짓는 가장 강력한 변수라고 할 수 있다. 그러나 한국의 경우, 지정학적으로 불리한 위치와 제한된 자원에도 불구하고 세계적 수준의 경제성장과 사회 변화를 이끌어 냈었다. 한국의 압축성장은 재레드 다이아몬드식의 '환경·지리 결정론'으로는 도저히 설명되지 않는다. 오히려 그 공백을 메우는 것은 결국 인간의 결단, 고통을 감내한 선택, 그리고 세대를 넘은 희생의 연쇄다.

다시 말해, 한국 발전의 진짜 동력은 토양이나 자원, 지정학이 아니라, 스스로 운명을 바꾸겠다고 나선 인간들의 의지였다. 이 사실을 직시하는 순간, 우리는 '기적'이라는 단어가 지리적 우연이 아니라 사람의 선택이 만들어 낸 필연이었다는 것을 비로소 이해하게 된다.

물론 일부 운동권 출신 인사들 가운데 뒤늦게나마 공개적 반성과 사과를 표한 경우도 존재한다. 그러나 전체 흐름에서 보면 이는 예외에 가깝다. 다수는 여전히 침묵 속에 머물러 있으며, 과거의 오류를 성찰하기보다는 정치적 기회가 도래할 경우 다시 동일한 구호와 프레임을 재가동할 준비를 하고 있다. 그들의 인식 체계에서 대한민국은 여전히 '미국의 식민지', '친일 세력이 세운 왜곡된 국가', '우파 집권은 곧 독재로의 회귀'라는 도식으로 규정된다. 이러한 관념은 한때 학생운동권 내부에서 거의 상식처럼 공유되었고, 그 교조성은 미 대사관 점거·방화 시도 같은 극단적 행동조차 '민주화 운동'이라는 이름으로 정당화하는 단계까지 확장되었다.

민주화 운동과 사회주의적 주체사상 운동은 본질적으로 구분되어야 할 서로 다른 역사적 흐름이었음에도, 대중에게 그 차이를 명확히 인식시키지 못한 사이 정치적 주도권은 이동했다. 한미 FTA 반대 투쟁 역시 개별 정책에 대한 실증적 평가라기보다는, 이러한 관념이 자동적으로 재생산되는 구조—일종의 이념적 알고리즘—가 작동한 결과에 가깝다. 이는 북한의 주장처럼 "미 제국주의가 한국을 식민지화하려 한다"는 명제를 구성원 모두가 문자 그대로 신봉했기 때문이라기보다는, 조직 내부에 이미 특정 정서와 사고 경로가 관성처럼 내재화되어 있었기 때문이다.

이러한 구조 속에서는 개인이 문제의식을 제기하더라도 그것이 조직적 판단으로 반영되기는 어렵다. '조직이 결심하면 개인은 따른다'는 문화에서는 이견 제시 자체가 관리의 대상이 되고, 지속적인 문제 제기는 결국 배제의 사유가 된다. 그 결과 조직은 외부 환경이 바뀌어도 스스로를 수정하거나 학습하지 못한 채 동일한 판단을 반복하게 된다.

이러한 이념적 알고리즘은 상대 정치 세력이 강할 때는 잠재된 상태로 머문다. 그러나 권력 균형이 흔들리고 정치적 공백이 발생하는 순간, 그 관성은 개인의 신념을 넘어 집단적 동원 논리로 재등장한다. 심지어 내부 구성원 다수가 그 논리를 온전히 신뢰하지 않더라도, 구조는 다시 동일한 선택을 강제한다. 이것이 한국 정치에서 진보 진영이 반복적으로 보여 온 사상적 관성의 구조적 실체이며, 퀀텀정치혁명론이 문제 삼는 '학습 불가능한 정치 구조'의 한 전형이다. 다시 말해 비판의 대상은 좌파의 이념 그 자체를 넘어 그 이념이 검증과 수정의 가정을 상실한 채 관성적으로 재생산되는 정치적 생산 구조에 있다.

좌파 정치세력이 이러한 구조적 오류를 스스로 성찰하지 못한 데에는, 그들과 대립해야 할 우파 역시 결정적인 책임을 지고 있다. 정상적인 정치 경쟁에서는 한 진영의 오류가 다른 진영의 대안 제시에 의해 드러나고 교정된다. 그러나 한국에서 우파는 신자유주의를 비판적으로 소화한 국가 전략을 제시하지 못했고, 그 공백 속에서 좌파의 인식 오류는 검증되지 않은 채 반복·강화되었다. 한국에서 신자유주의는 우파의 이념적 기반을 강화하기는커녕, 오히려 국가의 전략적 사고 능력과 보수 정치의 자기 정당성을 약화시키는 트로이 목마로 작동했다. 이는 단순히 외부 압력에 의한 정책 강요 때문이 아니라, 한국 내부 엘리트가 외부 논리를 자기 검열적 합리성으로 내면화하는 방식으로 '자발적 종속'을 선택했기 때문이다.

신자유주의는 표면적으로는 시장 친화적 담론을 사용하기 때문에 한국에서는 흔히 '우파의 강화'로 오인된다. 그러나 이는 시장을 활용하는 국가 전략과, 시장에 전략 판단을 위임하는 태도를 혼동한 결과다. 신자유주의는 국가의 전략적 판단 능력을 약화시키고, 정책 선택을 '불가피한 외부 규범'으로 치환함으로써 보수 정치가 스스로를 정당화할 수 있는 공간을 오히려 축소시켰다.

IMF 위기는 한국이 외세에 의해 굴복한 사건이 아니었다. 이미 그 이전부터 한국의 엘리트 집단은 국제 금융자본의 규범과 담론을 '현대적·합리적'이라는 이유로 무비판적으로 받아들였고, 이를 통해 정책의 자율성과 전략적 사고를 스스로 포기해 왔다. 같은 시기 인도네시아가 일정 수준의 협상력을 유지하며 서민경제 보호를 우선시했던 것과 대비된다. 한국은 외부 처방을 거부할 능력이 없어서가 아니라, 상황을 해석하는 인식틀 자체가 이미 외부 논리를 복제하는 데 익숙해진 상태였기 때문에 선택의 여지가 없다고 느꼈다.

이러한 인식 구조의 배경에는 한국 우파 자체가 가진 이중적 정체성이 있다. 한편으로는 자본주의를 불신하고 국가주의적 동원체계를 선호하면서, 다른 한편으로는 경제발전기의 서구 모델을 '모범 답안'처럼 모방하려는 태도가 동시에 존재한다. 이 모순적 구조에서는 외부 모델을 비판적으로 재구성해 새로운 전략을 만들어 낼 능력, 즉 '정책적 자율성'이 발생할 수 없다. 결국 신자유주의는 한국 우파 내부에 이미 존재하던 모순적 인식틀을 강화하며, 자율성의 기반을 더 약하게 만드는 결과를 가져왔던 것이다.

문제는 이러한 '이중적 인식 구조'가 비단 한국 우파에게만 해당하는 것이 아니라는 점이다. 형태는 다르지만, 한국 좌파 역시 유사한 구조적 모순 속에서 정책 자율성을 상실해 왔다. 한국 좌파는 오랫동안 자본주의 체제의 불평등과 독점 구조를 비판해 왔지만, 정작 자신들이 집행하는 복지·분배 정책의 재원은 대부분 자본주의적 성장에서 나온다. 즉 도덕적 비판은 반자본주의 논리에 의존하지만 정책 현실은 친자본주의적 재원에 의존하는 구조가 공존하며, 그 사이의 간극이 좌파 스스로의 전략 능력을 제약해 왔다.

말하자면 언어적으로는 민주, 참여, 반권위주의 같은 자유주의적·시민적 가치를 강조한다. 그러나 실제 정책에서는 시장, 언론, 사법, 재벌, 노동시장 등 사회 주요 영역에 대해 강한 국가 개입과 규제를 선호하는 것이다. 즉, 말과 행동이 일치하지 않는 이중 구조를 보여 주며, 이로 인해 정책의 신뢰성과 자율성이 제한된다.

이 역시 반권위주의적 언어와 국가주의적 실천이 교차하는 또 하나의 이중성이다. 좌파의 급진적 언어와 개량적 실천 사이의 괴리, 그리고 '민중·노동'을 말하면서도 실제 정치적 기반은 대기업 정규직·공공부문 노조·중산층 고학력 계층에 의존하는 민중주의 담론과 기득권 기반의 결합 또한 이러한 이중성의 또 다른 측면이다.

결국 좌우 모두 자신들이 내면화한 인식틀 속에서 정책의 자율성을 상실하는 구조를 공유하고 있다. 따라서 신자유주의가 한국 우파를 약화시킨 것처럼 보이지만, 더 깊이 들여다보면 그것은 단순히 '외부 사조의 침투' 때문이 아니라 한국 사회 전체가 공유해 온 양면적·이중적 인식 구조가 외부 논리를 무비판적으로 내면화하는 토양을 제공한 결과라고 보아야 한다. 따라서 우리가 직면한 위기는 특정 이념 진영의 실패가 아니라, 한국 정치 전체가 자신의 이중

정치적 인식 동결점

정보가 축적될수록 기존 신념만 강화된다.
확증편향
확증편향
고정관념
분노!
혐오!
-30℃
정치적 인식 동결점
너 때문이야!
너나 반성해!
정책
문제
변화

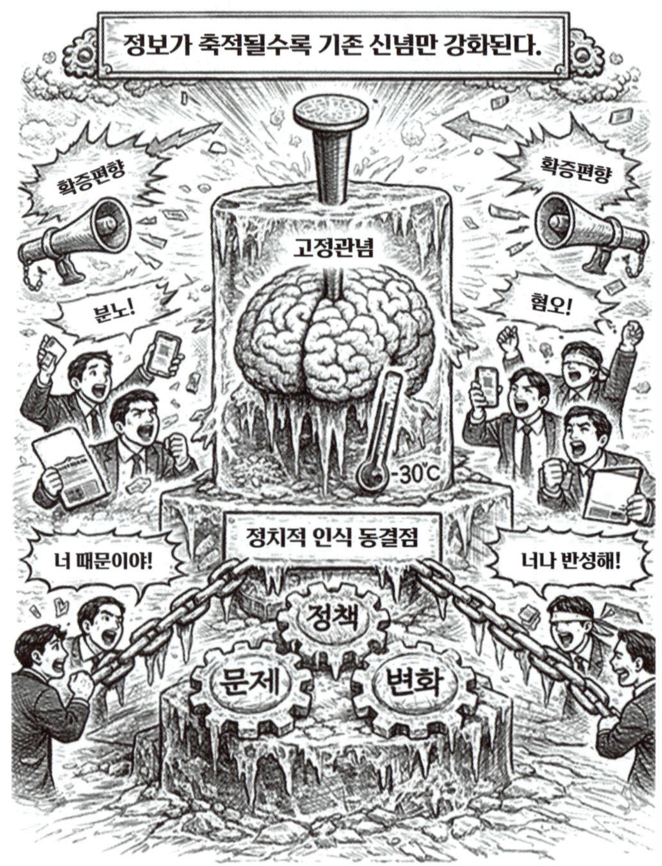

적 인식 구조를 인식하지 못한 채 외부 모델을 복제해 온 데서 출발
한다.

다시 말해, 한국 정치체제를 지배해 온 '적대적 공존'이라는 기형
적 구조는 단순한 정파 갈등의 문제가 아니다. 이는 좌우 양 진영이
가진 내재적 한계와 인식론적 결핍이 서로를 비추며 만들어 낸 일
종의 비정상적 공존 상태를 말하는 것이다. 각 진영이 스스로 상정
하는 '자기 이미지'와 실제 사회가 요구하는 '실재의 모습'이 근본적
으로 불일치하면서, 한국 정치 전체는 그 모순을 임시로 봉합하는
방식으로 유지돼 왔다.

이러한 적대적 공존 구조 속에서 정치적 동원은 점점 계급이나
사회 구조를 대표하는 방향이 아니라, 각 진영 내부의 안정적 지지
층과 이해관계를 관리하는 방식으로 변질되었다. 그 결과 정치 갈
등은 사회 구조를 변형시키는 힘이 아니라, 기존 이권을 정파적으
로 재배분하는 경쟁으로 축소되었다. 한쪽은 계급 자체를 부정해
왔고 또 다른 한쪽은 지역감정이나 특정 이념 정파 체제를 대변해
온 것이다. 결국 한국을 위기로 몰아넣은 것은 외부 이론이나 국제
환경이 아니라, 역사적 트라우마 속에서 자동화된 인식틀이 스스로
를 갱신하지 못한 채 정치·관료 시스템을 통해 끊임없이 자기 복제
되어 온 구조 그 자체였다.

그 결과, 표면적으로는 정권이 수차례 교체되고 정치적 진영 대
결이 격렬하게 반복되지만, 정작 한국 사회의 구조적 혁신은 거의

일어나지 않고 오히려 갈등의 근본 구조가 자꾸 왜곡된다. 정치가 미래를 창조하는 생산적 장이 아니라, 기존 갈등을 덮어 두는 봉합의 메커니즘으로 기능하기 때문이다. 이러한 봉합정치는 결국 변화의 에너지를 잉태하지 못하는, 말 그대로 불임(不妊)의 정치로 귀결된다. 이런 극단적 결과의 원인은 앞장에서 설명했듯이 우리 현대사의 비극이 만들어 낸 정신적 트라우마도 한몫한다. 말하자면 이성적 대화나 인식이 불가능해지는 어떤 한계점, 즉 한국 정치가 집단적 트라우마 위에서 '정치적 인식 동결점'에 도달한 상태라고 할 수 있다. 이 지점에서는 정보가 축적될수록 판단이 고도화되는 것이 아니라, 기존 신념을 강화하는 방향으로만 작동한다. 이것은 필연적으로 물질화되는 과정에서 지대 추구를 기본속성으로 하는 기득권 카르텔을 강화시킨다. 이것이 지난 수십 년간 한국 정치가 보여 준 답답한 정체(停滯)의 본질이고 우리의 뇌 속에 박혀 있는 두 번째 쇠기둥이다.

'퀀텀정치혁명'은 그래서 불가피하다. 지금 한국 정치에서 좌파와 우파 중 누가 더 잘못했는가를 따지는 일은 중요하지만, 솔직히 말해 그것에 충분한 시간을 쓸 수 있는 상황은 이미 지났다. 외부 환경과 미래로부터 밀려오는 도전의 속도와 규모가 너무 급박하기 때문이다.

이는 마치 지형이 완전히 바뀐 상황에서, 누가 지도를 잘못 읽었는지를 두고 다투는 것과 같다. 문제는 누가 틀렸느냐가 아니라, 사용 중인 지도 자체가 더 이상 현재의 지형을 설명하지 못한다는 데 있다. 이미 폭풍이 몰려오고 있는데 항해 책임을 놓고 선실에서 논쟁을 벌이는 셈이다. 이러한 조건에서는 어느 한쪽의 편을 들어주는 방식으로는 아무 문제도 해결되지 않는다.

대한민국 정치권이 오랫동안 사적 유물론적·국가주의적·산업화 시대적 구성체론에 갇혀 있었던 이유도 여기에 있다. 정치·경제·기술·사회·문화가 하나의 장(field)에서 얽혀 상호작용하며 현실을 생성하는 오늘의 세계를 설명할 이론적 기반이 부재했던 것이다. 문제는 정책의 방향이 부분적으로 잘못되었다는 데 있지 않다. 사회·경제·정치를 바라보는 이론적 렌즈 자체가 이미 시대 변화에 뒤처졌다는 점이 핵심이다.

결국 한국을 위기로 몰아넣고 있는 것은 외부 이론이나 국제 환경이 아니다. 내부에 트라우마처럼 내재된 오래된 정치적 인식의 동결점, 그리고 그 인식 동결을 가장 강력하게 증폭시켜 온 정치·관료 시스템의 관료적 자동화 인식론이 진짜 원인이다.

9. 시간을 잃은 정치: 무능이 불러온 역사전쟁

오늘 한국 정치가 맞닥뜨린 위기의 뿌리는 이념의 충돌이 아니라, 시간 질서에 대한 고정관념이다. 이 고정관념은 미래 비전의 부재를 역사전쟁이라는 쇼로 감추고, 그 비용은 결국 미래 세대가 치르게 된다.

앞서 설명한 것은 대한민국이 성공했던 이유는 창의적 판단이 가능했던 유연한 인식론 때문이라는 점이었다. 그러나 다시 대한민국이 서서히 쇠퇴하고 있는 내부적 요인으로는 이후 '관료적 자동화 인식론'과 '정치적 인식 동결점'이라는 두 개의 쇠기둥이 우리 대한민국의 뇌에 박혀 있다는 것도 설명했다.

이 쇠기둥들은 정치에서 어떻게 작용할까? 미래를 창조할 능력을 박탈하고 과거의 퇴행적 기억에 매몰되게 만든다. 역사를 새롭게 볼 인식틀이 만들어지지 않기 때문에 역사에 대한 편향성만 더 강화되는 결과를 만들게 된다. 그 구체적 실례가 이재명 대통령의 2025년 10월 19일 여순사건[19] 77주년 공식 메시지에 잘 나타나 있

---

[19] 1. **발생 배경**: 1948년 8월 15일 대한민국 정부가 수립된 직후, 제주 4·3 사건 진압 작전이 진행 중이었다. 전남 여수에 주둔하고 있던 국방경비대 제14연대는 이 진압작전에 투입될 예정이었다. 그러나 그 부대 내부에는 남로당(남조선노동당) 계열의 좌익 조직이 침투해 있었고, 이들은 제주 진압 파견 명령을 '동포를 향한 살상 명령'이라 주장하며 불복했다. 이때 미군정 시절 급격히 창설된 국군 내부는 이념 검증이 미비해 좌익 세력의 침투가 상당했다. 급조된 군 구조, 미숙한 지휘체계, 군·경 간의 권력

다. 그는 "1948년 10월 19일, 국방경비대 제14연대 장병 2,000여 명은 국민을 보호해야 할 군인으로서 국민에게 총부리를 겨눌 수 없었기 때문에, 제주 4·3 사건 진압 명령을 거부했습니다"라고 설명했다. 이 발언은 남로당 주도의 반란이 아니라 국가 폭력에 대한 정당한 저항으로 규정했다는 점에서 큰 논란을 불러왔다. 당장 헌법학자 이재홍 중앙대 교수는 "대통령으로서 국가의 정당행위를 '부당한 명령'이라 함은 헌법상 지휘·복종의 원리를 부정하는 발언"이며, 이는 "군 통수권자의 법적·도덕적 균형감각을 잃은 위험한 언어 선택"이라고 평가했다. 일부 검찰 출신 법조인들은 "여순사건은 명백히 형법 제87조 내란죄에 해당하는 무장 반란"이라며 "이를 항명으로 정당화하면, 헌법상 국군의 정치적 중립 원칙(제5조 제2항)을 침해하는 발언이 된다"고 지적했다. 그러나 이런 법적 평가보다 더 중요한 것은 실체적 역사적 진실을 왜곡하는 것이다.

이재명 대통령의 메시지가 문제가 되는 이유는, 첫째, 여순사건은

갈등, 민간의 반공 이데올로기 확산이 모두 폭발하면서 반란의 토양이 형성되었다.
2. 사건의 전개: 1948년 10월 19일 밤, 여수 주둔 제14연대 1개 대대가 제주 진압 명령을 거부하고 무장 봉기했다. 반란군은 부대 내 장비를 확보한 뒤 여수 시내로 진입해 경찰서와 관공서를 장악하고, 동조를 거부한 장교 및 우익 인사를 처형했다. 이어 순천, 보성, 광양 등 전남 동부 일대를 점령하고, 민간인 중 일부를 무장시켰다. 반란 세력은 '반이승만, 반미, 친북' 구호를 내걸고 봉기하였으며, 이틀 만에 여수·순천 일대 6개 군이 반란세력 통제하에 들어갔다.
3. 정부의 진압 조치: 국무총리 겸 국방장관 이범석은 즉각 진압군을 파견했고, 10월 27일까지 대부분 지역이 수복됐다. -필자 주

제14연대 소속 남로당 세포조직들이 먼저 선제적 공격을 가해 150여 명의 무고한 군경민간인을 학살한 것에서 출발했다. 말하자면 가해자가 남로당이었고 피해자는 당시 군경민간인이었다. 제14연대단 반란군의 군사행위는 불가피한 자기 방어가 아니라 남로당 중앙당의 지시에 따른 선제공격이었다. 이들은 남로당 전남도당과 연락하며 제주 4·3 진압 명령을 '동족상잔 명령 거부' 명분으로 반란을 일으켰다. 이들은 같은 동료 군인들을 명령 거부로 즉결 처분하고 군경과 양민들까지 1,200명가량(당시 정부 발표)을 학살했다. 따라서 여순사건과 관련한 대통령의 발언은 이러한 사실도 부정하는 의미로 전달될 우려가 있다.

둘째, 이 사건은 체제전쟁의 필연적 충돌이 아니라, 남로당 지도부의 잘못된 정세 판단과 조직적 조급함이 빚어낸 '좌익모험주의적 반란'이었다. 순진한 생각이겠지만 어차피 북에는 김일성 정권이 들어서 있었고 남한의 단독정부 수립이 기정 사실화되고 있었다면 차라리 서로 인정해 주고 경쟁해 보자고 했으면 어땠을까? 물론 이렇게 되면 남한의 남로당이 조직 기반인 박헌영은 설 자리가 없게 된다. 박헌영은 북한 정권하에서는 자신이 허수아비로 남게 될 것을 알았을 것이다.

박헌영은 평양의 재판정에서 미 제국주의 간첩 행위, 남반부 민주 역량 파괴·약화 행위, 당과 정부에 대한 전복 음모 등으로 기소된다. 이 중 '남반부 민주 역량 파괴·약화 행위'는 단순한 추상어가 아니었다. 그것은 해방 직후 남한에서 벌어진 공산당 활동을 북한 관점에서 평가한 구체적 행위들의 집합체였다. 1945년, 해방의 혼돈 속 서울. 일본의 식민지가 무너진 그 땅에서 '민주 역량'이란 무엇이었을까?

북한의 판결문에서 그것은 남한 내 공산당 조직, 인민위원회, 좌익 연합 세력을 의미했다. 박헌영은 조선공산당 재건파의 지도자로, 이 세력을 장악했으나 북한 측은 그 행위 자체가 남한의 민주 세력을 분열시키고, 미군정의 탄압을 유발하며, 결국 전쟁 패배를 초래한 '반혁명적' 행위로 규정했다. 이는 단순한 비난이 아니라, 김일성의 전쟁 책임 전가였다. 주목해야 할 부분은 1950년 5월 17일 평양 연석회의에서 "인민군이 서울을 점령하면 남로당원이 봉기해 남조선 전 지역을 해방시킬 것"이라 장담한 것이 기소 내용에 포함되어 있다는 점이다. 북한 측의 기소 내용[20]에 의하면 이는 남반부 20만 당원의 봉기를 속여 전쟁을 부추겼으나, 실제 세력 약화(제주

4·3, 여순사건으로 인한 타격)로 패배를 초래한 행위로 기소되었다. 말하자면 김일성 정권은 박헌영 말만 믿고 남침을 했는데 그 남로당 조직이라는 것이 허풍이었고 무모한 테러 행위만 하다가 적들에게 오히려 명분을 주고 한반도 전역을 순리에 맞게 공산화할 기회를 놓치게 만든 좌익출세주의, 기회주의적 맹동주의자라는 평가

• 구체적 행위 2: 테러와 분쟁 조장으로 '세력 파괴'

더 잔인한 혐의는 테러 유발이었다. 1945년 8월 16일 건국준비위원회(건준) 가입 후, 재건파를 통해 조직을 장악하려 한 시도가 '남반부 민주 역량 약화'의 예로 들렸다. 구체적으로, 여운형 등 중도 좌파 세력을 견제하며 안재홍·김병로 계열의 반발을 초래한 점, 그리고 1945년 9월 7일 여운형에 대한 1차 테러를 배후 조종한 혐의. 북한 판결문은 이를 '미제 간첩으로서 민주주의 세력 간 분쟁을 조장한 행위'로 규정하며, 건준 내 공산당원 침투가 남한의 통합 정부 수립을 방해했다고 지적했다. 또 다른 예는 1947년 3월 16일 발생한 여운형 가택 폭파 사건으로 박헌영이 배후로 지목되며, 이는 남반부의 민주주의 연합을 파괴한 '테러 학살행위'로 기소되었다.

• 구체적 행위 3: 미군정 협조와 봉기 장담으로 '전쟁 패배 유발'

박헌영은 1946년 9월 5일 서울 반도 호텔에서 미군정 사령관 하지와 밀회하여 지령을 받았다는 혐의를 받았다 - "입북하여 북조선 로동당과 정권을 장악하라"는 내용. 이에 따라 조선공산당 자료(조직 체계, 활동 정형, 간부 명단)를 미군정에 제공하며 민주 세력을 약화시켰다. 구체적으로, 1946년 3월과 5월에 당 장성 정형과 미소공동위원회 자료를 넘긴 행위가 지목되었다. 이는 남반부 민주 역량의 내부 분열을 초래하며, 미군정의 탄압(예: 보도연맹 사건)을 유도했다. 전쟁 기간에는 1950년 5월 17일 평양 연석회의에서 "인민군이 서울을 점령하면 남로당원이 봉기해 남조선 전 지역을 해방시킬 것"이라 장담한 점이 있다. 이는 남반부 20만 당원의 봉기를 속여 전쟁을 부추겼으나, 실제 세력 약화(제주 4·3, 여순사건으로 인한 타격)로 패배를 초래한 행위로 기소되었다.

• 구체적 행위 4: 좌우 합작 반대와 프락치 활동

1946년 이후 좌우 합작 운동을 '무원칙적 야합'으로 반대하며, 조봉암의 탈당(1946년 5월 공개서한)을 유발한 점이 남한 좌익 세력의 약화를 초래했다고 비난받았다. 구체적으로, 여운형의 3당 합당 제의를 수용하면서도 프락치 파견으로 감시한 행위다. 이는 공산당 내 종파주의를 조장한 '반당 행위'로 연결되었다. 또한, 이승엽 등을 당 중앙위원으로 등용해 '우익 정당 프락치' 사업을 맡기며 내부 자료를 미군정에 넘긴 점이 지목되었다. 이 행위들은 북한의 1955년 판결문에서 "박헌영의 남한 활동이 미제의 지령으로 민주 역량을 약화시켜 전쟁 패배를 초래했다"고 요약되었다. - 필자 주

인 것이다.

만일 이 판결의 내용을 그대로 믿는다면 결국 남로당 당원들은 어리석은 지도자 밑에서 극좌 테러를 하다가 혁명에 해를 끼친 공범들이 된다. 결국 1955년 12월 15일 북한 최고법원, 김일성의 충성파들이 판사석을 채운 그곳에서 박헌영은 사형 선고를 받고 몇 개월 후 권총으로 사살되었다고 전해진다. 함께 체포된 이승엽, 이강국 등도 모두 사형되었고 남로당원 수천 명 역시 정치적으로 물리적으로 완전히 제거된다.

물론 나는 북한 법정의 박헌영에 대한 판결을 액면 그대로 믿지 않는다. 박헌영인들 자신의 행위가 그런 결과를 낳으리라고 생각하진 않았을 것이다. 당시 일제에서 해방된 많은 조선의 지식인들과 청년들은 새로운 나라 건설에 희망을 품었고 당시 지배적 경향이었던 사회주의와 공산주의에 매료된 사람들이 많았다. 그들은 평등하고 착취가 없는 공산주의 이상향을 꿈꾸었을 것이다. 그 꿈들을 어떻게 비난하겠는가? 그러나 동시에 우리는 또 기억해야 한다. 당시 반란군에 사로잡힌 고인수 여수경찰서장은 처형 직전 포승을 풀어 달라고 요청한 뒤 대한민국 만세삼창을 외치고 순국하였다. 반란군의 기습으로 여수 일대의 관공서와 거리 곳곳에서 총성이 울렸고, 그 결과 경찰 74명을 포함해 약 150명의 군·민간인이 반란군에 의해 즉결 처형되거나 사살되었다.

이념은 인간을 구원하겠다고 약속하지만, 현실에서는 종종 인간을 희생시킨다. 이재명 대통령이 여순사건을 두고 '국가 폭력에 대한 저항'이라고 규정한 발언 역시, 객관적 폭력에 대한 성찰이 빠져 있을 뿐 아니라 그 뿌리인 이념에 대한 성찰도 보이지 않는다. 국가 폭력만을 문제 삼고, 그 반대편에 존재했던 폭력은 침묵 속에 덮어 버리는 것은 대한민국의 정체성을 부정하는 것이다.

폭력에 대한 침묵은 결국 또 다른 폭력의 조건을 만든다. 이념은 언제나 자신을 '정의'라고 주장하지만, 그 이념을 활용하는 권력은 종종 전혀 다른 원리—정치적 목적, 동원, 지배—로 움직인다. '국가 폭력'만을 강조하고 '이념의 폭력'을 외면할 때, 우리는 과거 전체주의가 어떠한 방식으로 만들어졌는가에 대한 교훈을 잃게 된다. 침묵은 무관심이 아니라 책임 회피이며, 그 회피는 우리 자식들을 미래의 왜곡된 폭력에 방치하는 일과 결코 다르지 않다.

셋째, 여순사건에서 우리가 봐야 할 것은 폭력이 아니라 사랑의 기적이다. 희생자들 가운데는 손양원 목사의 두 아들, 손동인·손동신 형제가 있었다. 그들을 살해한 이는 공산당원 안재선이었다. 손양원 목사는 자신의 두 아들을 죽인 안재선이 처형되기 전에 직접 나서서 구명운동을 벌였고, 결국 그를 석방시켰을 뿐 아니라 양자로 받아들였다. 안재선은 이후 깊이 참회하며 조용한 삶을 살았고, 1978년 세상을 떠날 때까지 손 목사가 보여 준 사랑을 잊지 않았다. 그러나 손양원 목사 자신은 6·25 전쟁 때 북한군에 의해 살해되었다. 나환자들을 버릴 수 없다며 피난을 거부한 선택의 결과였다.

여순사건에서는 잘못된 이념에 빠져 무고한 사람을 죽이는 폭력이 있었고 그 반대편에는 그런 학살자를 자신의 아들로 입양하는 사랑이 동시에 존재했다. 나는 이런 극한적 사랑의 실천을 세계 역사 어디에서도 확인할 수 없었다. 대한민국의 위대한 발전은 결코 그냥 이루어진 게 아니라 이런 사랑의 힘에 기반한 것이다. 도대체 무엇을 기리고 알려야 하나? 대한민국이 앞으로도 세계를 선도하는 국가가 될 수 있다고 믿는 이유는, 우리 국민들이 절망의 순간에도 사랑과 용서의 기적을 만들어 낸 존재이기 때문이다. 그리고 대통령이란 이러한 기적의 가치를 발견하고, 그것을 시대의 언어로 호명하여 국민적 자부심과 공동체적 성찰로 승화시킬 수 있는 사람이어야 한다.

그러나 이재명 대통령의 여순사건 인식은 이러한 '양면성'의 전체 구조를 보지 못한 채, 사건의 특정 단면을 구조 전체로 일반화하는 '부분적 환원주의'에 머물러 있다. 그의 해석은 폭력의 인과 관계를 '선악 이분법'이라는 단일 축으로 정렬하는 도식적 프레임이며, 역사적 맥락을 다양한 행위자·조건·동학으로 분석하는 다층적 인식과는 거리가 멀다. 이재명 대통령의 발언이 6·25 전쟁 시기의 폭력적 이념 대립을 현재 정치에 재소환한 것은 좋게 말해 앞서 말한 관료적 자동화 인식론과 정치적 인식 동결점이 동시에 작동한 결과다. 즉 이미 머릿속에 고정된 서사적 알고리즘이 입력된 데이터를 자동으로 선·악, 가해·피해라는 이분법적 구조로 분류해 버리는 것이다.

실제로 그는 2021년 대선 후보 시절 안동 이육사문학관에서 "친일 세력이 미군정과 합작해 지배체제를 유지했고, 대한민국은 깨끗하게 출발하지 못했다"고 발언한 바 있다.

이는 현대 역사학이 중시하는 구조적 분석, 즉 국제 질서·냉전 구도·국내 정치 균열·지역별 사회경제 조건 등 복합 변수들을 고려하는 대신, 역사적 사건을 특정 집단의 도덕적 결함으로 환원하는 '도덕적 단일 원인론(moral mono-cause)'에 기댄 서술이다. 이는 전형적인 1980년대 운동권식 역사관이다. 이러한 사고방식은 과거를 도덕화된 서사로 단순화하여 현재의 정치적 목적에 편의적으로 호출하는 정치적 아날로그화(political analogizing)의 전형이며, 이는 국민 통합을 이끌기보다 사회적 분열을 재가동하는 결과를 낳는다.

대한민국 건국 과정을 평가하려면, 반드시 같은 무게로 북한 정권의 성립도 함께 보아야 한다. 북한 정권은 소련 군정의 전면적 지원 속에서 김일성을 세우고 당·군·경제·행정 체계를 소련식으로 그대로 이식한 구조였다. 즉, 1946년 2월 김일성을 위원장으로 한 '북조선임시인민위원회'의 출범과 함께 사실상 독자적 중앙 통치체계를 완성하고 있었다. 이러한 현실에서 한반도는 사회주의와 자유시장주의 중 하나를 선택해야 했고, 남한에서 자유공화국 건설로 결론이 난 것은 당시 세계 정치 지형의 필연적 조건이기도 했다.

현재에 살고 있는 우리가 진정으로 봐야 할 문제는 어떤 선택이 최선이었냐와 함께 민족 내부의 내전을 막고 대통합을 만들어 내는 정치적 역량 부족에 대한 성찰이다. 그 실패가 결국 6·25라는 비극으로 이어졌다. 그러므로 최소한 대한민국의 건국을 비판하려면, 동일한 비중으로 북한 건국의 소련 종속성 또한 비판해야 한다. 그러나 한국 좌파는 한미 FTA 반대 때처럼 '미 제국주의'라는 프레임을 반복하며, 대한민국의 출발 자체를 미군정의 산물로 단정하는 왜곡된 역사관을 유지해 왔다.

그러나 더 심각한 문제는 이러한 역사관 자체보다, 그 역사관을 정치적 책임을 회피하는 도구로 활용하는 행태다. 1980년대 운동권 인식은 이영희의 『전환시대의 논리』가 대표하듯, 미국은 구조적 가해자이고 북한, 중국은 반제국주의의 주체라는 단선적 도식 위에 세워져 있다. 나 역시 이영희의 글을 읽고 내 삶을 민주화 투쟁에 바쳤던 청년이었다. 그의 논리는 한 시대의 청년들에게 세계를 해석하는 하나의 창이었다. 그러나 40여 년에 걸친 투쟁의 경험 속에서 나는 서서히 관념과 현실의 괴리가 있었다는 것을 인정하지 않을 수 없게 되었다. 변절의 고백이 아니다. 낭만이 책임을 만날 때 비로소 사유는 진정한 시험대에 오른다. 그 순간부터 문제는 무엇을 믿었는지가 아니다. 그 믿음이 만든 결과에 대한 성찰이다.

지금 와서 보면 그의 세계관은 현실을 온전히 설명하지 못했으며, 냉전의 복잡성과 북한 체제의 억압성, 중국 공산주의의 폭력성을 의도적으로 외면한 이념적 낭만주의에 가까웠다. 그는 냉전 질서와 제국주의 구조를 거의 절대적 인과로 설정한 구조결정론에 머물렀고, 그 틀 안에서 북한·중국 체제의 폭력성은 '반제 투쟁의 부수적 현상'으로 처리되었다.

그 결과 북한의 세습 독재, 중국 공산당의 폭압, 내부 숙청과 인권 유린이라는 구체적 현실은 제대로 인식되지 못했다. 그것들은 거대한 악과 싸우는 과정에서 발생한 불가피한 부차적 문제로 정당화되었다. 그러나 이것은 부차적 문제가 아니라 사회주의 사상의 인식론적 구조에서 필연적으로 발생한 문제였다.

이러한 구조결정론적 인식은 단순한 이론적 오류에 그치지 않았다. 그것은 시간이 흐르며 한국 정치에서 반복적으로 활용되는 역사 인식의 기본 틀로 내면화되었고, 과거를 도덕적 심판의 대상으로 호출하는 정치적 기술로 전환되었다. 과거가 절대적 원인이 될수록 현재의 책임은 희미해지고, 미래는 사유의 대상에서 밀려난다. 따라서 현재 반복되는 역사 논쟁의 본질은 학문적 재검토가 아니다. 그것은 현재의 정치적 정당성을 강화하기 위해 의도적으로 설계된 갈등의 장에 가깝다. 환단고기나 4·3을 둘러싼 발언들은 과거를 설명하는 언어를 취하지만, 실제로는 진영 결속과 동원을 목적으로 하게 된다.

이런 역사전쟁은 국가의 시간을 앞으로 끌어가는 전략이 아니라, 현재의 무능과 불안을 과거의 서사로 덮는 기술이다.

나폴레옹 3세는 산업화와 사회 개혁에 실패하자 프랑스 혁명의 영광을 반복 소환하며 국민투표와 상징 정치에 의존했다. 그는 미래의 청사진을 제시하는 대신, '혁명의 계승자'라는 정체성을 통해 정권의 정당성을 연장했다. 페론주의 역시 만성적 인플레이션과 구조 개혁의 실패 속에서 구체적 정책 대신 '억압받던 과거의 정의'를 끊임없이 호출함으로써 지지층의 감정적 결속을 유지했다. 마오는 경제 실패와 권력 균열을 혁명 서사의 재점화로 덮었고, 미래 전략의 부재를 과거 투쟁의 반복으로 대체했다. 문화대혁명은 이 메커니즘이 극단으로 치달았을 때의 사례다.

그 결과 사회는 현실 문제를 해결하는 능력을 상실한 채, 끝없는 사상 검증과 충성 경쟁 속으로 빨려 들어갔다. 이 경우 역사는 진실의 대상이 아니라, 현재를 정당화하기 위해 소모되는 정치적 연료가 된다.

세계사에서 중요한 전환을 이룬 국가들은 공통적으로 과거를 해결한 뒤 미래로 나아간 것이 아니라, 미래를 먼저 호출함으로써 과거를 정치에서 퇴장시켰다. 역사에는 그런 교훈들이 차고 넘친다.

기원전 1세기 로마는 사실상 국가 기능이 무너진 상태였다. 카이사르가 암살된 뒤 권력은 안정되지 못했고, 옥타비아누스와 안토니우스의 대립은 내전으로 이어졌다. 원로원과 민중은 서로를 더 이상 신뢰하지 않았고, 정치 세력들은 미래를 말하기보다 각자 과거의 정통성을 앞세워 상대를 공격하는 데 몰두했다. "누가 공화정을 배신했는가", "누가 로마의 전통을 파괴했는가"로 역사전쟁이 내전으로 전화된 상태였다. 변화한 현실을 감당할 정치적 인식 체계가 붕괴되었기 때문이다. 아우구스투스는 과거 심판이 아닌 미래 질서를 세웠다. 그는 공화정의 배신자를 색출하지 않았다. 과거 내전에 대한 대대적 복수 정치도 하지 않았다. 심지어 '왕'이라는 명칭조차 거부했다. 그가 한 것은 단 하나였다. "이제 로마는 어떤 질서로 살아갈 것인가?" 공화정의 형식을 유지한 채 실제 권력 구조는 제국으로 전환하는 복원된 공화정(res publica restituta)이라는 미래 프레임을 제시했다.

그는 과거의 로마를 되돌리겠다고 하지 않았다. 대신 '앞으로의 로마'라는 시간 방향을 제시했다. 아우구스투스 체제의 핵심은 제도보다 시간 질서였다. 과거의 공화정은 기억으로 보존하고 현재의 권력은 안정에 집중하며 미래의 로마는 질서·번영·팍스 로마나로 상정했다. 이 미래 비전이 사회를 지배하자, 과거의 배신 논쟁은 정치의 중심에서 밀려났다. 역사전쟁은 법·의례·기억 정치로 흡수되었다. 미래 질서가 현재를 조직했기 때문에 과거는 더 이상 정치를 불태우지 못했다. 즉, 로마는 과거 내전을 청산해서 안정된 것이 아니라, 미래의 제국 질서를 현재에 먼저 호출했기 때문에 내전이 종식되고 번영기가 찾아왔다.

전후 독일도 대표적 사례다. 나치라는 치명적 과거를 안고 있었지만, 독일 정치의 중심은 과거의 도덕적 재판이 아니라 "어떤 독일이 될 것인가"라는 미래 질문에 놓였다. 자유민주주의, 법치, 유럽 통합이라는 미래상이 현재의 제도 설계와 정책 선택을 이끌었고, 그 결과 과거는 정치 동원의 자원이 아니라 제도화된 역사로 정리될 수 있었다. 미래가 현재를 끌어당겼기 때문에 과거는 정치의 전면에서 후퇴했다.

미국 또한 남북전쟁이라는 극단적 내전을 겪고도 정치의 중심을 과거의 책임 공방에 고착시키지 않았다. 산업화, 개척, 과학기술, 나아가 우주 경쟁에 이르는 일련의 국가적 프로젝트는 사회의 시선과 에너지를 미래로 재배치시켰다. 그 결과 역사적 상처는 사라지지 않았지만, 정치의 중심 의제에서 점차 밀려났다. 미래가 현재를 조직할 때, 과거는 더 이상 정치를 지배하지 못한다.

그렇다면 '시간을 찾은 정치'란 무엇일까? 그것은 단순히 과거·현재·미래를 나열하는 정치가 아니다. 그것은 다음을 동시에 할 수 있는 정치다. 과거를 기억하되, 현재를 해석하고, 미래를 구성한다. 즉, 시간을 선형적 사실의 연쇄가 아니라 '의미의 흐름'으로 다루는 능력을 말한다.

대한민국이 단기간에 도약할 수 있었던 시기(건국~산업화~초기 민주화)는 과거의 상처를 운명으로 고정하지 않고, 미래를 가능성으로 재배치했던 시기였다. 이때 정치는 이렇게 작동했다. "우리는 과거에 이랬다"가 아니라 "그럼에도 불구하고 우리는 어디로 갈 것인가" 이것이 시간을 찾은 정치다.

양자역학에서 시간[21]은 어떻게 존재하는가? 고전 물리학에서 시간은 모든 관측자에게 동일하고 한 방향으로 흐르며 외부에서 주어진 절대 좌표였다. 그러나 양자역학과 상대성이론 이후 시간은 달라진다. 핵심만 정리하면 시간은 절대적 실체가 아니라 관측, 관계, 상태 변화 속에서만 의미를 갖는다. 즉, 시간은 '존재하는 것'이 아니라 '사건이 발생할 때 구성되는 것'이다. 양자 수준에서 중요한 것은 언제냐가 아니라 어떤 상태에서 어떤 전이가 일어났느냐다. 시간은 고정된 축이 아니라 상태 전이의 질서다.

---

[21] 양자역학에서 시간은 '흐르는 배경'이 아니라 현재를 규정하는 인식 구조다. 다음 두 가지 실험의 결과를 이해한다면 좀 더 이해에 도움이 될 것이다.

1. 지연 선택 실험(Delayed Choice Experiment)이 매우 흥미롭다.

존 휠러(John Wheeler)의 지연 선택 실험에서는 측정 방식이 나중에 결정되는데 그 선택이 이미 과거에 일어난 입자의 성질을 규정한 것처럼 보인다. 이는 "미래의 관측 선택이 과거의 물리적 상태를 결정한다"는, 고전 물리학에서는 불가능한 인과 구조를 드러낸다. → 중요한 점: 이것은 "시간이 실제로 거꾸로 흐른다"는 주장이라기보다 시간의 구분 자체가 관측 이전에는 확정되지 않는다는 의미다.

2. 양자 상태는 '미래 조건'을 포함한다. 양자계는 단순히 과거의 초기 조건만으로 규정되지 않는다.

경계 조건(boundary condition)—특히 측정이라는 미래 조건—이 현재의 상태를 수학적으로 규정한다. 아마도 이해하기 어려울 듯한데 이를 철학적으로 번역하면 현재는 과거의 산물인 동시에 미래에 무엇이 관측될 것인가에 대한 기대 구조에 의해 형성된다. 이것을 정치 인식론으로 번역하면 인간과 정치의 시간 구조에서 과거는 조건과 제약을 제공하고 미래는 행동의 방향과 의미를 규정한다. 따라서 현재는 둘 사이의 선택 공간이다. 더 쉽게 예를 든다면 "나는 대통령이 될 것이다"라고 미래를 규정한다면 → 현재의 언어, 행동, 위험 감수, 자기 훈련이 구조화된다. 만일 "나는 곧 사라질 존재다"라고 하면 → 현재의 선택에 책임 구조가 사라져서 아무렇게나 살아도 제어할 가치가 없다.

이것은 정치 역시 동일하다. 국가가 어떤 미래를 상정하느냐가 현재 정책의 시간 범위, 위험 감수, 투자 구조를 결정한다. 즉, 정치에서 미래는 예측 대상이 아니라 현재를 규율하는 인식적 원인이다. -필자 주이게 정치와 무슨 상관일까? 시간을 찾은 정치는 과거 사건을 상태 전이의 맥락에서 본다.

다시 말해 역사적 사건을 현재와 미래를 여는 조건 변수로 다룬다. 기억은 하되, 운명으로 봉인하지 않는다. 그러나 시간을 잃은 정치는 과거 사건을 고정된 도덕적 서사로 만든다. 역사적 사건을 현재의 정통성을 증명하는 무기로 사용한다. 미래는 사라지고, 과거만 증폭된다. 즉, 시간을 잃은 정치는 과거를 관측하는 것이 아니라, 과거에 포획된다.

왜 '역사전쟁'이 시간을 잃은 정치의 징후인가? 앞에서 예로 든 여순사건에 대한 평가가 정확히 여기에 해당한다. 문제의 핵심은 여순사건을 어떻게 평가하느냐(좌·우)가 아니다. 왜 지금 이 방식으로 호출되는가다.

시간을 찾은 정치라면 이렇게 묻는다. 이 사건은 어떤 국가 형성기의 혼란을 보여 주는가? 오늘의 국군, 헌정 질서, 민주주의에 어떤 교훈을 주는가? 시간을 잃은 정치는 이렇게 말한다. "이 사건의 도덕적 의미는 이미 정해져 있다", "현재의 정치적 정당성은 이 해석으로 확보된다" 이 순간, 역사는 분석 대상이 아니라 정치적 정쟁의 무대가 된다. 이것이 '무능이 불러온 역사전쟁'의 정확한 의미다.

반면 퀀텀정치혁명론에서 말하는 '시간 회복'은 다시 이렇게 정의된다. 정치는 과거를 반복하는 기술이 아니라 미래를 가능하게 만드는 상태 전이의 설계다. 과거는 고정된 진실이 아니라 현재를 바꾸는 조건 변수이며 미래는 예언이 아니라 설계 가능한 확률 분포다. 시간을 회복한 정치는 과거를 도덕화하지 않고 현재를 계산에 가두지 않으며, 미래를 상상으로 연다.

결국 이 장 제목 '시간을 잃은 정치: 무능이 불러온 역사전쟁'의 의미는 미래를 설계할 능력을 상실한 정치는 과거를 소환해 현재를 지탱하려 한다는 뜻이다. 왜냐하면 시간을 잃은 정치는 미래를 기다리고, 시간을 찾은 정치는 미래를 만들어 내기 때문이다.

10. 그러나 국가는 아직 준비되지 않았다

> 자유시장주의 4.0을 구성하는 기본 동력은 1) 양극화 극복을 위한 내부적 압력, 2) 기술혁신, 3) 금융혁신, 4) 좌파전략이다. 이 동력들의 성격상 다시 정부냐 시장이냐의 프레임으로 회귀하기는 어려울 것이다.

사실 한국 정치권은 3.0 체제에 대한 성찰 없이 2008년 말에 외환위기를 맞게 되었다. 물론 원화 가치 폭락, 수출 감소, GDP 4.5% 하락이 있었지만 이명박 정부는 비교적 잘 대응했다. 확장적 재정정책, 녹색 성장 투자, 중앙은행의 금리 인하. 결과는 2010년 6.2%

의 V자 회복이었고 이 과정은 보수권력 재창출로 이어지긴 했지만 오래 가진 못했다. 중요한 한 가지가 빠졌기 때문이다. 바로 <u>새로운 체제 구축의 동력</u>을 조직해 내지 않았고 신경도 쓰지 않았다. 이명박, 박근혜 정권은 그것이 왜 필요한지 이해하지 못했다.

좌파정권도 불안정하기는 마찬가지였다. 정권은 민주화 이후(1987년) 우파와 좌파가 계속 교체되어 집권했다. 1998년 김대중(좌파), 2003년 노무현(좌파), 2008년 이명박(우파), 2013년 박근혜(우파), 2017년 문재인(좌파), 2022년 윤석열(우파). 2025년 이재명 정권에 이르기까지 안정감 없이 계속 뒤바뀌고 있는 것이다. 원인이 뭘까? 그것은 정치가 민심의 바닥에 뿌리내린 것도 아니고 시대의 변화를 끌고 나가는 것도 아니라는 것을 의미한다.

사실 신자유주의 3.0 체제는 한 시대를 지탱한 거대한 서사였다. 시장 개방, 효율성, 민간의 창의라는 기표는 산업화 이후의 한국 사회가 필요로 하던 성장의 언어였고, 그 언어는 1997년 외환위기라는 충격 속에서 더욱 강력한 정당성을 획득했다. 그러나 귤이 황하를 건너면 탱자가 된다. 한국에 수입된 신자유주의의 어설픈 시행착오는 국민 삶의 뿌리를 흔들어 놓았다. 그것은 내가 직접 겪었던 현대자동차 98년 정리해고 사태[22]뿐 아니라 한국 경제 현장의 모든 곳에 집단 체험으로 새겨져 있었다.

이 한계를 돌파하려는 시도는 좌우 모두에게서 나타났다. 좌파는 들뢰즈(Deleuze)·가타리(Guattari)·네그리(Negri)의 분자혁명론으로 요약되는 접근을 통해, 이 체제가 만들어 낸 억압 구조에 미시적 저항의 장을 열고자 했다. 사회주의 몰락 이후 혁명 주체·조직·이념 중심의 대규모 운동이 아닌, 일상적 삶과 지역에서 발생하는 미시적 신호가 혁명의 핵심 동력으로 더 유용하다고 생각했기 때문이다. 이들의 분자혁명론은 감시, 플랫폼 독점, 삶의 소외에 맞서 일상의 차원에서 새로운 주체성을 회복하려는 몸짓으로 이해되었다. 이런 흐름은 한국 사회운동, 특히 2000년대 이후 풀뿌리·지역운동, 마을만들기, 환경생태, 소수자 네트워크 운동 등에 실질적 영향[23]을 미쳤다. 참여연대, 생협 등 풀뿌리 시민자치운동이 활발히 전개되면서 삶의 현장을 기반으로 신자유주의에 대항하는 복합적

---

22 1998년 8월의 뜨거웠던 여름, 나는 울산 현대자동차에 금속노조 사무차장 신분으로 노동조합 사무실에 있었다. IMF는 현대자동차의 구조조정, 즉 정리해고를 요구하고 있었고 김대중 정부는 반드시 그 요구를 관철시켜야 했다. 파업 중인 현대자동차 노조사무실 상공에서는 헬기가 삐라를 뿌리고 있었고 아래에서는 조합원들이 결사투쟁 농성 중이었다. 정갑득 등 전직 노조위원장들은 굴뚝에 올라가 고공농성을 하고 있었다. 내가 참석한 회의는 현대자동차 현장조직대책회의였다. 회의 안건은 만일 경찰이 회사에 진입하면 노조가 어떻게 대응할 것인가였다. 한쪽은 공권력이 치고 들어오면 조합원들을 전부 빼서 시가전을 벌이자는 주장을 했다. 다른 쪽은 도장 공장을 점거하여 진입문을 잠그고 결사농성을 하자고 했다. 도장 공장은 진입할 수가 없는 것이 자그마한 불씨만 튀어도 폭발하기 때문에 절대 들어오지 못할 것이라 판단하고 있었다. 막대한 인명사고가 날 것을 정부가 감당할 수 있겠느냐는 일종의 자해투쟁 전술을 제안하고 있었다.
나는 정부와의 막후교섭을 맡고 있었고 노조의 입장을 최대한 대변하는 역할이었다. 당시 김광식 노조위원장과 함께 숙식을 하면서 전략을 논의하고 있었다. 결론은 생명이 다치는 일은 막아야 한다는 것이었다. 8월 23일 새벽, 눈물을 머금고 협상을 타결했을 때 노조 사무실은 불타고 있었고 조합원들은 흩어져 갔다. 그러나 희뿌연 연기로 시야가 안 보이는 속에서도 노조원은 그래도 싸우자고 외치고 있었다. 노조위원장은 사퇴했고 내상은 심했다. 그러나 그런 깊은 갈등은 결코 그냥 사라지지 않는다. 어떤 새로운 압력의 동력으로 작용하기 마련이다. -필자 주

노선이 발전했던 것이다.

그러나 분자혁명론은 근본적 한계를 안고 있었다. 그들은 체제가 생산하는 억압 구조를 거시적 권력 중심이 아닌 미시적 관계망 속에서 해체하고자 했다. 이 접근에서 '분자'란 개인·욕망·일상·문화·정체성처럼 기존 국가·자본·계급의 대서사에 포섭되지 않는 미세한 실천 단위를 의미한다. 분자혁명은 중심을 점거하기보다 주변을 증식시키고, 체제를 전복하기보다 균열을 확산시키는 전략이다.

그러나 이때의 '분자'는 물리학적으로 보면 여전히 고전적 세계관 안의 최소 단위에 가깝다. 분자는 쪼갤 수 없는 미시적 실체지만 그 성질과 존재는 이미 정해져 있으며, 전체 구조 속에서 선형적 인과관계에 묶여 있다.

분자혁명론도 마찬가지다. 체제를 근본적으로 바꾸기보다, 체제 안에서 저항의 작은 단위를 계속 늘리는 방식에 머문다. 그래서 저

---

23 가타리는 "소수자와 지역 밀착형 소집단의 창의성을 중시하며, 공동체가 자체 미디어(자유 라디오 등)를 가져야 진정한 변화가 시작된다"고 했다. 한국의 '마을 만들기' 등 지역 공동체 사업, 주민 참여형 미디어(마을 방송·라디오), 마을기업운동 등은 바로 이 분자혁명적 소규모 네트워크, 리빙랩 방식의 실험과 깊은 영향을 주고받았다. 분자혁명론은 생태철학·정신생태학(『세 가지 생태학』)으로 발전하여 생태적 삶의 방식·운동조직과 결합하며 '완전히 새로운 주체성 되기'를 강조한다. 실제로 한국 환경운동, 에너지 전환, 유기농 대안공동체 등은 중앙 조직이 아니라 지역 분산, 각 개인과 조직의 창의적 실천(녹색일기, 소모임 등)을 중심으로 확장되었고, 이런 흐름의 이론적 지지로 가타리 영향이 언급된다. 한 연구는 "노동운동, 학생운동 세대의 주체들이 1980~90년대 이후 지역 풀뿌리·생태·소비자 운동, 주민 참여 운동에서 새로운 운동주체로 이행했다"고 분석했다. -필자 주

항은 퍼지지만, 새로운 질서를 만들 기술·제도·자금 기반은 충분히 마련되지 않는다. 그 이유는 분자혁명론이 체제를 근본적으로 바꾸는 대신, 작은 저항 단위의 확산에만 집중했기 때문이다. 체제 전체를 설계·조정할 전략적 틀 없이 단편적 시도만 늘어나다 보니, 기반 구축은 뒤처질 수밖에 없었다.

쉽게 말해, 내가 80년대 후반 인천에서 도시공동체 운동으로 한 우리마을을 운영하다가 그만둔 경험과 비슷하다. 작은 시도는 있었지만, 체계적 변화를 만들 만큼의 기반은 확보하지 못했던 것이다.

여기서 분자혁명론에 대비되는 퀀텀정치혁명론의 차이를 분명히 해 두는 게 좋겠다. 근본적 차이는 변화의 단위를 어디에 두느냐가 아니라 현실이 생성되는 방식을 어떻게 이해하느냐에 있다. 퀀텀정치혁명론이 차용하는 '양자'의 개념은 더 작은 물질 단위를 가리키는 것이 아니다. 양자는 관측과 관계에 따라 상태가 달라지는 비결정적 존재이며, 고정된 실체라기보다 현실이 특정한 형태로 나타나기 직전의 가능성 상태로 이해할 수 있다. 물리학적으로 말하면 양자는 물질의 최소 단위가 아니라 특정한 현실 상태로 전환되기 위한 최소의 발현 조건에 가깝다. 어렵다면 그냥 물질 이전 단계의 에너지 상태라고 생각하자.

이 개념을 이해하는 것은 대단히 중요하다. 왜냐하면 세상은 아는 만큼 보이기 때문이다. 분자혁명론이 체제 내부에서 저항의 미세 단위를 확산시키는 전략이라면, 퀀텀정치혁명론은 사회가 자신

분자혁명론 vs. 퀀텀정치혁명론

을 어떤 미래 상태로 '관측'할 것인가를 묻는다. 여기서 미래는 결과가 아니라 조건이다. 어떤 미래를 전제하느냐에 따라 현재 행위의 의미가 달라진다. 퀀텀정치혁명론에서 정치란, 단순히 저항을 늘리거나 운동을 확산시키는 것이 아니다. 사회가 향해야 할 미래 그림을 분명히 보여 주고, 그 미래가 현재 행동을 이끌도록 만드는 것이다.

일반적인 '분자혁명'은 체제 안에서 작은 저항을 퍼뜨리지만, 그 저항이 어디로 향해야 하는지는 명확하지 않다. 그러나 양자적 정치는 목표가 분명하다. 사회가 지향할 미래 모습을 먼저 그리고, 현재의 결정과 행동이 그 모습에 맞춰 움직이도록 만드는 정치다.

중요한 점은 이런 변화는 조금씩 쌓이는 것이 아니라, 도약처럼 단번에 나타난다는 것이다. 쉽게 말해 작은 물결을 계속 만드는 것이 아니라, 한 번에 새로운 흐름을 만들어 내는 정치라고 이해하면 된다.

결국 분자혁명론이 "어디에서든 저항하라"는 윤리를 제공했다면, 퀀텀정치혁명론은 "어떤 미래를 관측할 것인가"라는 질문을 던진다. 전자가 체제 내부에서의 끊임없는 탈주라면, 후자는 현실을 다른 상태로 붕괴시키는 인식론적 전환이다. 이 지점에서 퀀텀정치혁명은 좌파의 미시정치학을 따라잡는 것에 그치는 것이 아니라 본질적으로 다른 차원의 운동으로 전환시키는 것이다. 그것은 분자혁명이 끝내 도달하지 못했던 미래 생성의 문제를 정면으로 다시 제기한다.

그 하나의 예로 우파 내부에서는 블록체인과 비트코인을 중심으로 하는 새로운 금융 대안 시스템이 부상하고 있었다. 비트코인은 투기적 자산이 아니라 탈중앙화된 통화 주권을 구현하는 기술적 장치다. 중앙은행·국가·금융기관이 독점하던 화폐 발행권을 기술적으로 분산시키는 이 구조는 20세기 금융권력의 기초 논리를 뒤집는 잠재력을 갖는다.

2008년 금융위기의 핵심 원인은 금융자본의 무모한 탐욕과 그에 대한 규제 완화 그리고 고위험 서브프라임 모기지 대출의 광범위한 확대였다. 일부 사람들은 이 사태를 단순한 경제 위기가 아닌, '금융제국주의'의 실패이자 금융자본의 타락으로 봤다.

일찍이 레닌과 트로츠키(Trotsky), 그리고 여러 마르크스주의 이론가들은 자본이 산업자본과 은행자본의 결합, 즉 '금융자본'으로 융합됨으로써 제국주의의 새로운 단계가 탄생했다고 분석한 바 있다. 레닌은 금융권력을 사회주의적 국유화로 해체하려고 했지만 사토시 나카모토는 다른 방식을 제시했다. 2008년 '사토시 나카모토'라는 가명을 쓴 인물[24]이 발표한 백서는 금융 시스템의 불투명성과 중앙 집권적 권력이 얼마나 위험한가를 명확히 지적하며, 블록체인

---

24 2008년 비트코인의 창시자로 알려진 '사토시 나카모토'는 실제 정체가 공개되지 않은 베일에 싸인 인물 혹은 집단이다. 여러 추측이 있지만 명확한 증거는 없다.

기술을 통해 이를 근본적으로 대체하고자 했다. 이 디지털 화폐는 전통적 금융기관이나 중앙은행의 통제를 배제하고, 탈중앙화된 네트워크 기반에서 신뢰 시스템을 구현한다.

비트코인의 직접적인 기술의 기원은 1990년대 사이퍼 펑크 운동과 현대 암호학에서 찾을 수 있다. 그러나 그 세계관의 더 깊은 뿌리를 더듬어 올라가면, 1960년대 후반 미국 신공동체운동과 카운터 컬처의 흐름이 있다. 국가·관료·금융의 중앙집중 권력에 대한 저항, 자율적 공동체의 실험, 기술을 통해 개인의 자유를 확장하려는 시도는 히피 운동의 변형된 형태로써 해커 문화로 이어졌고, 다시 자유소프트웨어 운동과 암호학적 반권력 운동으로 발전했다. 이 길고도 느슨한 계보가 1990~2000년대 사이퍼 펑크를 낳았고, 그 철학이 결국 사토시 나카모토의 비트코인 백서에 응축되었다. 비트코인은 기술적 창조물이기 이전에, 반관료·반독점·자율성·탈중앙화라는 40년 철학의 결정체였던 것이다.

즉, 그들은 단순히 기술을 개발한 것이 아니라, 금융과 정치의 권력 구조를 근본적으로 재편할 잠재력을 설계한 것이다.

사토시 나카모토는 일본식 이름이지만 일본어를 쓴 적 없고, 자신이 일본인이라는 주장도 하지 않았다. 영국식 영어와 미국식 영어를 혼용하여 사용하는 점 등으로 보아 여러 나라 출신일 가능성도 제기된다.
한 명의 개인인지 또는 여러 명으로 구성된 팀인지 확실치 않다. 사망한 암호학자 할 피니(Hal Finney)가 가장 유력하다는 설이 있으나 확인된 바는 아직 없다. -필자 주

내가 비트코인의 역사를 반복해서 강조하는 이유는, 그것이 한국 사회가 상실해 버린 미래를 다루는 방식을 가장 극명하게 보여 주는 사례이기 때문이다. 1987년의 민주화 투쟁이 대통령 직선제를 성취하면서 운동권은 급격히 미래 비전을 가진 운동세력으로서의 의미가 약화되었다. 김대중·노무현 정권이 들어서자 많은 운동권 활동가들은 정치권이나 관료체계로 이동했다. 그들은 거리에서 사회를 바꾸던 주체였지만, 권력과 제도의 유혹 앞에서는 쉽게 무너졌다. 이들과 달리 기층운동으로 더 내려갔던 운동세력들도 마찬가지였다. 크게 보면 분자혁명론의 한계를 넘어서지 못한 것이다. 앞서 설명했지만 체제를 해체하기보다 체제 내부에서 저항의 미세 단위를 무한히 증식시키는 방식에 머물렀기 때문이다. 그 결과 저항의 저변은 확산되지만, 새로운 질서로의 도약은 보류된다. 결국 소분자화되어 기존 체제 내에 소시민 형태로 흩어졌다. 다시 말해 유의미한 미래 담론들을 만들어 내는 데 실패하고 있었다.

한편 10·26 이후 우파는 관료적 자동화 인식론의 동굴로 숨어 버렸다. 오직 남은 것은 지역 기반 기득권 정치였다. 자체에서 후보를 만들어 내지 못하고 외부에서 수혈해 왔지만 실패를 거듭하는 불임의 정치세력이 되어 버렸다.

내가 지금 말하고자 하는 것은 첫째, 한국은 좌파와 우파 모두 새로운 담론을 만들어 내는 데 실패하고 있었고 그에 반해 미국 우파들은 새로운 가치를 만들어 내고 있었다라는 것이다. 둘째, 그러나 이 새로운 가치 역시 어떤 위험과 한계에 봉착해 있다라는 점이다.

그 출발은 하이에크가 제시한 '탈(脫)국가 화폐'의 아이디어와 오스트리아 학파의 자유통화론, 금본위주의자들의 반(反)연준 통화관이 결합하여, 연준·월가·연방 관료제에 의해 독점된 통화 질서에 근본적인 질문을 던짐으로써 시작했다. 이 흐름은 단순한 음모론적 반(反)정부 정서를 넘어, "관료적 통화 독점이 혁신을 질식시킨다"는 일관된 사상적 계보 위에서 형성된 것이다. 이 계보 위에서 피터 틸(Peter Thiel)과 일론 머스크는 초지능 산업의 길을 열었다. 그들은 단순히 새로운 회사를 만드는 것이 아니라, 금융·관료제·플랫폼 기업이 축적해 온 삼중(三重) 독점을 해체하여 인간의 자율성을 복원하는 기술 체제를 구축하려 했다.

이들에게 비트코인은 '정부를 약화시키는 기술'이 아니다. 비트코인은 관료·거대 플랫폼·금융 카르텔이 누적한 통제력을 분산시켜 개인과 공동체의 협력 네트워크를 만들어 내는 새로운 사회 운영체제의 기반이다. 인류사회가 AGI 기반 사회로 간다면 모든 결재수단이 코인화될 가능성은 대단히 높아진다. 교환성, 편의성, 가치보존성에서 비교 우위가 확실하기 때문이며 기존 금융권력은 이 시스템을 포섭하려고 시도할 가능성이 크다.

사실 현재의 4.0 체제의 특징은 단순하다. 표면적으로는 시장의 상징적 기표를 유지하지만, 실제 작동 원리는 국가·관료·플랫폼이 시장 위에서 권력을 공유하는 하이브리드 구조다. 플랫폼 기업은

 신냉전 시대와 한국 정치

시장을 독점하는 인프라 권력을 갖고, 관료제는 알고리즘화된 절차와 규율로 정책 판단을 자동화하며, 데이터 체제는 개인의 삶 전체를 실시간으로 투명하게 만든다. 여기에 달러 패권이 유지한 글로벌 금융 질서의 압력까지 더해지면, 4.0 체제는 더 이상 '자유시장'이라기보다 '관리된 경쟁·관리된 분배·관리된 혁신'이 결합된 복합 권력 구조에 가깝다.

문제는 이 체제가 작동할수록 양극화는 더 깊어지고, 주권은 더 멀어진다는 점이다. 플랫폼과 금융은 폭발적으로 성장하는데 그 성장은 국민의 생활세계로 번져 들어가지 못한다. 중산층은 사라지고, 관료적 자동화는 민주주의의 실질적 판단 능력을 약화시킨다. 무엇보다 중요한 것은 이 구조가 미래 기술의 에너지—AI, 양자컴퓨팅, 분산 신경망—를 흡수하지 못한 채 점점 비효율적 계층 구조로 굳어지고 있는 것이다.

그러나 성급히 다른 대안을 말하기 전에 4.0 체제에 대해 좀 더 살펴볼 필요가 있다. 왜냐하면 현재의 체제이기도 하고 그만큼 복잡한 정치·역사적 맥락에서 형성된 체제이기 때문에 단칼에 규정하는 것은 사실 이후 체제를 설계하는 데 도움이 되지 않기 때문이다. 4.0 체제가 좌우로부터 공격당하고 있는 핵심적 지점을 파악해야 다음 수순의 가닥이 잡힌다.

먼저 슬라보예 지젝(Slavoj Zizek) 같은 비판 이론가의 시각을 보자. 그는 칼레츠키가 말한 '자본주의가 스스로 진화하고 적응할 수 있다'는 생각을 비판한다. 지젝은, 이런 주장은 결국 시장과 정부가 시행착오를 통해 문제를 해결하는 표면적 변화에 불과하다고 본다.

지젝에게 중요한 것은 완벽한 제도나 대안을 미리 제시하는 것이 아니라 시장과 정부, 자본이 얽힌 권력 구조를 있는 그대로 보고, 사람들의 구체적 요구와 문제를 직면하며, 지속적으로 개입하는 것이다. 쉽게 말해 정치란 '권력의 숨겨진 구조를 드러내고 직접 손대는 일' 그 자체라는 것이다. 이는 현실적·점진적 개혁만으로는 충분치 않으며, 사회의 근본 대립 구도를 끊임없이 가시화·정치화해야 한다는 라캉-헤겔적 혁명윤리[25]의 문제 제기를 잇는 연장선이라고 할 수 있다.

---

25 라캉-헤겔적 혁명윤리의 핵심은 "기존 질서와 상징계(법·제도·규범)로 대표되는 현실의 억압과 소외 구조에 근본적으로 맞서, 주체가 자신의 욕망과 결단을 통해 급진적 단절(혁명적 행위)을 이끌어야 한다"는 주장이다. 라캉적 윤리란 인간은 본질적으로 결핍과 소외를 가진 주체로, 사회의 규범·질서(상징계)에 항상 맞지 않는 '실재'의 욕망을 지닌다. 라캉 윤리의 핵심은 남들이 강요한 기준이 아니라 자신의 진정한 욕망을 끝까지 책임지는 '결단(acte)'이다. 현실의 불평등, 억압 구조와 타협하지 않고 '내 것'을 위한 단절적 행위를 시도하라는 것이다.
한편 헤겔적 전회란 헤겔은 사회의 불화와 모순, 주체와 전체(국가)의 긴장을 긍정적으로 본다. 완전한 조화는 없고, 모순을 통해 역동적으로 자유와 사회가 발전한다. 이런 긴장과 대립 속에서 '새로운 질서'를 만드는 변증법적 행위가 혁명윤리의 핵심이다.
이 두 철학적 성찰을 지젝이 결합하면서, 사회의 근본 모순과 불화를 항상 드러내고, 주체가 기존 시스템과의 타협 없이 자신의 급진적 결단—예컨대 체제에 거슬러서라도 행동하는 것—을 통해 사회 구조를 뒤흔들 것을 주장한다. 즉, 혁명윤리란 '나와 세계의 일치 또는 타협을 거부하고, 진정한 변화를 위해 위험을 감수하며 결정하는 용기'라는 점에 있다. 이런 혁명윤리는 제도적 개선이나 점진적 사회 개혁만으로는 충분하지 않고, 인간이 내면적으로 스스로에게 진실하고 체제와 충돌할 때 비로소 의미 있다는 철학적 문제 제기다. ─필자 주그러나 지젝의 라캉-헤겔적 혁명윤리는 현실에서 다소 '공허'해지기 쉽다. 체제의 근본 모순을 드러내는 것은 중요하지만, 그 집착 때문에 실질적 정책이나 구체적 대안을 제시하지 못하는 전형적인 좌파의 딜레마[26]가 발생한다. 즉, 이상주의적 급진성을 강조하다가 점진적 개혁이나 현실적 타협을 거부함으로써 정치적 영향력을 상실할 위험이 존재한다.

예컨대 지젝은 암호화폐를 기존 금융 시스템과 국가 권력에 도전하는 혁명적 수단이라기보다 자본주의 내부의 허상과 불안을 강화하는 이데올로기적 장치로 평가한다. 탈중앙화와 자유를 약속하지만, 실제로는 위험과 불평등을 심화시키며, 체제 전복보다는 기존 체제를 재생산하는 역할을 한다는 것이다. 결국 좌파는 분자혁명론의 인식론 안에 기술적 진화를 가두려고 하지만 근본적으로 실패하고 있다.

한편 현재 우파의 노선이 보여 주는 한계는 무엇일까? 트럼프 노선은 칼레츠키식 자본주의 4.0 체제가 내세우는 '정부의 적극적 역

---

[26] 좌파의 딜레마는 주로 좌파(좌익) 정치나 운동이 체제의 근본적 모순(예: 자본주의 불평등, 억압 구조)을 비판하고 드러내는 데 집중하다 보니, 현실에서 실행 가능한 정책 및 제도적 대안을 제시하지 못하거나 효과적으로 추진하지 못하는 상황을 가리킨다. 이는 이상주의와 실용주의 사이의 긴장으로, 좌파가 '혁명적 변혁'을 강조하다가 점진적 개혁 또는 타협을 거부하거나 무시함으로써 정치적 영향력을 상실하는 딜레마를 의미한다. 이는 유럽이나 라틴아메리카 좌파의 경우처럼 경제 발전과 환경 보호 또는 사회 정의와 국제적 제약 사이의 균형 실패로 나타나기도 한다. -필자 주

할'이라는 속성을 표면적으로는 강화하지만, 그 내면은 보편적 이익이 아니라 철저히 자국 이익 중심으로 재해석한다. 트럼프 행정부의 대내 정책은 감세와 공급중시경제학을 현대통화이론(MMT)과 결합하여 빚을 내어 성장을 도모하는 모순적 구조[27]를 보였다. 대외적으로는 무역분쟁·보호주의·자국 산업 보호와 같은 국가 주도형 경제를 노골적으로 추진했다.

당시 상무장관 윌버 로스(Wilbur Ross)가 한 인터뷰에서 "우리는 더 이상 다자 질서에 우리의 제조업 운명을 맡기지 않는다"라고 말한 것은, WTO나 다자 무역 질서 같은 글로벌 거버넌스보다 미국이라는 단일 국가의 이해를 우선하겠다는 선언이었다. 피터 나바로(Peter Navarro, 무역제조업 정책국장)는 "미국 내에서 생산하고, 미국인을 고용하는 기업이야말로 진정한 국가 전략 자산"이라고 했다. 이는 심지어 미국 내에 진출한 외국기업까지 국유화에 가까운 정책의 대상으로 바라볼 수 있다는 시사였다. 그 과정에서 '주주 민

---

27 트럼프 행정부의 경제정책에 대해 당시 경제 각료 윌버 로스는 한 인터뷰에서 "우리는 더 이상 다자 무역 질서에 우리의 경제 운명을 맡기지 않는다"라며, 미국 내 제조업 부활과 산업 보호를 최우선 과제로 삼았다고 밝혔다. 이는 관세와 보호무역을 적극 활용하는 '미국 우선주의(America First)' 정책으로 나타났는데, 동시에 감세와 공급중시 경제학을 병합하는 정책 기조를 보였다.
특히 현대통화이론(MMT)의 요소가 일부 반영되어 정부가 빚을 내 재정을 확대하면서 경제 성장을 도모하는 모순적 구조를 이루었는데, 이는 트럼프 행정부의 정책자문단 일부가 "대규모 재정 적자를 감수하더라도 국민 경제 활성화를 위해 정부가 적극 개입해야 한다"는 입장을 내면서 현실화됐다. 이 과정은 마치 감세로 민간의 투자를 촉진하면서도 정부 지출을 늘려야 한다는 두 상반된 목표를 동시에 추구하는 복잡한 전략이었다. -필자 주

주주의'라는 글로벌 투자 규범은, 국가가 기업 경영에 직접 참여하며 주주의 권한을 약화시켜도 된다는 논리로 바뀌었다.

이렇게 보면, 트럼프의 노선은 4.0 체제를 구성하는 핵심 가치―기업과 정부의 협상과 타협―를 다른 형태로 뒤틀고 있는 셈이다. 그는 정부와 기업이 다극적 질서에서 협력하는 대신, 단극적 패권 아래 정부가 민간 경제를 지배하는 '국가자본주의형' 협력 구도를 만들어 낸다. 이 변형은 자유시장주의 4.0 체제의 완성이 아니라 완전히 다른 5.0 체제로의 이행 가능성을 보여 준다. 물론 이 노선은 트럼프가 아니라 알렉스 카프(Alex Karp)나 피터 틸 등 실리콘밸리의 기술과 자본을 바탕으로 한 기술공화국 주의자들에 의해 뒷받침될 것이다.

트럼프는 4.0 → 5.0 전환을 가속화하는 주요 변수지만, 최종 설계자는 기술공화국 집단이 될 가능성이 크다. 사실상 미국 정치·경제의 5.0 전환은 트럼프가 상징하는 국가자본주의적 접근과 기술공화국주의자들의 기술·자본 중심 권력 사이의 역학적 상호작용을 통해 이루어질 가능성이 높고 그것이 차라리 미국의 국익에 부합할 것이다.

이런 상황에서 자유시장주의 4.0 체제가 작동하면 할수록 양극화는 더 깊어지고, 민주적 주권은 오히려 멀어지게 되어 있다. 플랫폼과 금융 부문은 폭발적으로 성장하지만, 그 성장은 국민의 생활 세계로 스며들지 못한다. 경제 전체는 확장되지만 중산층은 붕괴하고, 개인의 기회는 넓어지지 않는다. 이 현상은 단순한 정치적 비판이 아니라, 4.0 체제에 내재된 구조적 성질에서 비롯된다. 결론적으로 현재의 4.0 체제는 성숙되기도 전에 붕괴로 치닫는 구조라 할 수 있다. 그 이유를 조금 더 파악해 볼 필요가 있다.

디지털 경제는 대규모의 데이터와 네트워크 효과를 중심으로 움직이는 승자 독식 구조를 갖고 있다. 한 번 앞선 기업은 모든 경쟁자를 압도할 만큼 빠르게 규모를 확대하며, 그 결과 플랫폼과 금융 기업에는 막대한 수익이 쏟아지지만, 노동자와 중간층에게 돌아가는 몫은 점점 줄어든다. 성장과 분배가 함께 가던 산업자본주의의 공식은 더 이상 작동하지 않는다. 생산성 증가 곡선과 임금 성장 곡선은 서로 다른 궤도를 그리기 시작했고, 중간 임금대의 직업은 자동화·파편화·플랫폼화의 물결 속에 서서히 사라지고 있다.

이러한 구조 변화는 정치적 주권의 성질까지 바꾸어 놓는다. 플랫폼 기업은 수십억 명의 데이터를 독점하며, 금융 기업은 국가보다 더 빠르고 정교하게 자본 흐름을 통제한다. 국가는 행정·규제·세제에서 점점 더 '외부 알고리즘'을 참조하게 되고, 시민의 선호보다 플랫폼의 설계가 경제적 선택을 좌우하는 일도 드물지 않다. 민주주의의 핵심인 '집단적 판단 능력'이 시장과 기술의 자동화된 코드에 의해 잠식되는 것이다. 관료제의 의사결정 역시 효율성·위험 회피·절차 준수라는 기계적 합리성이 강화되면서, 창의적 정책 결정의 여지는 갈수록 좁아진다.

그러나 가장 심각한 것은 이 체제가 미래 기술의 에너지를 스스로 흡수하지 못한다는 사실이다. AI, 양자컴퓨팅, 분산 신경망과 같은 초지능 기술은 본질적으로 개방적 네트워크와 실험적 생태계를 필요로 한다. 하지만 자유시장주의 4.0 체제는 독점 플랫폼과 관료적 규제, 그리고 안정적 수익을 추구하는 금융 구조가 결합한 형태다. 이 구조는 위험을 회피하고, 분산된 혁신보다는 기존 질서의 안정적 유지를 우선시한다. 그 결과 첨단 기술은 사회의 중심부로 흡수되지 못하고 주변부의 혁신가·개발자·새로운 공동체에서만 실험적으로 확산된다.

요컨대 자유시장주의 4.0 체제는 성장의 외형을 확장시키는 데에는 성공했지만, 그 성장이 사회적 기반을 강화하거나 혁신을 지속시키는 데에는 실패하고 있다. 소수 독점체는 강해지고 중산층은 약해지며, 기술은 체제 내부로 흡수되지 못한 채 외부에서 반발력으로 작동한다. 이 경직된 구조는 스스로 쇠퇴의 동력을 내포할 뿐만 아니라, 5.0 시대가 요구하는 분산·자율·창발적 혁신의 질서와도 깊은 긴장을 일으킨다.

중요한 것은 이 한계들이 정책 조정이나 제도 보완으로 해결될 수 있는 문제가 아니라는 점이다. 4.0 체제는 중앙집중적 자본과 국가 개입을 전제로 설계된 체제이기 때문에, 새로운 기술·산업·사회 환경과 구조적으로 충돌할 수밖에 없다. 그렇다면 이제 문제는 '개선'이 아니라 '전환'이다. 바로 이 지점에서, 자유시장주의 4.0을 넘어서는 새로운 체제, 즉 자유시장주의 5.0의 등장은 선택이 아니라 필연으로 등장한다.

그렇다면 이 5.0 체제는 어떤 모습일까? 자유시장주의 5.0은 시장의 자유를 약화시키는 체제가 아니라, 자유가 작동하는 조건 자체를 재설계하는 체제다. 국가는 분배자가 아니라 기초자산과 인프라를 설계하는 플랫폼으로 기능하고, 시장은 소수 독점이 아닌 분산된 혁신 주체들의 상호작용 공간으로 재구성된다. 그 결과 성장은 숫자의 확대가 아니라 기술·자본·개인의 잠재력이 동시에 증식되는 구조적 진화로 나타난다.

물론 방금 이야기는 장밋빛 전망이고 현재의 조건들을 고려할 때 여러 가지 한계들이 여전히 5.0 체제에서도 작동할 가능성이 크다.

좀 더 구체적으로 예상해 보면 국가가 자국 산업 보호와 장기적 재정 확대 정책을 결합하여 경제를 더 직접적으로 설계하는 구조다. 국제 무역에서는 상호 호혜보다 일방적 이익 극대화를 목표로 하고, 글로벌 협상장은 점점 전쟁터처럼 변할 것이다. 이는 일부 국가—특히 기술 집약형·대규모 내수시장을 가진 나라—에게는 단기적 성장 기회를 줄 수 있지만, 장기적으로는 무역·투자 신뢰를 약화시키고, 다자적 문제 해결 능력을 쇠퇴시킬 가능성이 크다.

이것은 혹시 2.0, 즉 케인스주의로 다시 회귀하는 것을 의미하는 것일까? 그러나 과거의 자유시장주의 2.0, 즉 케인스주의는 시장을 완전히 부정하지 않았다. 시장은 여전히 존중받는 무대였고, 국가는 단지 조정자이자 방화벽으로 나섰다. 위기가 닥치면 돈을 풀고, 수요를 살려 시장이 스스로 회복하도록 유도했다. 즉 케인스주의의 궁극적 목표는 '시장 살리기'였다. 그러나 트럼프는 사실상 '시장 대체'를 꿈꾸는 것처럼 보인다. 국가는 이제 심판이 아니라 선수로 뛰어들며, 산업의 구조를 직접 디자인하고 자본의 흐름을 명령한다. 보이지 않는 손이 아니라, 데이터와 알고리즘, 그리고 권력이 결합한 보이는 두뇌가 경제를 움직인다. 이 체제에서 무역은 더 이상 상호 이익의 교환이 아니라, 기술·자원·데이터를 둘러싼 전략적 전쟁이 된다.

케인스주의가 인간의 심리를 조정해 경제를 안정시키려 했다면, 트럼프가 지향하는 5.0 체제는 인간의 심리를 예측하고 통제한다. 하나는 '시장 안의 인간'을 믿었고, 다른 하나는 '국가와 기술이 결합한 인간'을 믿는다. 전자는 경제를 회복시키기 위한 응급 처방이었고, 후자는 경제 자체를 재구성하려는 건축적 설계다. 요컨대, 케인스는 시장의 붕괴를 두려워했지만 5.0의 설계자는 시장의 소멸을 준비하는 결과를 만들고 있는 것일까?

우리는 지금 문명의 경제 DNA에 새로운 유전자가 삽입되는 장면을 목격하고 있는 중이다. 이 유전자는 협력의 네트워크를 줄이고, 개별 국가를 거대한 경제 생명체로 돌연변이시키는 성질을 가지고 있다. 이러한 현상의 핵심은 AI와 양자컴퓨터의 발전이다. 이

둘이 결합한다면 실제 인류 사회의 특이점을 통과하게 될 것이고 그것이 5.0 버전의 핵심 변수가 될 것이다.

만약 5.0이 국가 단위의 재정 통제와 보호주의 속에서 디지털 기술과 첨단 제조를 결합한다면 일부 지역의 불평등 완화에는 기여할 수도 있을 것이다. 그러나 또 다른 측면에서, 그 체제는 서로 다른 국가의 경제 생태계를 고립시키고, 장기적으로 인간 사회의 기술 및 지식 교류 속도를 늦출 위험이 있다. 그것은 철저히 자본의 이해관계에 종속될 것이기 때문이다.

사실 자유시장주의 4.0 체제가 흔들리는 결정적 이유는, AI나 양자기술 같은 개별 기술의 발전 때문만은 아니다. 더 근본적인 원인은 미국과 중국이라는 두 초강대국이 협력할 수밖에 없으면서도 동시에 충돌할 수밖에 없는 구조에 들어섰다는 데 있다.

미국은 AI와 첨단 제조를 중심으로 새로운 산업 질서를 만들고, 보호무역과 디지털 기술을 결합해 자국 중심의 5.0 체제를 구축하려 한다. 반면 중국은 기술 자립과 디지털 위안화, 글로벌 인프라 확장을 통해 독자적인 경제 블록을 형성하고 있다. 두 나라는 서로 얽혀 있으면서도, 전략적으로는 양보할 수 없는 경쟁자다.

지금까지 이야기가 매우 어렵게 들렸다면 용서해 주기 바란다. 세계적 규모의 무정부적 상태를 설명하자니 어쩔 수 없었지만, 핵심은 단순하다. 4.0 체제는 이미 무너지고 있고, 그 대안으로 등장한 5.0 역시 미·중의 전략적 충돌 속에서 아직 안정된 질서로 자리

    신냉전 시대와 한국 정치

정치적 인식 동결점
급랭 모드 -100℃
변화 거부
안 녹아!
이거 빡세네..
기업 혁신
구시대 인식
노동 역할
두드려도
꽁꽁!
청년의
목소리

잡지 못하고 있다. 오히려 이 전환을 주도하는 이른바 '기술공화국주의' 노선은 경쟁과 충돌을 완화하기보다는 그 속도를 더 빠르게 만들고 있다.

이 급변하는 세계에서 한국이 정신을 잃지 않으려면, 변화의 표층이 아니라 본질을 이해해야 한다. 인공지능과 양자기술은 단순한 산업 혁신이 아니라, 국가 간 정치·경제의 경쟁 구조 자체를 재편하는 권력 기술이다. 이러한 기술은 더 이상 전통적인 국가 통제의 범주에 머물지 않으며, 원천기술 확보는 산업 정책을 넘어 국가 존립의 문제로 전환되었다.

문제는 분명하다. 자유시장주의 4.0은 붕괴하고 있으며, 그 이후의 5.0은 단일한 미래가 아니라 여러 시나리오로 전개되고 있다. 준비된 국가는 질서를 설계하지만, 준비되지 않은 국가는 충격을 감당해야 한다. 장기적 비전 없이 단기 정책과 일시적 이익에 매달리는 국가는 이 전환기를 통과할 수 없다.

지금 한국이 직면한 과제는 명확하다. AI·양자기술·디지털 자산이 지배하는 문명 전환기에서, 국가 주권·시장 질서·시민의 자유가 동시에 작동할 수 있는 제3의 기술문명 모델을 스스로 설계해야 한다. 그러나 대한민국의 현실은 이 과제 앞에서 아직 준비되어 있지 않다. 정치권은 전략적 합의에 실패했고, 국정의 에너지는 미래 설계가 아닌 과거의 전쟁에 소모되고 있다.

목표는 이미 보인다. 그러나 그것을 수행해야 할 정치와 국가는 뇌에 박혀 있는 두 개의 쇠기둥, 즉 관료적 자동화 인식론과 정치적 인식 동결점을 뽑아내지 못했다.

퀀텀정치혁명론

2

퀀텀정치혁명:
양자역학 시대의 새로운 정치

Toward a New Political Paradigm
in the Quantum Age

1. 민주주의를 이용해 민주주의를 망치다

"지각의 문이 열리면, 세계는 있는 그대로—무한하게—보인다."

– 윌리엄 블레이크(William Blake)

퀀텀정치혁명이라는 생각은 거창한 이론에서 출발하지 않았다. 오히려 아주 단순한 의문에서 시작됐다. 지금의 정치는 정말로 세상을 바꾸고 있는가? 아니면 변화를 붙잡아 두는 장치가 되어 버린 것은 아닐까? 정치는 늘 '혁신'을 말하지만, 정작 정치가 개입하는 순간 뒤죽박죽이 된다.

더 솔직히 말하면, 위의 질문들은 나중에 덧붙인 것이다. 처음 나를 붙잡았던 질문은 훨씬 단순했고, 개인적이었다. 한국의 민주화 운동 세대는 지금, "안녕하신가요?" 그들은 정권을 바꿨고, 제도를 만들었으며 '민주주의'를 이 나라의 기본 질서로 세웠다.

그런데 이상하게도, 그 이후의 한국 사회는 점점 더 어두워져 가는 듯 느껴진다. 20대 이후 대부분의 삶을 민주화 운동에 바친 나로선 매우 당혹스러운 일이다. 왜 그럴까? 혹시 나만 그렇게 느끼는 것일까? 함께 민주화 투쟁을 했던 친구들에게 물어보면 대부분 이제 생활인이 되었고 같은 고민을 하는 사람은 찾기 힘들었다.

이 책은 바로 그런 질문에 대한 답을 찾아가는 과정이기도 하다. 그리고 그 질문에 답하기 위해서는 새로운 도구가 필요했다. 과거 우리 세대가 사용했던 파란색이나 빨간색 선글라스가 아니라 현미경과 망원경 기능이 탑재된 새로운 안경, 즉 퀀텀정치론 같은 관측기구 말이다. 2부에서는 이 새로운 관측기구가 어떻게 세상을 관찰하고 어떻게 상호연결하여 새로운 무언가를 만들어 내는가를 설명하는 것이 주요 내용이다.

퀀텀정치혁명론의 출발점에는 내가 직접 통과해 온 시간의 기억이 있다. 87년 체제가 성립되기 전 숨막히는 사회적 분위기가 지금도 어제 일처럼 생생하다. 나는 1984년 당시 문익환 목사가 이끄는 민주통일 국민회의에서 홍보팀으로 일하고 있었다. 고(故) 장기표 선생이 운영위원장으로서 조직을 이끌고 있었다. 당시에는 김근태, 장기표, 이해찬, 이부영, 이재오 등이 민주화 운동의 지도부로서 활약하던 때였다. 나는 기관지의 편집장이었던 이명식 선배에게 이끌려 회의 결과를 정리하고 간단한 기사를 정리하는 일을 하고 있었다. 언제든 끌려가거나 실종사로 처리될 수 있다는 불안 속에서 활동했지만 뭔가 낙관적 분위기가 흘러넘치던 시기였다. 당시는 확실히 민주화 운동의 상승기였다. 나는 선배들의 회의하는 모습을 지켜보면서 이런 기세를 군부정권이 힘만으로 막아내기는 불가능하다고 생각했지만 한편으로 뭔가 아쉬운 느낌이 드는 것은 어쩔 수 없었다. 그때는 그 느낌이 정확히 무엇인지 알 수 없었다.

40여 년의 세월이 흐른 지금에서야 그 느낌의 정체를 어렴풋이 특정할 수 있게 되었다. 그것은 '절대 가치의 부재'였다. 당시 선배들이 추구하는 민주주의는 사실 일종의 부르주아 민주주의로 그것에 내 삶을 걸 수는 없다고 생각했다. 1982년 고문을 받으면서 경험한 일종의 '원체험'은 죽음을 넘어서는 가치를 추구하게 만들었고 그 때문에 마르크시즘 같은 강력한 이념조차도 뭔가 부족하다고 느끼고 있을 때였다. 따라서 당시 선배들의 민주주의에 대한 토론을 듣고 있자니 여러 가지 아쉬운 생각이 들었던 것이다.

물론 민주화 운동은 한국 사회를 후퇴시킨 운동이 아니라, 분명히 진보시킨 운동이었다. 즉, 당시에는 군부독재를 타도해야 한다는 목표가 선명했다. 그리고 그 목표를 달성하기 위한 가장 좋은 명분이 '민주주의'였다. 이것이 워낙 위험한 일이다 보니 점점 '민주주의'라는 수단 그 자체가 절대적 가치로 변했다. 아마도 박정희 정권 시절 학교를 다닌 사람들은 알겠지만, 우리는 거리에서 국기 하례식을 알리는 음악이 들리면 그 자리에서 부동자세로 경례를 올려야 했고 아침마다 국민교육헌장을 달달 외워야 했다. 외우지 못하면 회초리로 손바닥을 맞았다. 국민교육헌장은 우리 삶의 목표를 정확히 규정했다. 우리는 '민족중흥의 역사적 사명을 띠고' 이 땅에 태어났던 것이다. 박정희 정권은 10·26 사태로 붕괴되었지만 어린 시절 체화되었던 정신교육의 효과는 쉽게 사라지지 않았다.

다시 말해, 민족중흥에서 민주화로 시대적 목표는 바뀌었지만, 삶의 방향과 존재론적 가치관은 여전히 명확했다. 그 시대 우리 청년들이 느꼈던 '절대적 진리의 호소'는 플라톤적 이상주의나 칸트적 도덕률과 유사한 철학적 성격을 띠었다. "진리가 있어야 내가 존재할 이유가 있다"는 명제는 이미 우리의 의식 세계 깊숙이 자리 잡고 있었던 것이다.

그러나 유럽의 자크 데리다(Jacques Derrida)는 '진리'라는 이름이 얼마나 강력하게 권력 도구로 작동할 수 있는지를 폭로하며 해체주의 학파의 길을 열었다. 해체주의는 결국 "그 어떤 진리도 없다"는 허무주의로 흘러, 진리를 추구하는 태도 자체를 흔들었고 국가의 폭력에 반대하는 청년들의 정신세계에도 일정한 영향을 주고 있었다.

아마도 나는 고문이라는 개인적 경험을 통해 사회주의와 해체주의의 충돌 지점에 서 있었던 것 같다. 나는 스스로 진리와 가치의 의미를 다시 확인하고 싶었다. 그래서 몇 달 만에 단체를 떠나, 인천지역 공장에 용접공으로 취업을 감행했다. 겉으로는 장기적 진지전을 위한 명분이었지만, 내겐 더 깊은 확신을 얻기 위한 시간이 필요했던 것이다. 다른 사람들이 볼 때 나는 치열한 혁명투사의 길을 가고 있었지만 사실은 허무주의와 절대적 가치론 사이에서 방황하고 있었던 셈이다.

당시 인천에는 수백 명의 활동가들이 나처럼 노동 현장에 뛰어들어 노조를 만들고 있었다. 작은 서클들부터 인민노련같이 제법 큰 단체까지 다양하게 존재했다. 당시에는 소련이 망하기 전이었기 때문에 PD(계급해방노선)와 NL(민족해방노선)이 비슷한 규모로 존재했다. 1985년 말부터는 주체사상이나 사회주의 사상으로 무장한 학생들이 대거 밀려오기 시작했다. 우리는 스스로를 러시아혁명기의 인텔리겐치아들로 생각했다. 내가 살았던 인천 송림동의 산동네에는 수백 명의 학생 출신 활동가들이 50만 원 보증금에 5만 원짜리 월세방을 얻어 들어왔다. 활동가들이 자기 집 옥상에 올라 횃불을 들면 아마도 송림동 산동네 전체가 벌겋게 불타오를 거라고 농담을 하던 시기였다.

87년 체제의 성립은 이런 운동권의 동력이 빙산의 밑부분처럼 강력했다는 것을 이해하는 게 중요하다. 우리는 사회주의나 공산주의를 추구하고 있었지만 현실적으로는 민주주의를 표방하고 있어야 사형 선고를 피할 수 있다고 생각했다. 급진적 청년들에게 '민주주의'는 일종의 알리바이였다.

1987년 대통령 직선제 합의는 6월 항쟁 그리고 노동자들의 7,8월 투쟁이라는 국민적 민주화 요구와 그에 대한 군부 및 여당의 전략적 대응 속에서 이뤄졌다. 당시 민정당 대표였던 노태우는 6월 29일 '6·29 선언'을 통해 대통령 직선제를 수용하겠다고 공식 발표했으며, 이는 전두환 대통령과 집권세력이 격렬한 민주화 요구에 타협하면서 나온 일종의 수동혁명이었다. 그러나 당시 내가 속해 있던 노동자 서클에서의 분위기는 시큰둥했다. 나는 당시 민주당에 대해 배신감을 느꼈다. 직선제 개헌 하나 받아 내자고 우리가 이렇게 피를 흘리고 현장에서 개고생하고 있는 것은 아니다라는 것이었다. 그러나 김영삼과 김대중의 분열에 이어 운동권도 사분오열하기 시작했다. 지금 생각해 보면 당시 민주주의는 세 가지 상이한 내용을 안고 있었다. 좀 단순하게 도식화하면 1) 절대적 가치로서의 민주주의와 2) 수단으로서의 민주주의 3) 사회주의로 가기 위한 일종의 포장지로서의 민주주의였다.

사실 민주화 운동 세력은 초기에는 노선 차이가 드러나지 않았다. 그러나 이 세력 중 한 축을 차지했던 김영환은 1991년 북한으로 가서 김일성을 만나고 크게 실망한다. 그는 당이 오류를 저질렀을 때 어떻게 하느냐는 질문에 김일성이 답을 하지 못하는 것을 보고 큰 충격을 받았다고 한다. 김영환의 방북은 우발적 행동이 아니었다. 소련이 붕괴해 버린 뒤, 남은 유일한 대안 체제가 북한뿐이었기 때문이다. 그는 북한이 역사적 대안인지 마지막으로 확인하려

했고, 김일성은 그 질문에 답하지 못했다. 그 순간 주체사상은 신화에서 허구로 추락했고, 결국 김영환은 자기가 만든 민혁당을 스스로 해산하기로 결심한다.

과정에서 주요 멤버였던 하영옥 등과 사상투쟁은 불가피했고, 그 결과 해산 반대파들은 별도 조직을 구성하기로 결정한다. 이에 따른 후속 조치로 만든 팸플릿이 이른바 '산개전(散開戰)'이다. '산개전'[1]은 1992년 민혁당 내부의 조직론·공작론을 표방한 자료로 알려져 있는데, 당시 민혁당 지도부 구성원 중 하영옥 등 반(反)해산

---

1   산개전의 주요 내용을 요약하면 다음과 같다.

1. **분산형 조직론 강조**: 기존의 단일 중앙 중심 조직에서 벗어나 다수의 소규모, 분산형 세포조직으로 활동하자는 전략이 제시된다. 이는 치안 당국의 단속, 침투, 색출에 효과적으로 대응하기 위한 방편으로, 중앙의 일괄적 명령체계가 약화되는 대신 각 지점의 자율성과 은밀성이 크게 부각된다.

2. **유연한 행동 및 '소조직 산개'**: 대규모, 일사불란한 투쟁 혹은 행동 대신, 소규모 단위의 '유연한 산발적 행동'을 중시한다. 각 지역·분야별로 독립적으로 움직이는 다수 개별 단위가 자율적으로 목표를 설정하고, 상황 변화에 따라 독자적으로 임무를 수행하도록 구상한다.

3. **공작, 선전, 투쟁 방식의 변화**: 선전활동, 조직화, 각종 투쟁 역시 기존의 공개적 대중운동 방식에서 비공개 소모임 지하화 방식으로 전환할 것을 권고. 일상적 생활 영역(노동 현장, 대학, 지역사회 등)에서 정체를 위장한 채 접촉망을 넓혀 가며, 목표 인물 및 거점을 은밀하게 포섭하는 '공작적 접근'이 강조된다.

4. **중앙지도부의 역할 변화**: 중앙의 지침이나 '선' 기반 개입을 최소화하고, 산개된 각 단위조직이 독립적으로 생존·발전하도록 지원하는 역할로 지도부의 방침이 전환. 비상 상황이나 급격한 검거·와해에 대비하기 위한 비상소통체계 구축도 중요하게 다뤄진다.

5. **의의와 영향**: 이 '산개전' 전략은 당국의 수사 및 색출로 인한 조직의 해체 위험에 직면한 시기에, 계파별로 조직의 명맥을 살리기 위한 실천적·방어적 대응 방침이었으며, 이후 현대 지하조직에서 자주 인용되는 분산·은폐형 활동 매뉴얼에 준하는 선례로 남아 있다.

결론적으로 산개전은 민혁당 해산기에 조직 잔존세력이 제시한 지하분산형 조직 방향서이자, 은폐를 위한 행동 지침의 성격을 가지고 있다. -필자 주

파 계열에서 작성된 것으로 보인다. 산개전은 지도부의 전향으로 조직이 다 드러나 괴멸될 위기에 처했을 때 만든 긴급대책이었다.

인천에서 노동자 서클을 조직하고 있던 나는 민혁당 관계자에게 이 산개전에 대해 질문했다. 산개전의 취지에는 동의한다. 나도 이런 어설픈 역량으로는 혁명을 할 수 없다. 그리고 대중 속에서 더 단련되어 살아남는 사람이 새롭게 조직을 구성해야 한다는 것도 동의한다. 그래도 이런 사람들을 지도할 연결망 같은 것은 있어야 하는 것 아닌가? 그냥 흩어지면 조직청산주의가 되지 않을까? 그러나 민혁당 활동가는 중앙위원회의 붕괴에 대해서는 숨기고 긴 침묵 속에 확신 없는 말투로 이야기했다. "아마 계속 어디선가 지켜보고 있을 겁니다…" 그는 자기 자신도 책임질 수 없었던 것이다.

당시 주사파의 김영환은 전향문[2]을 내고 조직을 스스로 해산했

---

2   "1997년 2월 북한의 황장엽 비서가 망명하고 식량난으로 북한 주민 수십만, 수백만 명이 굶어 죽어 가고 있다는 소식이 구체적으로 전해져 오면서 이제 더 이상 시간을 지체할 수 없다고 판단하고 같이 활동을 해 오던 사람들에게 북한 김정일 정권은 남북한 민중 모두에게 적이며, 우리 민족 제1의 과제가 북한 김정일 정권을 타도하는 것이라고 주장하고, 이에 동참할 것을 호소했습니다. 그리고 민혁당 중앙위원회를 개최하여 민혁당 해산 결정을 하고 민혁당 하부의 각급 조직들에도 해산을 지시했습니다. 이렇게 사상을 완전히 전환하고 지금은 북한 민주화 운동에 전념하고 있지만 제가 과거에 했던 활동들로 인해 발생한 여러 나쁜 영향들은 이루 말할 수 없이 큰 것이었습니다. 제 잘못 중 큰 것들만 따져 보면 첫째 운동권 전반에 걸쳐 친북적인 분위기를 확산시킨 것입니다. 이 잘못은 다른 어떤 잘못보다 치명적이며 사회 각계각층에 좋지 않은 영향을 오랫동안 미쳤고, 국론 분열과 사회 혼란을 가져왔습니다. 대학 다닐 때 잘못된 방향의 운동에 시간을 허비하고 또 사회에 나가서는 꿈 꺾인 청춘의 상처를 안고 살아야 하는 수많은 젊은이들을 만들어 냈습니다. 저는 지난 시기 많은 오류를 범했던 사람이지만 만약 앞으로 제게 기회가 주어진다면 북한의 비참한 인권 실상을 국내외에 널리 알려 가능한 한

지만 이에 반대한 일부는 더 강력한 정파조직을 만들었다. 이 정파조직들은 사상적 분열과 혼란을 막기 위해 충성심이 보장되는 사람들로 구성하게 되었다. 운동권 내부 용어로 말하자면 사상적 불순물이 없는 순수한 주체사상파들만 조직원이 되었고 조금이라도 사상적 자유주의적 경향이 있는 사람들은 배제된다. 이른바 '단순, 무식, 과격'이 좋은 품성으로 평가된다.

한편 이런 흐름에 대한 역작용으로 강한 반정파주의 경향이 생겨났다. 그중의 하나가 내가 함께 했던 민주노총의 국민파운동이었다. 그러나 대중조직은 결국 주체사상파 세력[3]의 장악을 막아 내지

많은 사람들의 관심과 지원을 이끌어내며 좀 더 나아가서 김정일 체제를 무너뜨리고 북한을 민주화시키기 위해 모든 힘을 다 바치고 싶습니다. 또한 제 글에 영향을 받거나 기타 다른 이유로 여전히 친북적인 사상을 가지고 사회운동을 하고 있는 청년들을 설득하기 위해 글을 쓰고 대화를 하는 데도 많은 노력을 기울이고자 합니다.

지금 세계는 하루가 다르게 빠른 속도로 변화하고 있는데, 아직도 과거의 낡은 사상이론에 사로잡혀 있다는 것은 국가에 있어서나 본인에게나 큰 손해입니다. 이러한 청년들이 바른 방향에서 국가에 기여할 수 있도록 하는 것은 매우 시급하고 절실한 문제이며 이런 문제를 해결하는 데 혼신의 노력을 다 하겠습니다. 과거 저를 믿고 따르며 함께 활동을 했던 사람들에게 잘못된 길로 인도한 잘못에 대해 용서를 구하며 지금 이 순간에도 과거의 생각을 버리지 않은 사람들도 하루빨리 생각을 바꿔 새로운 시대의 흐름에 동참할 것을 간절히 호소합니다. 마지막으로 다시 한번 국가와 국민 앞에 그리고 사회적 갈등 과정에서 숨겨 간 모든 분들 앞에 머리 숙여 진심으로 사죄하며 용서를 구합니다." - 〈김영환 전향서〉 일부 발췌

3 주사파와 같은 특정 이념 집단이 '타협=패배'라는 논리를 정치문화에 확산시키고 합의정치 기반을 약화시켰다는 주장에는 여러 구체적 사례와 증거가 있다.

1. 민주노동당/통합진보당 내 패권주의와 당내 폭력사건

민주노동당, 통합진보당 등에서 이른바 주사파(자주파) 계열의 당권 경쟁·의사결정 과정에서 비타협적 패권주의와 내분, 폭력적 의사 관철 시도 등이 다수 보고되었다. 예를 들어 중앙위원회 폭력 사건,

못하게 된다. 내 경험으로 미루어 보건대, 잘 조직된 핵심 조직 10명은 대중 조직 10만 명을 효과적으로 관리할 수 있다. 이 지점에서 한국의 대중 민주주의는 구조적 한계를 드러낸다. 문제는 이념이 아니라, 실제로 작동하는 조직의 구조와 기술이다.

대중 민주주의가 정파적 전위 조직의 조직기술에 종속되는 순간, 운동은 공론장을 확장하는 힘을 잃고 그 공론장을 점령하는 기술로 변질된다. 설득과 합의의 정치가 동원과 장악의 정치로 치환되는 것이다. 한국 정치가 반복적으로 경험해 온 '합의의 붕괴'는 바로 이 정파적 조직기술이 사회운동의 수준을 넘어 국가 단위로 확

비례대표 부정경선 사건 등은 당내 합의나 숙의 정치가 아닌, '내부 적대'와 강경노선으로 흘러갔다. 헌법재판소 역시 이런 비타협적 태도가 민주적 의사결정과 합의 문화를 심각하게 훼손했다고 판결한 바 있다.

2. 최근 북한 지령 사건과 사회 분열 조장 사례

이태원 참사 이후, 민주노총 조직쟁의국 간부가 북한 공작원으로부터 "참사를 계기로 최대한 사회적 분노를 분출시키라"는 100여 차례 지령을 받은 사실이 재판에서 인정돼 중형을 선고받았다. 이 사례는 특정 정치적 목적을 위해 비극적 사회사건을 강경 대립과 분열의 재료로 이용한다는 점에서 '타협=패배'를 행동으로 실천한 대표적 사례다.

3. 정당·사회 내 영향력 및 민주당 출신 운동권 사례

범민련 등 과거 주사파 상징 조직이나 운동권 출신 중 많은 인물이 민주당·진보정당에 진출했다는 칼럼, 연구들이 있다. 상당수의 운동권, 주사파 출신이 정당과 언론, 시민사회에 진출하면서 종종 비타협적 전략·논리(선악 이분, 분열·투쟁 중심)가 그대로 조직문화로 수용됐다는 증언도 있다.

이 사례들은 북의 강경 지령, 주사파 정치세력의 비타협적 전술, 민주노동당/통합진보당 분당·내분, 민주노총 및 운동권 출신 정치인 그룹의 영향 등 다양하게 나타난다. 단, 이런 경향이 곧 민주당 전반의 공식 노선이나 모든 진보세력의 총체적 태도를 대표한다고 단정하기는 조심스럽지만, 합의문화 약화와 양극화 심화에 상당한 구조적 영향을 미친 것은 여러 판례, 재판, 당내 사례, 언론 및 연구로 지속 확인되고 있다. -필자 주

장된 결과에 다름 아니다.

이 과정은 내가 2023년에 발표한 『시대정신의 배신』에서 이미 일부 분석한 바 있지만, 본서의 후반부에서는 이를 보다 구조적·체계적으로 다시 설명할 것이다.

한편, 민주화 운동 세력 중 오픈된 공간에서 활동하던 학생운동권 출신들은 어디로 사라졌을까? 김대중은 뛰어난 정치적 감각으로 이들을 '호남당'이라는 지역적 한계를 돌파하는 이념적 포장지로 활용했다. 당시로서는 불가피한 전략이었지만, 민주화 운동의 역사적 맥락에서 보면 결코 온전한 진전만은 아니었다. 이들의 정치적 경력은 말하자면 학생회장 경험만으로 국가 정치를 시작한 셈이었다.

민주주의의 깊은 뿌리는 거리에서, 노동 현장에서, 지역의 공동체에서 만들어지는 것인데, 이 과정 없이 곧장 여의도에 투입된 것은 웃자란 보리가 제때 뿌리를 내리지 못하고 일찍 마르는 것과도 같았다. 현장에서 내공을 쌓기보다 '민주화 경력'이 일종의 정치적 프리패스가 되면서, 이들은 자연스럽게 기존 권력 구조의 중간층으로 흡수되었다.

결과는 무엇인가? 386세대는 민주화 운동의 콘텐츠를 확장하는 데 실패했고, 오히려 기존 기득권 체제를 정당화하는 얼굴마담으로 기능했다. 민주주의의 다음 단계로 넘어갈 수 있었던 역사적 동력은 정치권으로 흡수되며 소멸했고, 그 공백은 이후 한국 정치 전체를 장기적으로 왜곡하는 구조적 후과를 남겼다. 너무 이른 출세는 본인에게도 또 국가에게도 그리 좋은 결과를 남기지 못했다.

또 다른 주축은 이른바 PD(계급해방노선) 세력들이 대표적인데 이들은 다양하게 분화되어 갔다. 지식인운동, 교수, 법조계부터 자신들의 조건에 맞추어 사회 곳곳으로 파고들어 갔다. 포스트마르크시즘, 포스트모더니즘, 페미니즘, 인권환경운동, 생협 등 우리 사회의 곳곳에 포진했고 일부는 강남 좌파의 원조가 되었다. 통일적 사상도 없고 조직도 없었던 탓에 현실 정치의 힘을 확보하지는 못했지만 민주주의라는 가치가 시대의 절대적 우상이 되게 만드는 데 강력한 지지 부대가 되었다.

그러나 1987년 민주화 운동 세력은 자신들이 쟁취했다고 믿었던 '민주주의'가 어느 순간 프롤레타리아 독재의 변종인 인민민주주의적 사고로 변질되고 있다는 사실을 인식하지 못했다. 군부독재에 맞서 싸우던 집단이 시간이 지나 사회 기득권으로 편입되면서, 민주화 세력 전체가 거대한 정치 카르텔로 굳어지는 현상과 정확히 맞물린 결과였다.

재야 민주화 운동의 주축들은 90년대 이후 급속히 사분오열되었고, 그 빈틈으로 주사파 조직이 깊숙이 침투했다. 민주노총과 민주노동당에서 그 영향력은 특히 두드러졌다. 주사파 내부도 분화되었지만, 조직에서 떨어져 나온 개인들은 소시민화되었고, 정파로 재편된 RO(혁명조직)는 오히려 더 응집되고 강해졌다. 정파화된 주사파는 이전과 완전히 다른 전략을 구사했다. 생활공동체·경제공동체를 기반으로 대중 조직을 '세포 단위'로 장악했고, 지방선거에 체계적으로 개입해 거점을 확보했다. 성남시는 그 대표적 사례이며, 이 지역적 거점은 단순한 지방 권력이 아니라 국가 권력으로 도약하는 교두보가 되었다.

내가 보기에 민주화 운동 세력의 결정적 분기점은 IMF 이후다. 어쩌면 초기 민주화 운동의 순수함이랄까 아니면 역사적 진보성은 IMF를 계기로 약화되어 가는 과정으로 봐야 한다. 이 시기 이후 민주화 운동 세력은 두 갈래로 분화된다. 하나는 정치권으로 편입된 민주화 엘리트였다. 386세대의 대거 정치 진출은 민주화 운동의 역사적 보상이었지만, 동시에 그 에너지를 제도 내부로 흡수해 버리는 결과를 낳았다. 민주주의를 확장하는 대신, 민주화의 경력을 관리하는 정치가 시작되었다.

다른 하나는 정파화된 운동권 조직, 특히 주사파 계열이었다. 이들은 민주주의를 '합의의 질서'가 아니라 '장악의 기술'로 이해했다. 산개전, 세포조직, 생활공동체 기반 조직화는 생존전략이었지만, 동시에 민주주의의 공론 구조를 잠식하는 기술이었다.

중요한 점은 이 둘이 대립만 한 것이 아니라 역할 분담을 했다는 사실이다. 정치권은 제도를 장악했고, 정파 조직은 시민 사회와 대중 조직을 관리했다. 이 흐름은 더 이상 민주화가 아니라, 이권을 둘러싼 장기 진지전에 가까웠다.

여기까지 길게 설명한 이유는 1987년 민주화 운동이 어떻게 다양하게 변질·분화되었는가에 대한 성찰을 위해서다. 민주당의 주류 계보에 속하지 않았던 이재명 성남시장이 당의 대통령 후보로 부상하고 집권하는 과정 그리고 이낙연, 김부겸, 김두관이 정치적 동력을 상실하고 박원순, 송영길 등 중간계 대안 세력이 차례로 배제되는 과정은 단순한 개인 정치인의 흥망으로 설명되기 어렵다. 이는 민주화 운동 세력들이 초창기 견지했던 민주주의의 본질과는 다른 노선이 민주주의를 장악한 것을 의미한다. 즉, 권력 장악 수단으로서의 민주화 세력이 가치 중심의 세력을 기술공학적으로 압도해 버린 것이다. 특히 과거 통합진보당 해산 이후, 제도 정당으로서의 간판은 사라졌지만, 정치적 조직 경험과 동원전략은 다른 경로를 통해 재배치되었다. 이러한 조직 역량이 민주당 내부의 권력 공백과 결합하면서, 결과적으로 '이재명 민주당'이라는 새로운 정치적 플랫폼이 형성되었다.

한편 보수우파 세력은 박정희 대통령의 암살 이후 심리적으로 큰 트라우마를 안게 되었다. 한강의 기적을 만들었던 자신의 노선에 대한 자신감을 상실하고 위축되기 시작했다. 박정희 대통령의 암살은 단순한 권력 공백이 아니라, 한국 보수우파의 정체성을 지탱해 온 '서사적 기둥'을 통째로 무너뜨린 사건이었다. 산업화의 신화, 국가주도의 발전국가 모델, "우리도 할 수 있다"는 자기 확신 그리고 강력한 국가 권능을 정당화하던 권위주의적 근대주의, 이 모든 것은 박정희 개인의 카리스마와 결합된 구조였다.

그가 제거된 순간, 한국 보수는 '지도자-국가-발전'이라는 삼각 구조로 묶여 있던 정신적 중심을 잃었고, 자신들이 추구해 온 가치와 노선에 대한 인식론적 기반을 상실했다. 다시 말해, 국가주의적 발전주의라는 한국 보수의 정체성은 10·26과 함께 심리적으로 붕괴했다. 민주주의라는 깃발을 좌파에게 빼앗긴 보수우파 세력이 붙잡은 것은 당시 시대적 주류사상이었던 신자유주의였다. 그러나 이것은 원래 한국 보수우파의 사상은 아니었다. 10·26으로 거세된 빈자리에 들어선 신자유주의는 국내 정치·경제적 맥락과 유리된 수입품이었다.

어제까지 '민족중흥의 역사적 사명'을 부여받았던 우리는 세계화와 냉전 해체의 소용돌이 속에서 어느 날 갑자기 '각자의 이익을 극대화하라'는 새로운 기율 앞에 서게 되었다. "부자 되세요"가 시대정신이 되었고, 공동체적 가치를 말하는 사람은 시대의 흐름을 읽지 못하는 '불편한 존재'로 취급되었다. 그러나 내적 토양 없이 수입된 신자유주의는 새로운 비전이나 지도력을 창출하지 못한 채 결국, 보수 내부에 관료적 무사안일과 기회주의만을 남겼다. 대체제였던 신자유주의는 한국 정치·경제의 실제 구조와는 맞지 않았다. 신자유주의는 한국 보수우파에게 정책적 성공도, 이념적 안정도, 도덕적 정당성도 제공하지 못했다. 그렇다고 박정희식 발전주의를 복원할 수도 없었다. 복원하려 하면 "군사정권으로 돌아가자고?"라는 비난이 즉각 따라왔다.

반공주의라는 낡은 안티테제로는 더 이상 집단적 소명의식을 끌어낼 수 없었고, 정당은 국민을 설득하기보다 관리하는 조직으로 변했으며, 당원은 정치의 주체가 아니라 관리의 대상이 되었다. 정신적 자산의 세대 전승에 실패한 보수는 '민족'도 '시장'도 아닌 새로운 언어를 만들지 못한 채 지역주의 정치를 벗어나지 못하고 스스로 길을 잃었다.

보수우파에게 자기 이야기는 늘 부끄러움의 대상이었다. 자신의 역사·가치·전통을 정면에서 말하기보다는 외부에서 빌려온 언어와 이미지에 기대야만 현대적이고 세련된 정치가 될 수 있다는, 기묘하고 왜곡된 심리 구조가 몸에 밴 것이다. 이런 열등감은 전략적 판단까지 잠식했다. 심지어 당 대표조차 '외부 이미지'를 충족시키는 인물을 찾아 세우는 데 집착했지만 그 실험들은 번번이 실패했다.

끌어온 청년 정치인들 역시 예외가 아니었다. 보수기득권 정치인의 욕망과 불안이 투영된 '정치적 인형극'의 소품으로 소비되었고, 이 과정은 본질적으로 정치적 아동 학대였다. 자기 목소리와 자율성을 갖춘 정치인을 길러 내기보다 '우리가 원하는 이미지'를 입혀 즉석에서 소비하는 방식에 익숙해졌기 때문이다.

인형이 되기를 거부한 청년 정치인들 역시 자기 무대를 만들 비전과 서사를 갖추지 못했다는 점을 냉정하게 직시해야 했었다. 보수가 부끄러워하는 이야기를 누군가는 재구성하고 시대와 연결하며, 새로운 정치적 의미로 재탄생시켜야 했지만 결국 좌절했다. 새로운 청년 정치는 정당 외부에서 움틀 수밖에 없는 상황이 되었다.

민주화 이후 한국 정치에서 좌파 진영은 민주주의의 역사적 상징성과 언어를 빠르게 선점했다. 시민사회, 노동조합, 언론, 학계에 이르기까지 민주주의를 설명하고 해석하는 주요 담론 공간에서 좌파적 문제의식이 주도권을 확보했다. 이는 단순한 선전의 결과라기보다, 민주화 과정에서 형성된 집단적 기억과 도덕적 권위가 문화적 헤게모니로 전환된 결과였다.

반면 보수우파는 민주주의를 제도적으로 유지하고 안보적으로 방어해 온 주체였음에도, 그 가치를 변화하는 정치 환경 속에서 재해석하고 전략화하는 데에는 상대적으로 소극적이었다. 그 결과 민주주의의 의미와 방향을 둘러싼 경쟁에서 점차 방어적 위치로 밀려났고, 자신이 지향하는 정치 질서를 서사적으로 재구성하지 못했다.

이 과정에서 나타난 문제는 보수우파의 도덕성이나 역사적 정당성의 결핍이 아니라, 민주주의의 본질을 어떻게 이해하고 현실 정치에서 어떤 방식으로 작동시킬 것인가에 대한 전략적 사유의 부재였다. 민주주의는 단순한 가치 선언이 아니라, 권력의 집중을 억제하고 경쟁을 제도화하는 정치 질서다. 따라서 민주주의의 핵심은 누가 더 '민주적인가'를 주장하는 데 있지 않고, 권력이 어떻게 분산되고 교체 가능한 상태로 유지되는가에 있다.

문제는 한국 정치에서 이 논쟁이 충분히 이루어지지 않았다는 점이다. 민주주의의 해석과 설계에 대한 사유 경쟁이 실종된 자리에서 상징과 도덕의 경쟁만이 반복되었고, 그 결과 정치는 점점 현실의 복잡성을 다루지 못하는 상태로 굳어졌다. 이 공백 속에서 민주주의는 살아 있는 정치 질서가 아니라, 각 진영이 호출하는 명분으로 축소되었다.

여기서 더 상황이 악화되어 갔다. 정치의 실종은 단순히 표의 감소가 아니라, 정치가 본래 수행해야 할 '이해관계의 대변' 기능을 상실한 데서 비롯된다. 좌우 진영 모두 스스로 기득권 카르텔로 굳어져 민의를 대표하지 못하고, 내부에서는 새로운 지도력과 이념적 갱신이 나오지 않으면서, 유권자는 더 이상 정치의 주체가 아니라 동원과 관리의 대상으로 전락했다.

엎친 데 덮친 격으로 이런 내적 취약성은 외부 개입과 결합될 때 더 심각해진다. 중국의 군사·전략 담론에서 말하는 '초한전(超限戰)' 개념은 군사전을 넘어 정치·경제·법률·여론·사이버 등 모든 영역을 전장화하여 상대의 내부 결속을 무너뜨리는 비대칭전략이다. 핵심은 외부에서 폭력을 투사하기보다 상대 체제가 이미 갖고 있는 갈등·분열·제도적 취약성을 극대화하여 스스로 붕괴하게 만드는 것이다. 민주주의를 극한으로 밀고 가 민주주의를 붕괴시키는 전략은 절차와 표현의 자유라는 개방성을 역설적으로 이용하여 사회적 피로도와 분열을 극한까지 끌어올리는 전략이다.

이를테면 홍콩은 이러한 전략이 어떻게 현실화되는지 보여 준다. 대규모 시위 이후, 선거제 개편·보안법·언론·시민단체 제약 등 일련의 조치는 단순한 치안 문제의 해결이 아니라 '법률·여론·제도'라는 비군사적 수단을 단계적으로 결합한 초한전식 재편이었다. 대만도 통일전선공작부를 중심으로 한 친중 정당 지원, 불법자금 유입, 군사·정보 라인의 침투가 지속되고 있으며, 경제적 압박과 여론전이 동시에 전개되고 있다. 이는 '내부 분열 → 제도적 압박 → 정치적 고립'이라는 초한전의 전형적 프로세스와 정확히 맞물린다.

2025년 9월 11일 이재명 대통령이 "선출 권력이 임명 권력보다 우위에 있다"고 말한 것은 여러 가지 상징적 징표 중 하나다. 이는 선거가 '진리'를 확정하는 것이 아니라는 민주공화국의 가장 기본적 원칙을 부정하는 것이다. 히틀러 역시 선거로 정당성을 얻었다는 역사적 사실은, 선거가 곧 정당성의 최종 근거가 될 수 없음을 단적으로 증명한다.

삼권분립은 헌법적 권력 구조의 기계적 나눔이 아니라, 권력 남용을 막고 자유를 보장하기 위한 정치철학적 장치다. 민주공화국에서 선거는 진리를 확정하는 도구가 아니며, 권력은 삼권 간의 상호 관측과 상호 조화를 통해 견제되는 것이다. 선출 권력이 다른 헌법 기관 위에 위치한다는 사고는 삼권분립의 관계적 철학을 파괴하며, 결국 권력을 단일점으로 수렴시키는 위험한 변종이다.

 퀀텀정치혁명: 양자역학 시대의 새로운 정치

유발 하라리(Yuval Harari)가 지적했듯이, 민주주의는 진리를 생산하는 체계가 아니라, 권력을 억제하고 폭정을 방지하며 공적 질서를 유지하기 위해 설계된 제도적 장치다. 그러나 오늘의 한국은 '민주'는 투표와 절차만 남고, '공화'는 사실상 기능을 상실한 상태다.

다수결은 합의를 대신하는 진리의 대용물이 되었고, 공적 이성은 사라진 자리를 권력의 힘겨루기와 절차 남용이 대체하고 있다. 그 결과 민주주의가 스스로를 극단까지 밀어붙여 민주주의 자체를 압살하는 역설이 일상화된 사회, 즉 절차적 정당성만 남은 '포스트-공화국'의 정치적 무정부 상태가 지금 우리가 직면한 현실이다.

따라서 좌파 운동권을 '종북'으로 규정하는 것은 현상을 말하는 것이고 본질은 '인식주권을 포기한 타율적 사유'다. 문제의 핵심은 특정 이념이나 북한 추종 여부가 아니다. 운동권은 민주주의를 외쳤지만 정작 민주주의가 성립하는 전제—현실을 스스로 관찰하고 판단할 수 있는 인식 능력—를 잃어버렸다.

민주주의는 다양한 관점이 충돌하고 타협하는 과정이지만, 운동권 내부에서 그 자리를 대신한 것은 집단 규범을 절대화하는 사고방식, 즉 특정 노선 외의 선택지를 원천적으로 배제하는 '규범 과잉의 인식론'이었다. 이러한 집단주의적 인식 구조에서는 토론이 사라지고, 비판은 배신으로 규정되며 현실 검증은 이념적 충성도 앞에 무력해진다. 결국 민주주의를 위해 싸운다고 주장했지만, 그 내부에서는 민주주의의 핵심 조건—자기 반성·관찰·판단의 자유—
이 철저히 소멸된 것이다.

그러나 내가 하고 싶은 이야기는 이런 고상한 것이 아니다. 이들
이 이런 정치 행태를 보이는 원인을 외부에서만 찾는 것은 '주사파
척결'만 외치면 될 것 같은 또 다른 오류에 빠진다. 운동권의 문제가
이념의 경직성처럼 보이지만, 그 심층에는 생활공동체와 경제공동
체로서의 운동권 조직 생태계가 존재한다. 운동권은 사상의 공동체
이기 이전에 생존이 걸린 경제 공동체였다. 이 구조 속에서 노선은
신념의 문제가 아니라 일상과 생계를 유지하는 체계 전체의 안전장
치가 된다. 따라서 다른 의견은 '다른 관점'이 아니라 공동체의 존립
을 위협하는 탈주 신호로 해석된다. 규범 과잉, 배타적 충성, 이념
적 비타협성, 내로남불 문화의 뿌리는 훨씬 복합적이라는 것을 이
해하는 것은 대단히 중요하다.

정치는 본래 서로 다른 관점들이 충돌하고, 서로를 관찰하며 그
긴장 속에서 새로운 현실을 만들어 가는 과정이다. 한쪽이 옳고 다
른 쪽이 틀리다는 판결이 정치의 출발점이 아니라, 서로 다른 시선
이 동시에 존재할 수 있도록 유지하는 것이 정치의 핵심 기능이다.

그러나 한국의 운동권 생태에서는 이 메커니즘이 초기에 제거되
었다. 다양한 관점이 부딪히는 대신 하나의 규범이 '정답'의 자리를
차지했고, 개인은 판단하는 관찰자가 아니라 규범을 따르는 실행자
가 되었다. 그 순간부터 현실은 복잡한 층위를 가진 세계가 아니라

선과 악으로 단순화된 무대가 되었다. 그 결과 선과 악을 만들어 내는 구조적 실체에 대해서는 접근조차 못하는 정치가 되어 버린 것이다.

운동권 집단 내부에서 형성된 경제적 이해관계와 조직 생존의 논리가 이념을 절대 규범으로 만들었고, 그 규범은 공동체의 안전을 명분으로 개인의 비판 능력과 거리 두기, 자기 성찰을 압도해 버렸다.

민주주의를 외쳤지만, 정작 민주주의를 가능하게 하는 조건—서로 다른 의견의 충돌, 한 발 물러서서 사태를 바라보는 관찰자의 거리, 여러 선택지가 공존할 수 있는 여지—은 조직의 자기 보호 논리에 의해 차단되었다. 한국 민주주의가 오늘날 흔들리는 이유는 제도가 부족해서가 아니라, 민주주의를 작동시키는 인식 구조가 먼저 붕괴되었기 때문이다.

이 문제는 좌우를 가리지 않는다. 우파의 폐쇄적인 당 조직 문화도, 좌파 운동권의 규범 과잉 구조도 서로 다른 언어를 사용할 뿐, '관찰자를 추방하고 절대 규범을 세운다'는 점에서는 같은 패턴을 반복한다. 결국 시대를 이끄는 세력은 어느 진영에 속했느냐가 아니라 이 구조를 먼저 성찰하고 넘어설 수 있느냐에 달려 있다.

퀀텀정치가 제기하는 질문도 바로 여기에 있다. 지금까지 한 이야기의 핵심은 정치의 위기는 이념의 선악에 있지 않다는 것이다. 정치적 행위자들이 스스로 생각하고 관찰할 능력을 잃어버린 데 있다. 운동권은 민주주의를 외쳤지만 서서히 민주주의를 만들어 내는 관찰자적 인식능력을 상실했다. 그 자리를 채운 것은 집단적 규범 과잉 인식론[4]이다. 이것이 앞장에서 설명했던 관료적 자동화 인식론과 정치적 인식 동결점과 함께 우리 뇌에 박혀 있는 세 번째 쇠기둥이다. 집단적 규범 과잉 인식론이란, 현실을 관찰하고 수정하는 능력을 상실한 채, 이미 정해진 도덕적·이념적 규범을 집단적으로 반복·강화함으로써 스스로 사고하기를 중단하는 인식 구조를 말한다. 현실이 사라지고 규범만 남는 순간 민주주의는 더 이상 조정과 학습의 체제가 아니라, 스스로를 파괴하는 장치로 전락하기 시작한다.

여기서 우파는 더 큰 전략적 실수를 했다. 첫째로 민주주의를 쟁취의 대상이 아니라 이미 성취된 상태로 오인한 것이다. 말하자면 좌파는 민주주의를 계속 점유·확장해야 할 권력 메커니즘으로 접근했고 우파는 민주주의를 이미 달성된 체제 조건으로 간주했다.

---

4 집단적 규범 과잉 인식론이란 현실을 관찰하고 수정하는 능력을 상실한 채, 이미 정해진 도덕적·이념적 규범을 집단적으로 반복·강화함으로써 스스로 사고하기를 중단하는 인식 구조를 말한다.
관료적 자동화 인식론이 생각을 하지 않는 것이라면 정치적 인식 동결점은 어떤 역사적 트라우마로 인해 더 이상 현실 관찰이 일어나지 않는 지점을 말한다. 여기서 집단적 규범 과잉 인식론은 그 공백을 채우는 장치로서 규범이 과잉 팽창하여 "우리가 옳다"는 규범이 현실 판단을 대체하는 현상을 말한다. 즉 규범이 '현실을 해석하는 도구'가 아니라 '현실을 삭제하는 필터'로 작동한다.
세 가지 쇠기둥은 각각 1) 생각하지 않고, 2) 선택하지 않고, 3) 관측하지 않는다. 하버마스(Habermas)의 의사소통 합리성 붕괴, 아렌트의 사유 능력 상실, 푸코의 규범 권력의 내면화를 하나로 묶는 현대적 정치 인식 병리 개념으로도 볼 수 있다. -필자 주

집단적 규범 과잉 인식론

현실이 사라지고 규범만 남는다.
관료적 자동화
집단적 규범 과잉
정치적 인식 동결점
착취
정의
생각 안 함
선택 안 함
관측 안 함

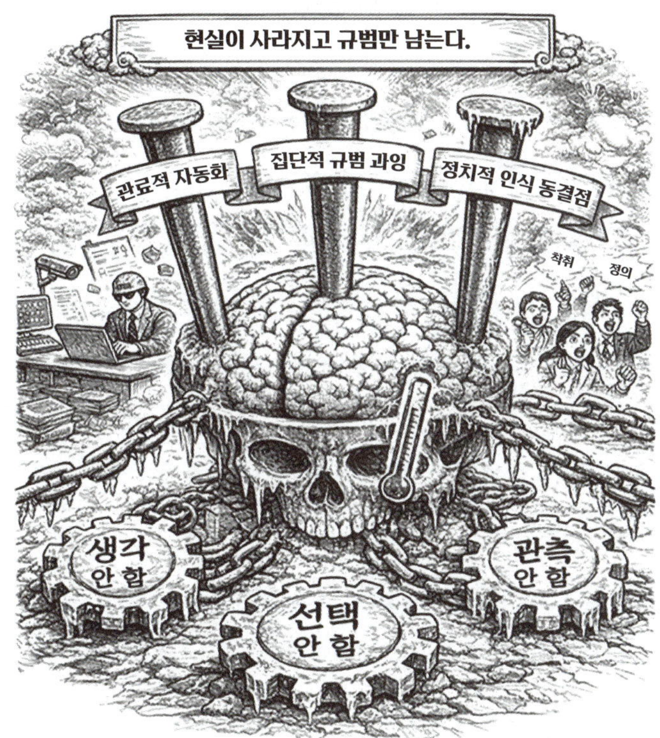

그 결과 우파는 민주주의의 해석권 경쟁에서 자동 탈락한 것이다.

둘째, 민주주의의 '언어·규범·상징'을 비정치적 영역으로 방치했다. 이른바 해석권을 포기한 것이다. 시민사회·언론·학계는 '정치 밖'에 존재하는 것이 아니라 실제로는 권력 생산의 핵심 인프라였다. 좌파는 여기서 권력을 만들었으나 우파는 껍데기가 된 제도만 지켰다.

셋째, 민주주의를 관찰·조정의 정치 시스템이 아니라, 이미 확보되었고 더 이상 재사유할 필요가 없는 정당성으로 오인했다. 민주주의가 더 발전시킬 필요가 없는 정당성으로 전락한 순간, 정치는 생각하는 기능을 멈춘다. 이렇게 변질된 이유는 나중에 또 설명하겠지만 10·26 사태가 직접적 계기였다.

간단히 말해 좌파는 민주주의를 권력을 획득하는 기술로 다루었고, 우파는 민주주의를 이미 확보된 질서로 오인한 채 그 해석권·설계권·언어권을 스스로 방기했다.

퀀텀정치의 시각에서 보자면, 이로 인해 대한민국의 민주주의는 '관찰자 없는 시스템'으로 전락했다. 좌파는 규범을 과잉 팽창시켜 관찰을 대체했고, 우파는 관료적 자동화 인식론 속에서 관찰을 중단했다. 그 결과 정치권 전체는 정치적 인식 동결점에 도달해 더 이상 스스로 생각하지 않는 상태에 이르렀다.

퀀텀정치혁명의 진짜 대상은 좌파도 우파도 아니다. 역할을 포기한 정치 그 자체다. 민주주의가 무너진 이유는 누군가가 민주주의를 배신했기 때문이 아니라, 민주주의를 관찰하는 주체가 사라졌다는 사실조차 인식하지 못한 채 시스템이 작동하고 있었기 때문이다.

2. 파생상품이 된 자유와 정의

신자유주의와 PC주의는 각각 '자유'와 '정의'라는 본원적 가치를 직접 다루지 않는다. 그들은 가치 자체를 다루지 않고, 그 가치의 파생상품만을 끝없이 생산·거래한다.

민주주의가 흔들리는 이유는 독재자가 다시 등장했기 때문이 아니다. 더 근본적인 문제는 민주주의가 전제하는 판단의 주체가 사라졌다는 사실에 있다. 오늘날 정치는 결단과 책임의 행위가 아니라, 여론·사법·도덕규범·플랫폼 알고리즘의 신호에 반응하는 자동 시스템으로 전락했다. 누구도 스스로 판단하지 않고, 모두가 판단을 외주화한 채 책임과 위험으로부터 물러섰다.

신자유주의는 판단을 시장의 효율성 지표에 맡겼고, PC주의는 판단을 도덕적 규범과 낙인의 체계에 넘겼다. 이 두 흐름은 서로 대립하는 것처럼 보이지만, 실제로는 정치로부터 판단을 제거한다는 점에서 기묘하게 결합해 왔다. 그 결과 자유와 정의는 더 이상 사유의 대상이 아니라, 관리되고 거래되는 파생상품으로 변질되었다.

이것은 단순한 비유적 수사가 아니다. 정치가 현실을 해석하고 판단하는 능력을 상실하는 순간, 민주주의는 제도적으로 존속하더라도 실질적으로는 이미 붕괴 국면에 들어선다. 이 장은 바로 그 판단이 왜 사라졌는지, 그리고 신자유주의와 PC주의의 결합이 어떻게 정치의 인식 능력을 마비시켜 왔는지를 분석한다.

2025년 9월 23일 열린 제80차 유엔 총회에서 한 트럼프의 연설은 국제 정치 담론에 큰 파장을 일으켰다. 그는 "정치적 올바름(PC)이 서구 문명을 파괴하고 있다"며 유럽·유엔 체제를 정면 비판했고, 기후 변화 대응과 에너지 전환을 '세계적 사기'로 규정했다. 단순한 국내용 레토릭이 아니라, 서구 지식사회가 공유해 온 '도덕적 합의'를 국제 무대에서 공개적으로 파기한 것이다.

반면 이재명 대통령은 트럼프와 정반대의 메시지를 유엔에서 발표했다. 기후위기 대응, 국제법 질서, 다자주의를 적극 지지하며 트럼프가 공격한 의제 대부분을 옹호한 것이다. 한·미 정상의 입장이 국제무대에서 이토록 대립적으로 드러난 것은 이례적이며, 이는 단순한 외교 이벤트를 넘어 서로 다른 세계관이 충돌하고 있음을 드러낸다. 문제는 이 충돌 앞에서 정치가 판단의 기준을 제시하지 못하는 것이 아니라, 판단이라는 행위 자체가 정치에서 사라졌다는 점이다. 이러한 충돌 자체가 국내 정치와 언론의 공론장에 거의 등장하지 않았기 때문이다. 그 결과 국민은 선택의 주체가 되지 못한 채, 애초에 선택이 요구되지 않는 상태로 소외되었다. 어쩌면 우리 사회 전체가 트럼프가 제기한 문제를 정면으로 다룰 준비가 안 되어 있는 상태인지 모르겠다. 마치 12·3 비상계엄이 던진 문제를 본격적으로 논할 준비가 안 되어 있는 것과 마찬가지로.

트럼프가 비판한 PC주의는 원래 1917년 러시아혁명 이후 '당 노선에 대한 절대적 충성'을 뜻하는 용어였다. 언론·학계·문학·과학 등 모든 영역에서 '정치적으로 올바른' 해석만 허용되었고, 곡물 수확·물가·정치범 억압 등 불리한 정보는 "정치적으로 부정확하다"는 이유로 금지되었다. 형법 역시 실제 행동 여부와 무관하게 '사상적 부정확성'을 처벌할 수 있었다. 즉, PC는 처음부터 언어·사유·지식의 영역을 규율하는 강력한 통치 기술이었다.

소련은 붕괴했지만 PC주의의 논리 자체가 사라진 것은 아니다. 그것은 서구의 비판이론과 결합하며 새로운 형태로 진화했다. 프랑크푸르트 학파는 파시즘과 자본주의를 분석하며 '지배 이데올로기 비판'을 제기했고, 호르크하이머(Horkheimer)와 아도르노(Adorno)는 근대 이성이 해방의 도구에서 통제의 도구로 변질되는 과정을 날카롭게 비판했다.

여기서 핵심적 전환을 제시한 인물이 마르쿠제(Marcuse)다. 그는 『억압적 관용』에서 기존 민주주의의 '무차별적 관용'이 오히려 약자와 진보적 변화를 억압한다고 보았다. 따라서 '해로운 의견·권력에 대한 비관용', '약자·진보운동에 대한 확대된 관용'이 필요하다고 주장했다. 이 논리는 현대 PC의 규범적 구조—차별 금지, 언어 규제, 상징 통제—에 직접적인 철학적 기반을 제공했다.

그러나 바로 이 지점에서 PC주의는 역설적으로 새로운 규율 체계로 변질되기 시작한다. 약자를 보호한다는 명분은 표현 규제와 정치적 낙인찍기, 담론의 일방적 통제라는 결과를 낳았고, 이는 트럼프가 유엔에서 공격한 바로 그 '도덕적 전체주의'와 연결된다. 한국에서도 PC주의는 차별 금지, 젠더, 환경 등 특정 의제를 절대적 도덕 기준으로 만들며 비판적 토론을 억압하는 방향으로 작동하기 시작했다.

이처럼 PC주의가 해방의 언어에서 새로운 규율 시스템으로 바뀌는 과정이야말로, 오늘날 국제 정치와 한국 정치가 마주한 중요한 이념적 전선이다. 첫 질문은 이것이다. 우리는 '정치적 올바름'이라는 이름 아래 어떤 규범체계에 동의하고 있는가? 그리고 그것은 해방을 만드는가, 아니면 새로운 억압을 만드는가? 앞에서 국민이 소외되었다는 말은 바로 이런 판단의 과정을 생략한 채 결론만을 강요받고 있다는 의미다.

정치적 올바름(PC)은 본래 억압받는 집단의 경험을 가시화하고, 권력이 정상성이라는 이름으로 행사해 온 폭력을 비판하기 위해 등장했다. 그 출발점 자체는 정당했고, 역사적으로도 일정한 해방의 성과를 만들어 냈다. 그러나 문제는 PC주의가 특정 가치의 옹호를

　　　퀀텀정치혁명: 양자역학 시대의 새로운 정치

넘어 판단의 절차를 대체하는 규범 시스템으로 고정될 때 발생한
다. 소수자를 보호한다는 명분 아래 무엇이 논의 가능한 주장인지
가 사전에 규정되고, 어떤 질문은 '부적절함'이라는 이유로 차단된
다면, 정치는 더 이상 갈등을 조정하는 과정이 아니라 정답을 공급
하는 장치로 전환된다. 이때 권력은 사라지지 않는다. 다만 눈에 띄
지 않는 규범의 형태로 이동할 뿐이다. 미셸 푸코가 지적했듯, 권력
은 금지를 통해서만 작동하지 않는다. 정상성과 언어의 규칙을 설
정함으로써 무엇을 생각할 수 있는지 자체를 제한한다.

오늘날 PC주의를 둘러싼 갈등의 핵심은 '소수자 보호에 반대하
느냐'가 아니다. 누가 어떤 기준으로 판단을 선점하고, 그 판단이 정
치적 토론의 대상이 될 수 있는가라는 문제다.

여기에 한국 보수우파는 일관된 단일한 답을 내놓고 있지 않다.
그 이유는 간단하다. 한국 주류 사회는 PC주의에 맞서 싸운 것이
아니라, 절충하고 수용해 왔기 때문이다. 이 절충의 배경에는 신자
유주의와 PC주의가 결합된 독특한 인식론적 혼란이 자리하고 있었
다. 시장에서는 경쟁과 효율을 절대 기준으로 삼으면서도, 문화와
담론의 영역에서는 규범적 순응을 요구하는 이 이중 구조 속에서
사람들은 길을 잃었다.

쉽게 말해 PC를 공개적으로 비판하면 '극우'로 낙인찍히고 반대
로 PC를 수용하면 도덕적 안전지대에는 들어갈 수 있었지만, 보수
로서의 정체성은 공허해졌다. 이 양자택일 앞에서 다수의 보수는

침묵을 택했다. 그것에 반항하는 자들의 침몰을 보면서 자신의 선택이 현명한 처세라고 믿었다. 이 질서를 정면으로 거부하고 싸울 수 있었던 보수는 극히 제한적이었다. 그것은 종교적 신념을 가진 보수이거나, 엘리트 질서 밖에서 체험을 통해 형성된 보수였다. 한국의 보수 엘리트 다수는 이미 글로벌 금융, 대기업, 국제기구, 서구 학계와 정책 네트워크에 깊이 편입되어 있었기 때문이다.

이들이 활동하는 공간에서는 ESG, 다양성·포용(DEI), 지속가능성, 글로벌 거버넌스 같은 규범이 사실상 비공식적 행동 규칙으로 작동한다. 대기업의 이사회 보고서, 금융권의 투자 설명자료, 관료들의 국제회의 발언문, 외교 관료와 싱크 탱크 인사들의 정책 문서에는 이러한 언어가 기본값처럼 포함되어 있다. 이는 누군가의 사상적 선택이라기보다는 그 세계에 속하기 위해 자연스럽게 내면화된 문화 규범에 가깝다.

이런 구조에서 PC주의를 정면으로 비판하는 순간 그것은 단지 하나의 이념을 공격하는 것이 아니라, 자신이 의존해 온 경력 경로·전문성의 인정 기준·국제적 신뢰 자산 전체를 문제 삼는 행위가 된다. 다시 말해 PC를 비판하는 것은 곧 '글로벌 스탠다드'에 부합하는 엘리트로서의 자기 정체성을 부정하는 위험을 감수해야 하고, 자신이 속한 세계 질서 전체를 공격하게 되는 구조였던 셈이다.

그래서 한국의 보수 엘리트는 PC주의의 문제점을 인식하면서도 이를 정치적 의제로 끌어올리지 못한다. 그 결과 PC주의에 대한

 퀀텀정치혁명: 양자역학 시대의 새로운 정치

불만과 저항은 제도권 엘리트가 아닌, 일상적 체험의 차원에서 규범 충돌을 경험한 대중의 감각 속에서 먼저 형성된다. 한국의 정광훈 목사를 중심으로 하는 광화문 집회 투쟁과 윤석열의 12·3 비상계엄, 미국의 트럼프 현상은 바로 넓은 의미에서 이 엘리트 규범 세계와 비엘리트 체험 세계 사이의 균열에서 출현한 정치적 반응이었다.

이른바 강남우파와 강남좌파는 실제로 종이 한 장 차이에 불과하다. 표면적으로 신자유주의와 PC주의는 서로가 경멸하는 대립적인 세계관처럼 보인다. 하나는 시장의 자유를 극대화하고, 다른 하나는 도덕적 규범과 권리 담론을 강화한다. 그러나 철학적·사회이론적 관점에서 보면, 두 사조는 모두 1970~80년대 후기자본주의가 만들어 낸 개인주의적 세계관의 서로 다른 변형이라는 공통된 토대를 갖는다. 둘 다 개인의 선택·권리·책임을 중심에 놓으며, 공동체·전통·연대의 문제를 구조적으로 다루는 데에는 취약하다는 점에서 같은 지형 위에 서 있는 것이다.

문화이론가 스튜어트 홀(Stuart Hall)과 낸시 프레이저(Nancy Fraser)는 이미 1990년대에 신자유주의가 단순한 경제 정책이 아니라, 문화·정체성, 정치까지 포섭한 새로운 헤게모니 체계임을 지적했다. 프레이저는 이를 '진보적 신자유주의(progressive neoliberalism)'라 불렀다. 한때 노무현 대통령도 이 말을 사용해 조롱을 받았지만, 실제로는 매우 정확한 지적이었다. 그 당시에는 모두 형용 모순이며 말도 안 된다고 비웃었다. 그러나 그것은 분명한 근거가 있었다. 즉, 시장 자유화 다시 말해 산업의 금융화와 해방 담론(페미니즘·다문화주의·성 소수자 권리)이 결합하여, '금융화＋정체성 해방'이라는 이중구조를 형성[5]한 것이다. 프레이저의 설명처럼 금융화는 1980년대 이후 신자유주의의 중심이었다.

뭔가 좀 이상하지 않은가? 규제 완화, 산업의 금융 의존화, 노조 약화, 불안정 노동의 확대, 부의 상층 집중. 이 모든 과정은 상층 엘

5　금융화와 해방 담론(PC주의)의 결합 이유

프레이저는 이 두 요소가 결합되는 이유를 '헤게모니 형성'으로 설명한다. 신자유주의는 순수 경제 정책으로는 대중 지지를 얻기 어렵기 때문에, 진보적 사회 운동의 '해방' 이미지를 빌려 자신을 '매력적이고 도덕적으로, 진보적'으로 재포장한다. 이는 '금융화＋정체성 해방'의 이중 구조를 형성하며 다음과 같은 메커니즘으로 작동한다.

1. 인정의 정치(politics of recognition) 활용: 해방 담론(다양성, 여성 권한 강화, LGBTQ 권리, post-racialism 등)을 네올리베랄 방식으로 재해석. 예를 들어, 평등을 'meritocracy(능력주의)'로 치환하여, 소수자 그룹의 '재능 있는' 개인이 상위 계층에 진입할 수 있게 한다. 하지만 이는 기존 불평등 구조를 유지한다 - '유리 천장 깨기(cracking the glass ceiling)'나 'leaning in(앞으로 나아가기)' 같은 페미니즘 슬로건이 여성 CEO를 장려하지만, 대부분의 노동자(특히 여성)는 저임금·불안정 노동에 처하게 된다.

2. 경제 정책의 '진보적' 위장: 금융 엘리트(월스트리트, 실리콘밸리, 할리우드)가 사회 운동을 지지함으로써, 자신의 착취적 경제를 숨긴다. 예를 들어, 환경주의의 탄소 거래(carbon trading)처럼 시장 기반 솔루션으로 재포장한다. 주택 소유권은 서브프라임 대출을 통해 '포용적' 주택 정책으로 홍보하지만, 이는 모기지 증권화로 금융화의 일부가 되어 2008년 금융 위기를 초래하였다.

3. 다양성 정책: 기업이 LGBTQ-friendly나 다문화주의를 PR로 활용하지만, 이는 재분배(redistribution, 예: 임금 평등)보다는 인정(recognition)에 초점을 맞춰 불평등을 가린다.

4. 정치적 연합의 형성: 1990년대 클린턴 캠페인처럼, 금융 중심 정책을 여성 권리·다양성과 결합해 대중을 유혹한다. 이는 '새로운 자본주의 정신(charismatic new spirit of capitalism)'으로, 회귀적 정책을 '스릴 있고 도덕적으로 앞선' 것으로 만들었다. 결과적으로 진보운동이 신자유주의를 지지하게 되며, 반대자(예: 뉴딜 잔재나 반동적 포퓰리즘)는 주변화된다. -필자 주

리트에게 부를 집중시키는 반면, 중산층과 노동계급의 삶은 악화되었다. 즉, 자유를 이야기했지만 그것은 자본의 자유, 금융의 자유, 투기의 자유였다. 그런데 왜 금융화와 PC주의가 결합하는가? 프레이저는 이것을 '헤게모니 전략'으로 본다. 신자유주의는 경제적 착취를 유지하기 위해 '도덕적·진보적 외피'가 필요했던 것이다. 바로 그 '외피'가 PC주의와 해방 담론이었다. 이 결합은 신자유주의 3.0에서 4.0 체제로의 전환을 정당화하는 문화적 장치로 작동하게 된다.

그 작동 방식은 크게 세 가지로 요약되는데 첫째, 정체성 해방의 언어를 능력주의적 윤리로 재해석함으로써 해방 담론이 본래 지향했던 구조적 불평등 해소와는 달리 엘리트 소수만이 상층 이동 경로에 진입할 수 있게 되었다. 결과적으로 '해방'은 다수의 기회를 확대하지 못하고 특권 계층의 정당성을 강화하는 새로운 언어가 되었다.

둘째, 기업과 금융 자본은 자신들의 탐욕적 구조를 가리는 '도덕적 코팅'으로 다양성, 환경, 인권과 같은 진보적 상징을 대대적으로 동원했다. PC주의는 광고전략이 되었고, ESG는 거버넌스라기보다 자본의 윤리적 위장막으로 기능했다. 문화적 진보성이 자본의 통치 기술로 흡수된 것이다.

셋째, 사회운동의 에너지는 경제적 급진성을 포기했다기보다는 판단을 요구하지 않는 영역으로 스스로를 이동시켰다. 계급·불평등·노동의 문제는 구조적 판단과 정책 선택을 요구하는 영역인 반면, 문화적 정체성의 문제는 상징적 선언과 도덕적 입장 표명만으로도 운동의 지속이 가능하다. 그 결과 사회운동은 체제를 변형하는 정치적 결단의 장이 아니라, 올바른 언어를 선택하고 잘못된 태도를 규탄하는 도덕적 규율 공간으로 재구성되었다. 이는 자본주의의 승리라기보다 정치적 판단을 회피하는 운동 양식의 확산이었다. 말하자면 위선적 진보의 탄생이기도 하지만 다른 측면에서 보면 더 교묘한 정치적 운동의 생존 본능에 근거한 전술이기도 했다.

이 세 흐름이 결합하면서, 진보운동의 상당 부분은 자신도 모르는 사이 신자유주의 경제 질서를 직접 비판하기보다 그 위에서 작동하는 '문화적 정당화 장치', 다시 말해 체제를 방어하는 문화적 우군으로 기능하게 되었다. 계급·불평등·노동의 구조적 문제는 도덕적 언어와 상징 정치로 치환되었고, 그 사이에서 실질적으로 배제되고 소외된 계급적 분노는 정치적 대표를 찾지 못한 채 표류했다.

바로 그 공백을 트럼프가 포착했다. 민주당은 PC주의와 글로벌리즘의 언어로 이 분노를 도덕적으로 훈계하는 척했을 뿐이고, 공화당 주류는 신자유주의적 질서를 관리하는 기술 관료로 전락해 이를 대변할 언어를 상실했다. 트럼프는 양당이 모두 외면한 이 지점을 직관적으로 인식했고, 배제된 분노를 '정치적으로 말할 수 있는 형식'으로 재조직했다.

이때 등장한 것이 이른바 트럼프식 대항 포퓰리즘이다. 이는 단순한 우발이나 대중 선동의 결과가 아니라 PC주의·해방담론·신자유주의가 만들어 낸 구조적 공백에 대한 대응이었다.

다시 말해 트럼프 현상은 진보의 실패와 보수의 공허가 동시에 만들어 낸 산물이며, 진보의 언어가 판단을 중단한 자리에서 분노가 스스로를 정치화한 가장 노골적인 형식이었다.

따라서 트럼프는 '이상한 예외'라기보다 미국 정치가 답하지 않던 질문에 대한 거친 혹은 불안정한 응답이다. 방식은 조악했지만 그 질문이 출현한 조건은 결코 우발적이지 않았다.

이 지점에서 한나 아렌트의 통찰은 앞서 분석한 현상을 하나의 정치적 조건으로 정식화해 준다. 아렌트의 시각에서 보면, 오늘날의 자유는 확대된 것처럼 보이지만 실제로는 점점 고립되는 방식으로 작동한다. 사람들은 "내가 선택했다"고 믿지만 그 선택은 이미 미리 설계된 범위 안에서만 가능하다. 무엇을 소비할지, 어떤 의견을 표현할 수 있는지, 어떤 생각이 '정상'으로 인정되는지, 이 모든 것은 보이지 않는 규칙과 분위기 속에서 사전에 제한된다. 자유는 남아 있는 것처럼 보이지만 판단의 여지는 점점 사라진다.

이 구조를 미셸 푸코의 지배 분석으로 옮겨 보면, 앞서 말한 신자유주의와 PC주의의 결합은 단순한 이념 혼합이 아니라 하나의 생명정치적 메커니즘으로 수렴한다. 오늘날의 권력은 더 이상 "하지 마라"고 직접 명령하지 않는다. 대신 신자유주의는 개인에게 "스스로를 끊임없이 관리하라"고 요구한다. 더 효율적이어야 하고, 더 경쟁력 있어야 하며, 실패는 전적으로 개인의 책임이 된다. 동시에 PC주의는 "말과 생각을 조심하라"고 요구한다. 틀린 말, 위험한 생각은 즉각적인 사회적 제재의 대상이 된다. 사실 이것은 그람시(Gramsci)가 노렸던 것이다. 혁명을 위해서는 혁명이 필요 없다. 인간의 의식구조를 조종하면 된다. 장기간에 걸친 사상전을 통한 진지전이 이제 미국과 한국을 포함한 자유주의 진영에서 활짝 만개한 것이다.

사람들은 누가 시키지 않아도 스스로를 검열하고, 스스로를 통제하며, 스스로를 평가한다. 감시자는 사라졌지만 감시는 내면화되었고, 통치는 명령이 아니라 자기 규율의 형태로 작동한다. 그 결과 사회는 '관리되지만 스스로 자유롭다고 믿는 주체'를 대량 생산하게 된다. 낸시 프레이저와 슬라보예 지젝이 PC주의를 신자유주의 지배의 '도덕적 얼굴'이라고 부른 이유가 완전히 틀린 말은 아니다. 경제적 통치와 문화적 통치가 서로를 보완하며, 판단을 요구하지 않는 방향으로 개인을 길들이는, 보다 정교한 권력 구조를 형성하기 때문이다. 그러나 또 하나의 진실은 이 구조는 기득권이 된 좌파와 우파에게는 그리 불편하지 않다는 점이다. 오히려 책임 있는 판단을 회피한 채, 관리와 규범을 통해 질서를 유지할 수 있게 해 주기 때문이다. 바로 그런 이유로 진지한 좌파 혹은 진짜 우파라면 이런 기묘한 공백을 트럼프가 돌파한 것 자체에 과도한 감정을 투사할 필요는 없다. 오히려 중요한 것은, 그 이후에 어떤 질문을 다시 정치의 장으로 복원시켜야 하는가다.

왜냐하면 결과적으로 신자유주의와 PC주의는 서로 다른 언어로 출발했으나 서로의 배후를 배신하며 기묘하게 결합해 현대의 지배적 통치 질서를 형성했기 때문이다. 이 결합은 단순한 이념적 동맹이 아니라, 근대 정치의 전통적 대립 구도를 무력화시키는 구조적 융합체였다. 그리고 그 과정에서 이 두 사조는 자신들이 내세웠던 원래의 가치—자유·해방·정의·평등—를 역설적으로 배신했다. 신자유주의는 자유를 말했지만 그 자유는 결국 자본의 자유가 되었고, PC주의는 해방을 말했지만 그 해방은 곧 도덕적 감시 체계로 변하였다. 자유는 시장의 수사로, 정의는 윤리적 포장으로 전락했다.

둘은 '규율화된 자유'와 '상품화된 정의'라는 동일한 형태로 수렴했고, 이제 서로를 보완하며 작동한다. 기업은 다양성과 인권을 내세워 탐욕을 포장하고, PC주의는 해방의 언어를 해시태그와 콘텐츠로 전환하여 도덕을 상품화한다. 우리는 윤리적 소비의 시대, 도덕적 브랜드의 시대에 살게 되었다. 이 말은 사실은 자본-도덕 복합체 속에서 좌우의 언어는 껍데기만 남았다는 것을 의미한다. 우파는 더 이상 자유를 지키지 못하고, 좌파는 더 이상 정의를 실현하지 못한다. 그 결과 정치는 대립의 장이 아니라 체제를 유지하는 관리 기술로 축소되었다. 좌파와 우파가 갈등의 실체를 대변하는 기능을 상실했기 때문이다. 달리 말해 진짜 소외된 자들은 자신들의 감정과 처지를 설명할 언어를 빼앗겼다.

근대적 이념의 진공이 발생했고, 그 공백을 채운 것은 국가의 경계를 넘어 작동하는 이권 권력의 카르텔들이었다. 이는 더 이상 고전적 의미의 국가 독재라기보다 권력을 관리·운영하는 일종의 '독재적 기업 구조'에 가깝다.

이 혼란은 정치가 변화의 본질을 읽지 못한 채, 여전히 좌우 이념의 표지판에 매달려 있었기 때문에 심화되었다. 냉전 시기 한 축을 이루었던 사회주의 체제는 붕괴된 듯 보였지만, 자유시장 질서의 느슨한 틈 속에서 다른 형태로 재조직되었다.

중국과 러시아를 비롯한 일부 권위주의 체제들은, 현실을 이념이 아닌 권력 유지를 위한 도구로 다루는 방식에 더욱 숙련되어 갔다. 이들은 신자유주의와 PC주의가 만들어 낸 분열과 혼란을 전략적으로 활용하며, 국제 질서의 중요한 행위자로 남았다.

근대적 대립 구도에 기반한 인식이 더 이상 현실을 설명하지 못하는 이유도 여기에 있다. 대립의 언어는 체제 내부로 흡수되었고, 그 과정에서 새로운 사유의 언어는 점점 사라졌다.

이 과정은 어쩌면 경제적 이해관계가 정치의 언어를 삼켜 버린 것으로 이해할 수도 있다. 즉 신자유주의는 '자유'를 시장의 파생상품으로 만들었고 PC주의는 '정의'를 도덕의 파생상품으로 만들었다. 문제는 이 파생상품 구조가 실제 가치와의 연결을 끊어 버린다는 데 있다. 이렇게 되면 자유는 실제 인간의 책임과 분리된 채 금융화된 행동 규칙, 기계적 효율성 담론으로 전락한다. 정의는 실제 공동체와 분리된 채 박제화된 상징 시스템으로 변질한다. 이념의 본질은 사라지고, 남는 것은 파생상품의 투기 시장뿐이다.

이제 세계 정치는 금융시장의 '서브프라임 모기지 붕괴'처럼 서브프라임 이념 버블 붕괴로 이어지고 있는 중이다. 도대체 뭐가 뭔지 모르는 세상이 되어 버린 것이다. 트럼프주의, 브렉시트, 유럽 극우와 극좌, 중국의 국가자본주의, 한국의 사법체계와 언론의 현 모습 등 이 모두 '본원 가치가 아니라 파생상품 가치가 거래되는 정치 시장'의 거품들이다.

논점을 분명히 하기 위해 다시 질문해 보자. 신자유주의와 PC주의 연합이 지금의 세계적 규모의 무정부적 상황을 만든 원인이라고 할 수 있을까? 만일 적어도 그것이 한 원인이라면 도대체 어떻게 그것이 가능했을까?

답을 한다면 단독 원인은 아니겠지만 '구조적 촉매이자 가속 요인'인 것은 분명하다. 즉, 신자유주의와 PC주의의 결합은 기존 질서의 해체를 가속하고, 대안 형성을 막았다. 그럼 "어떻게 그것이 가능했는가?" 이 둘은 우연히 결합한 게 아니라, 서로의 약점을 보완하는 방식으로 작동했다.

신자유주의는 정치적 판단을 기술적 관리로 전환시키고 가치의 충돌을 시장·효율·지표로 대체했다. 정치의 책임은 시스템의 자동 작동으로 분산시켰다. 그 결과 정치는 더 이상 "무엇이 옳은가?"를 묻지 않고 "어떻게 관리할 것인가?"만 다루게 되었다. PC주의는 구조적 문제를 언어·태도·표상 문제로 환원시켰고 정치적 갈등을 도덕적 결함의 문제로 치환했다. 정치가 판단할 책임을 규범 준수 여부로 대체했다. 그 결과 정치는 갈등을 해결하는 장이 아니라 누가 규범을 어겼는지 감시하는 공간이 되어 버렸다. 둘이 결합하면서 결국 경제는 선택 없는 관리로 전락했고, 문화는 회의를 허용하지 않는 도덕이 되었으며, 정치는 책임을 회피한 채 관리와 조정의 기술로 축소되었다. 이 상태에서는 결단은 위험하고, 질문은 불온하며, 대안은 소음으로 간주된다. 그래서 세계는 질서는 유지되지만 방향은 사라진 상태, 즉 '관리되지만 통치되지 않는 공간'으로 이동하게 되었다. 이걸 '무정부적 상황'이라고 부르는 이유는 정확히는 무질서가 아니라 의미 없는 질서이기 때문이다.

그런데 왜 이것이 '세계적 규모'로 확장되었을까? 이 구조는 서구 내부에서만 작동하지 않았기 때문이다. 권위주의 체제들은 신자유주의의 경제적 유연성과 PC주의가 만든 서구의 내부 분열을 전략적으로 활용했다. 즉, 서구는 판단을 회피했고 비서구 권력은 판단을 도구화했다. 그래서 "자유주의는 스스로를 규범으로 묶는 동안, 비자유주의는 현실을 무기로 삼았다." 이 비대칭이 지금의 범세계적 혼란을 키운 것이다.

신자유주의와 PC주의는 혼란을 초래한 직접적 사건은 아니었지만, 혼란을 현실로 인식하지 못하게 만든 결정적 원인 중 하나였다. 정치가 침묵하게 된 것은 우연이 아니라, 세계를 해석하는 틀이 그렇게 설계되어 있었기 때문이다.

신자유주의는 개인을 더 이상 자유의 주체가 아니라 '시장 효율성의 담보물'로 만들었다. PC주의는 정의를 타인을 구속하는 도덕적 증권으로 만들었다. 해체주의의 정치적 파생상품은 끝없는 미세한 정체성 분할을 통해 '고위험·고수익 도덕상품'[6]을 만들었다.

둘은 서로 적대하는 것처럼 보이지만, 실제로는 하나는 자유를, 다른 하나는 정의를 파생상품화하는 '쌍둥이 구조'를 형성했다. 문제는 이 구조가 너무 오랫동안 존재했지만 문제로 인식되지 않은

---

[6] 원래 해체주의가 하려던 일은 "정체성을 너무 단단하게 묶어 두지 말자"는 철학적 문제 제기였다. 그러나 정치의 영역에 들어오면 이것은 전혀 다른 방식으로 전용된다. 오늘날 정치는 문화전쟁의 알고리즘 위에서 돌아간다. 정체성이 세분화될수록, 마치 팬덤의 '서브 유닛'이 늘어나는 것처럼 각각의 정체성 조각이 독립적인 팬덤화를 시작한다. 그 결과, 정치권은 의도치 않게 '고위험·고수익 도덕상품'을 만들어 내는 구조로 흘러간다. 어떻게 해서?

1. 정체성 조각마다 '작은 팬덤'이 생긴다. 정체성을 나누면 나눌수록, 각 그룹은 자신만의 상징·밈·도덕 언어를 가진 미니 팬덤이 된다. 이 팬덤들은 정치적으로 규모는 작지만 도덕적 민감도는 극도로 높다. 그만큼 충돌 위험(리스크)도 커진다.

2. 충돌 가능성은 커지는데, 도덕적 이익은 더 커진다. 이 작은 팬덤들은 문화전쟁의 문법을 따라 움직이기 때문에 "우리의 상징을 공격했다 → 즉 도덕적 결함이 있다"라는 도덕적 고수익 계산법이 즉각 작동한다. 예컨대, 어떤 밈을 잘못 쓴다든지, 특정 표현이나 이미지가 특정 집단에게 불편하게 느껴진다든지 하는 아주 작은 트리거도 대형 도덕 전투로 확산된다.

3. 밈과 상징이 '도덕적 파생상품'으로 전환된다. 팬덤 정치에서는 밈이 단순한 유머나 표현이 아니다. 그 밈을 쓰는 순간—어느 편인지, 어떤 가치에 서 있는지—도덕적 서열이 즉시 붙는다. 정체성을 더 쪼개는 행위는 일종의 도덕 파생상품을 늘리는 것과 같다. 지엽적인 상징 하나만 잘 건드려도 큰 정치적 수익(지지·주목·도덕적 우위)을 얻을 수 있기 때문이다.

4. 해체주의의 원래 의도와 완전히 반대로 흘러간다. 정체성을 해체해 모두가 더 자유로워질 거라 기대했지만, 현대 정치에서 이 해체는 오히려 상징을 둘러싼 초미세 전쟁, 즉 팬덤형 문화전쟁을 촉발한다. 정치적 리스크는 폭증하지만, 도덕적 상징 자본은 더 쉽게 축적되는 전형적인 고위험·고수익 도덕상품 시장이 되어 버린 것이다. -필자 주

상태로 작동해 왔다는 점이다. 비판되어야 할 것은 개별 제도나 상
징적 대상이 아니라, 자유와 정의를 거래 가능한 신호로 환원시키
는 관찰자 부재의 인식 구조 그 자체였다. 쉽게 말해 생각하지 않
아도 착한 사람처럼 보일 수 있고, 판단하지 않아도 올바른 편에 서
있는 것처럼 느끼게 만드는 구조에 대해 우리가 너무 익숙해져 버
린 것이다.

앞선 이야기들이 선뜻 이해되지 않는다면 12·3 비상계엄 사태를 꺼낼 수밖에 없다. 어쩌면 12·3 비상계엄은 돌출적 사건이 아니라, 세계적 규모로 확산된 판단 불능의 정치가 한국 사회에서 도달한 하나의 임계점이었을지도 모른다. 신자유주의와 PC주의가 결합한 인식 체계는 정치로 하여금 갈등을 판단하지 못한 채 관리하도록 만들었고, 그 결과 가치 충돌은 제도 안에서 해소되지 못한 채 누적되어 왔다. 12·3 비상계엄을 평가할 때 윤석열 혹은 한동훈의 개인적 성향이나 특성으로 접근하는 것은 문제의 본질을 놓친 것이다.

대신, 세계적 인식 체계의 붕괴와 신자유주의, PC주의가 만든 판단 불능 상태가 한국 정치에 적용된 방식과 그 결과로서 비상계엄이라는 '정치적 형태'가 등장한 것. 즉, 계엄을 '누군가의 일탈'이 아니라 '판단 체계가 붕괴된 정치에서 나올 수 있는 하나의 결과물'로 설명하는 것이 더 본질에 접근하는 분석일 수 있다.

즉, 신자유주의는 판단을 관리로 대체했고 PC주의는 판단을 규범 준수로 대체했다. 그 결과 정치는 결단의 공간이 아니라, 충돌을 지연시키는 시스템이 되었다. 퀀텀정치적 관점에서 설명하면 '무정부성'은 질서의 부재를 말하는 것이 아니라 의미 있는 판단의 부재 상태를 말하는 것이다. 이것을 한국정치에 적용하면 '국민 눈높이', '중도 확장력' 같은 개념은 정책 개념이 아니라, 판단을 미루기 위한 완충 언어였다. 즉 결단을 회피하기 위한 중립의 수사에 가까운 것이다. 솔직히 말해 "무엇이 옳은가"를 말하지 않고 "어디까지 책임지지 않을 수 있을까"만 계산하는 정치의 표현이었다.

이 말들은 어떤 가치가 틀렸다는 판단도 아니고 어떤 정책이 옳다는 주장도 아니다. 그것은 단지 지금 이 문제에 대해 정치가 책임지고 결정할 준비가 되어 있지 않다는 상태를 부드럽게 표현하는 문장이다. 이 언어가 반복될수록 정치는 결정의 주체가 아니라 여론의 파동을 관찰하는 관리자로 변한다. 퀀텀정치의 관점에서 보면, 이러한 상태는 질서가 없는 것이 아니라 의미 있는 붕괴(결단)가 발생하지 않은 상태다. 판단이란 퀀텀적으로 말하면 가능성의 중첩을 하나의 상태로 붕괴시키는 행위다. 그러나 중립의 수사는 이 붕괴를 계속 연기한다. 그래서 오늘날의 정치적 '무정부성'은 권력이 없는 상태가 아니라 최종 판단을 내리지 않는 상태다. 질서는 유지되지만, 정치는 발생하지 않는다. 한국 정치는 보수든 진보든 판단 주체로서의 정치를 스스로 포기해 왔다. 이 상태에서 발생하는 정치적 압력을 정치 외부인들은 미처 몰랐을 수도 있다. 12·3 그날의 밤까지는.

판단이 사라진 정치는 갈등을 해소하지 못하고 누적시키기만 해 왔다. 따라서 어느 순간, 제도적 정치 언어로는 더 이상 감당이 안 되는 '가치 충돌의 압축 상태'가 만들어진다. 즉 계엄의 조건들이 축적된다. 이때 선택지는 두 가지로 압축된다. 계속 미루며 관리하다 붕괴할 것이냐 아니면 비정상적 방식으로 질서를 강제할 것인가?

비상계엄은 이 두 번째 선택지의 극단적 형태였다. 비상계엄은 개인의 성향에서 비롯된 일탈이라기보다, 판단을 유예해 온 정치 구조가 더 이상 정상적 방식으로 갈등을 흡수하지 못했을 때 등장하는 비정상적 통치 형태였다.

이 사태에서 가장 강하게 대립한 두 정치 행위자, 윤석열 대통령과 한동훈 비상대책위원장의 역할은 서로 다른 방식의 실패로 평가할 수 있다.

윤석열의 경우, 누적된 구조적 압력을 권위적 결단으로 해소하려 한 선택과 실패에 대해 분명한 책임이 존재하며, 그 결과 그는 정치적 권력을 상실하게 되었다.

반면 한동훈의 실패는 결정의 과잉이 아니라 판단의 부재에 있었다. 그는 관리와 조정의 정치에 머문 채 사태를 관통하는 새로운 판단 기준을 제시하지 못했다. 한동훈계가 반복적으로 사용한 '국민 눈높이'와 '중도 확장력'이라는 언어는 이러한 판단 유예의 징후였다. '국민 눈높이'는 본래 정치적 결단을 정당화하는 규범적 기준이지만, 실제로는 "옳고 그름을 판단하겠다"는 선언 대신 "국민 눈높이에 맞는지 보겠다"는 말로 책임 있는 선택을 미루는 수사로 기능했다.

비상계엄은 이러한 정치적 유예가 더 이상 작동하지 않을 때 등장하는 비정상적 통치 형태다. 그러나 한동훈은 이 비정상적 상태를 종결할 책임적 언어, 즉 사태를 판단하고 경고를 넘어설 정치적 언어를 갖고 있지 못했다. '경고를 넘어선다'는 것은 더 강하게 말하는 것이 아니라, 선·조건·결과를 명시해 정치를 다시 판단의 영역으로 되돌리는 것을 뜻한다. 따라서 그의 실패는 탄핵을 주장했기 때문이 아니라, 정치가 '탄핵 아니면 계엄'이라는 이분법으로 수렴되는 과정을 방치했다는 데 있다. 한동훈은 윤석열 전 대통령의 12월 12일 대국민 담화에 대해 "사실상 내란을 자백한 것"이라고 강력하게 비난했는데 이는 이분법을 강화한 것이지 정치가 다시 판단의 주체로 기능하도록 만든 것이 아니었다. 박근혜를 탄핵하면서 구사했던 검사 한동훈의 논리가 이제는 윤석열의 비상계엄에 똑같이 적용된 것이지 정치인으로서, 그리고 보수 정치의 책임자로서의 언어는 아니었던 셈이다.

쉽게 말하면 '내란 자백'은 이미 결론이 내려진 사법적 판단의 언어다. 그 순간 정치는 판단의 주체가 아니라 검찰과 법원의 시간으로 넘어간다. 동시에 정치는 판단과 조건 설정, 출구 설계가 아니라 '찬성/반대'의 진영 선택만 남게 된다. 즉 강한 말이 문제인 게 아니라, 그 말이 정치의 기능을 포기하고 사법부에 넘겼다는 점이 문제라는 것이다.

절체절명의 위기 상황에서 판단의 책임을 져야 할 정치란, 사태가 어디까지 허용될 수 있는지 헌정 질서의 한계선을 분명한 언어로 미리 그어 두고, 그 선을 넘을 경우 어떤 정치적·법적 결과가 뒤따를지를 공개적으로 밝히는 행위다.

이는 사후적 비난이나 도덕적 평가가 아니라, 충돌이 발생하기 이전에 판단의 기준과 결과를 함께 제시하는 것이다. 다시 말해 피할 수 없는 가치 충돌 앞에서 정치는 '국민 눈높이'라는 중립적 관리의 언어 뒤에 숨는 것이 아니라, 어떤 가치를 선택할 것인지, 그리고 그 선택에 따른 책임을 감수하겠다는 결단을 언어로 드러내는 일이다. 판단 없는 중립은 질서를 지키지 못하고, 결단 없는 언어는 위기를 통제하지 못한다.

한동훈은 이러한 판단을 수행할 수 있는 위치에 있었음에도 정치적 파동을 완충하는 언어를 선택해 왔다. 그 결과 정치는 반복해서 "아직은 관리 가능하다"는 신호를 보냈고, 구조적 압력은 내부에서 해소되지 못한 채 누적되었다. 그는 탄핵이라는 사후적 정리에는 참여했지만, 계엄과 탄핵 사이의 선택지가 소멸되는 과정을 사전에 차단하지는 못했다. 계엄은 특정 개인의 성향으로 환원될 수 없는 사건인 동시에, 개인의 책임이 면제될 수 있는 사건도 아니다. 이 사태의 핵심 질문은 누가 더 잘못했는가가 아니라, 왜 정상 정치의 언어가 이 충돌을 끝내 감당하지 못했는가에 있다.

도대체 왜 이런 비상식적 상황이 발생했고 정치는 왜 이 충돌을 감당하지 못했을까? 이 질문에 대한 답은 솔직히 아직 충분한 사실을 전제로 하기는 어렵다. 단지 나타난 결과를 놓고 정치적 평가를 해 본다면 다음과 같이 정리할 수 있다.

첫째, 비상계엄 이전부터 정치는 '결단 아니면 관리'라는 이분법에 갇혀 있었다. 즉, 윤석열 정치는 결단을 권위로 대체하는 경향이 있었고 한동훈 정치는 판단을 관리로 대체하는 경향이 있었다. 이 둘 사이에 있어야 할 조건부 판단·임계선 설정·단계적 책임 부과의 정치는 사실상 실종되었다. 권력 내부의 구체적 갈등이나 사건들에 대해서는 일단 논외로 하고 객관적 사실만 가지고 판단할 수밖에 없다. 그래서 정치의 선택지는 아무것도 안 하거나, 즉 관리만 하거나 모든 것을 한 번에 비상결단을 하거나로 극단화되었다.

둘째, 중간 단계의 언어가 제도적으로 부재했다. 정상적 정치는 보통 다음과 같은 언어를 구사한다. "여기까지는 허용된다", "이 선을 넘으면 다음 단계로 간다", "지금은 A지만, B가 되면 C를 선택한다" 그러나 당시 정치에는 경고는 있었지만 단계화된 판단 언어는 없었다. 이 때문에 위기가 누적되어도 정치가 스스로 개입할 타이밍을 상실했다.

셋째, 책임을 분산시키는 언어가 판단을 마비시켰다. "국민 눈높이", "중도 확장", "민심을 보겠다" 이 언어들은 책임을 국민·여론·시간으로 분산시키며 누가, 언제, 무엇을 판단하는지를 흐리게 했다. 물론 독자는 중도 확장론이 뭐가 나쁜가? "판단을 국민에게 맡기는 게 오히려 민주적 태도 아닌가?"라고 생각할 수 있다. 문제는 '책임의 위치'와 '판단의 주체'가 교묘하게 어긋난다는 점이다. 책임 분산 언어란, 판단의 근거를 설명하지 않은 채 그 판단의 부담만을 외부로 이전하는 언어다. 일반적으로는 '국민 눈높이'가 주요한 판단의 기준이 될 수 있다. 그러나 위기 국면의 판단을 내려야 할 상황에서는 정치가 "이것이 옳다"고 말하지 않는다. 대신 "국민이 아직 준비되지 않았다"고 말한다. 그러면 벌어지는 일은 결정은 미뤄지고 실패의 책임은 국민에게 귀속된다. 정치는 판단하지 않았지만 결과에 대한 비난으로부터는 보호받는다. 이때 국민은 판단의 주체가 아니라, 판단을 유예하기 위한 알리바이로 호출되었다. 이 언어들이 반복될수록 정치의 역할은 판단의 주체가 아니라, 여론의 흐름을 관찰하고 보고하는 중계자로 축소되었다. 그 결과 누가, 언제, 어떤 조건에서 결단을 내려야 하는지는 끝내 명시되지 않았고, 책임은 계속해서 뒤로 미뤄졌다. 판단은 사건 이전에는 실종되었고, 사건 이후에야 비로소 탄핵이라는 단일한 형태로 등장했다.

결국 윤석열의 권위적 결단과 한동훈의 관리 정치가 충돌을 감당하지 못한 이유는, 둘 다 정치가 스스로 설정해야 할 '임계선'을 언어화하지 못했기 때문이다. 하나는 선을 한 번에 넘어 버렸고, 다른 하나는 선이 존재한다는 사실 자체를 말하지 않았다.

이 충돌은 결단과 관리 중 어느 하나가 부족해서 발생한 것이 아니다. 문제는 그 사이에 있어야 할 판단의 정치가 사라졌다는 데 있다. 정치가 임계선을 설정하고 그 선을 넘을 경우의 결과를 단계적으로 규정하지 못하는 순간, 정상 정치는 위기를 흡수하지 못하고 비상 상태로 붕괴한다. 누적된 갈등은 점진적으로 처리되지 못한 채, 예외적 권한과 강제적 결단에 의해 한꺼번에 해소되는 방식으로 전환되었다. 대통령 선거가 비정상 상황에서 진행되었고 결과는 너무나 뻔했다.

여기서 마지막 질문을 다시 던져야 한다. 비상계엄 이후 탄핵 이전까지 보수는 어떤 정치적 입장과 계획을 가졌어야 하나?

계엄은 통치의 성공이 아니라 실패의 징후이며 동시에 헌정 질서를 전복하기 위한 수단이 아니라, 헌정을 지키기 위해 최후적으로 고려되는 헌법에 보장된 비상장치였다.

문제는 당시 보수 내부에 이 두 문장을 동시에 성립시킬 수 있는 언어적·개념적 장치가 존재하지 않았다는 점이다. 그 결과 정세는 즉각 이분법으로 수렴했다. 전자는 정치적 상황에 대한 구체적 판단을 수행하기보다 "계엄은 곧 독재다"라는 도덕적 명분으로 사안을 단순화했다. 즉, 판단은 검토와 선택의 과정이 아니라 사전에 준비된 규범적 표어로 대체되었다. 반대로 후자는 판단의 과정을 생략한 채, 결과와 권력의 필요성으로 계엄을 정당화하게 되었다.

보수가 필요로 했던 것은 찬반의 선택지가 아니라 사태를 국가의 지속성이라는 기준에서 재서술할 수 있는 관점이었다. 다시 말해 문제는 개인의 의도나 정당성의 문제가 아니라, 국가 체제가 어떤 조건에서 작동을 유지할 수 있는가라는 질문이어야 했다. 이 지점에서 요구되었던 것이 바로 '국가보수주의(state conservatism)'라는 판단의 틀이었다.

여기서 말하는 국가보수주의란, 개인의 의도나 도덕적 정당성보다 국가라는 제도가 어떤 조건에서 유지·작동할 수 있는지를 우선적으로 묻는 관점을 뜻한다.

탄핵 반대의 논리 역시 개인을 방어하는 정치적 충성의 문제가 아니라, 국가적 판단을 사법적 도덕 심판으로 환원시키는 관행을 어디까지 허용할 것인가라는 체제의 문제로 제기되었어야 했다.

구체적으로 말하면 핵심은 다음 세 가지다. 첫째는 계엄을 '정당화'하지 말고 비극으로 규정했어야 했다. 보수는 이렇게 말했어야 했다. "계엄은 민주주의의 승리가 아니라 국가 운영 실패의 결과다. 그러나 그것이 곧 헌정 파괴의 의도였다고 단정하는 것 또한 역사적·정치적 판단을 포기하는 일이다." 즉, 도덕적 신성화도 하지 않고 악마화도 하지 않는 태도, 이것이 헌법가치에 기반한 보수의 태도다. 무조건 계엄이 불법이라고 주장하려면 아예 헌법에서 계엄 조항을 삭제해야 마땅하다. 헌법에 대통령 권한으로서 비상계엄 조항이 있는 한 보수는 헌법적 정신을 존중해야 할 의무가 있다.

둘째, 문제를 '개인의 결단'이 아니라 국가 통치 구조의 붕괴로 설명했어야 했다. 탄핵 찬성파는 문제를 지나치게 단순화했다. 대통령의 판단이 잘못됐다 → 중도 정서에 안 맞는다 → 정리해야 한다는 3단 논법에 갇혔다. 그러나 보수는 이렇게 말했어야 했다. "이 사태는 개인의 일탈이 아니라 입법·사법·행정 간 균형이 붕괴된 상태에서 대통령에게 과도한 정치적 부담이 집중된 구조적 위기의 결과다." 즉, 계엄은 옹호 대상이 아니지만 탄핵 역시 당연시될 수 없다. 이 사태를 계기로 드러난 체제의 위기를 점검해야 했다. 헌법재판소에서도 지적했지만 비상계엄 이전에 22번의 탄핵으로 사실상 정부 기능이 마비 상태였던 것에 대해서 민주당의 책임도 가볍지 않다. 정치는 정치로 풀어야 한다는 것은 맞는 말이다. 그러나 비상계엄 이전의 정치가 정상적 정치였는가에 대한 판단을 하는 것이 정치였지만 그 판단은 이미 여러 번 이야기했지만 누구도 하지 않았다.

셋째, 핵심은 '질서 회복의 정치'였어야 했다. 보수가 취했어야 할 노선의 중심 메시지는 이것이다. "보수의 임무는 정권을 지키는 것이 아니라, 국가의 작동 가능성을 회복하는 것이다." 그래서 계엄 국면에서 보수는 다음을 동시에 주장했어야 한다. 대통령의 권한 행사는 엄격히 헌법의 테두리 안에서만 평가되어야 한다. 사법·입법의 정치화 또한 국가 위기의 주요 원인으로 함께 성찰되어야 한다. 감정적 책임 추궁이나 즉각적 도려내기가 아니라 국가 운영 체계의 복원이 목표여야 한다.

당시 보수가 사용할 수 있었던 정치적 언어는 분명 존재할 수 있었다. 그것은 감정의 동원이나 여론의 추종이 아니라, 국가와 위기의 조건을 사유하고 판단하는 정치의 언어였다. 그러나 실제 정치 과정에서 사태는 빠르게 '탄핵 찬반'이라는 이분법으로 수렴되었다. 이는 보수가 이미 스스로 판단을 생성할 수 있는 언어, 다시 말해 자기 판단의 기준을 상실한 상태였음을 보여 준다.

10·26 이후 보수 정치가 판단을 외주화하는 선택을 한 순간, 사실상 정치 고유의 언어는 작동을 멈췄다. 탄핵 찬성 논리에서 반복된 질문들은 대체로 중도 정서에 부합하는가, 국

민 눈높이에 맞는가, 민주주의 원칙을 위반했는가와 같은 것이었다. 표면적으로는 합리적인 질문처럼 보이지만, 이는 위기 상황에서 요구되는 정치적 판단을 외부 기준에 위임한 것이었다.

이 질문들은 공통적으로 "무엇이 옳은가"를 묻지 않고 "어디까지 허용되는가"만을 묻는다. 중도 정서와 국민 눈높이는 실체적 판단 기준이 아니라 여론의 평균값에 불과하며, 민주주의 원칙 역시 적용의 조건과 우선순위에 대한 해석 없이는 추상적 표어로 남는다. 그 결과 위협의 성격은 무엇이었는지, 다른 선택지는 존재했는지, 어떤 위험을 감수해야 했는지와 같은 핵심적 판단은 수행되지 않았다.

이로 인해 복합적 상황은 단순해졌다. 비상계엄은 곧 민주주의 위반이며 내란이라는 규정으로 고정되었고, 그 순간부터 정치는 선택과 책임의 영역이 아니라 제거와 정리의 문제로 전환되었다. 이 과정에서 한동훈계는 판단의 언어를 복원하기보다 이 도식이 작동하도록 길을 열어 주었고, 그 결과 보수 정치 내부로부터 이탈과 외면을 피할 수 없었다. 이는 개인의 선택 이전에 판단을 생성하지 못하는 정치 방식이 가진 구조적 한계의 귀결이었다.

다시 말해 한동훈계의 실패는 보수가 무엇을 판단 기준으로 삼아야 하는지에 대한 이념적 공백에서 비롯되었다. 좀 구체적으로 말한다면 첫째로 한국 보수 정치가 자유주의적 규범 언어는 내면화했지만, 국가와 체제의 지속성을 판단하는 보수 고유의 이념적 틀을 상실했다. 한동훈계가 사용한 언어는 대부분 민주주의 원칙, 절차적 정당성, 국민 눈높이, 중도 정서였다. 이들은 모두 판단을 대신할 수는 있어도 판단을 생성하지는 못하는 언어다. 왜냐하면 이 언어들은 사후 평가 기준이지 위기 상황에서 선택을 강제하는 기준이 아니기 때문이다. 즉, 보수는 자유주의의 언어를 차용했지만 그것을 적용하고 충돌을 조정할 보수적 판단 원리를 갖고 있지 못했다.

둘째로 전통적으로 보수주의는 개인의 자유 보호와 국가 질서 유지 사이의 긴장을 전제로 한다. 그러나 한동훈계의 언어는 이 긴장을 인정하기보다, 개인의 권리와 민주적 정당성을 절대화하는 방향으로 기울었다. 그 결과 국가 체제의 위기라는 문제는 개인의 위법성·정당성 판단으로 환원되었고, 체제 차원의 질문, 즉 "이 국가가 어떤 조건에서 유지될 수 있는가"는 사라졌다. '개인의 보호'와 '체제 유지' 사이의 긴장을 사유하지 못했던 것이다.

셋째로 앞서 언급한 '국가보수주의(state conservatism)'의 관점에서 보면 한동훈계는 국가를 판단의 주체로 세우지 못했고, 국가를 평가의 대상으로만 남겨 두었다. 이로 인해 체제 위기는 도덕적 규탄이나 절차적 제거의 문제가 되었고, 정치적 판단은 "허용 가능한가/불가능한가"의 문제로 축소되었다. 말하자면 '국가보수주의'가 부재한 상태였다.

이 구조 속에서 보수 세력이 한동훈계에 대해 느낀 것은 단순한 노선 불만이 아니었다. 핵심은 "이들의 정치에는 국가를 책임질 판단 기준이 없다"는 인식이었다. 보수 정치 내부에서 결단을 옹호하지도, 체제 위기를 사유하지도 못한 채 결국 자유주의적 도덕 판단으로 귀결되는 정치 방식은 보수로서의 자기 정체성을 설명하지 못한다. 따라서 한동훈계에 대한 이탈과 외면은 결코 일시적 혹은 전술적 선택의 결과라기보다는 보수 정치의 대표로서 스스로를 어떻게 설명할 것인가라는 이념적 자기 규정에 실패한 결과였다.

물론 이러한 실망은 특정 계파에 국한되지 않았다. 국가의 존속이 걸린 위기 국면에서 보수 정치는 더 이상 '국가를 어떻게 지킬 것인가'를 사유하는 주체로 기능하지 못했다. 대신 플랫폼 여론을 탐색하고 비난을 최소화할 선택지를 계산하며, 정치적 결단을 사법적 판단으로 이관하는 존재로 전락했다. 이는 패배라기보다 정치 기능의 상실에 가까운 상태였다. 이 과정에서 보수는 스스로를 '국가를 지키는 주체'가 아니라 '위험을 관리하고 책임을 회피해야 할 관리자'로 인식하고 있음을 드러내게 되었다. 이러한 자동반응적 정치의 한계는, 한 번 균열이 발생하면 연쇄적으로 붕괴되는 방식으로 드러난다. 다만 이는 단기간의 일탈이라기보다, 10·26 이후 장기간 누적되어 온 관료적 자동화 인식의 결과였다. 정치는 더 이상 상황을 해석하고 판단을 생성하는 행위가 아니라, 자극에 반응하여 미리 정해진 매뉴얼을 실행하는 과정으로 오인되어 왔다. 그 결과 위기 앞에서 책임 있는 판단은 사라지고 처세술만 남았다. 정치는 책임 있는 결단의 장이 아니라 만들어진 여론에 따라 자동으로 반응하는 시스템으로 작동했다. 이는 단순한 판단 실패가 아니라, 판단을 수행할 주체 자체가 정치에서 증발한 상태의 필연적 결과일 뿐이었다. 헬리콥터가 국회 운동장에 착륙하는 장면이 '초현실적'으로 인식된 이유는 그것이 규범을 벗어났기 때문이 아니라, 그 장면을 두고 "지금 정치가 무엇을 판단해야 하는가"라는 질문 자체가 즉각 떠오르지 않았기 때문이다.

비상계엄 이후 전개된 일련의 사태는 오래전부터 축적되어 왔으나 정치 언어로 번역되지 못했던 비가시적 정치 균열의 표출이었다. 계엄이라는 비상 상황 앞에서 좌파는 도덕적 규범에 따른 도덕주의적 자동반응으로, 우파는 질서와 안정이라는 이름의 관리형 자동반응으로 대응했으며, 사회 전체는 설명되지 않은 충격에 대한 집단적 트라우마 반응을 보였다. 이 세 가지 반응은 서로 달라 보이지만, 모두 판단을 유예하거나 외주화했다는 점에서 동일한 정치적 자동반응 체제의 일부었다.

　따라서 이 사태의 본질은 독재의 재현 가능성 그 자체보다, 그러한 가능성을 정치적으로 판단하고 규정할 공적 언어가 작동하지 않았다는 데 있다. 좌우 진영은 각자의 자동반응에 머물렀고, 그 결과 위기는 해석의 대상이 되지 못한 채 정치적 판단이 유예된 상태로 사법화되었다. 특히 국가의 위기 기준을 설정해 왔던 보수 정치가 이 역할을 충분히 수행하지 못한 상황에서, 사회 전체는 설명되지 않은 충격을 집단적으로 감내할 수밖에 없었다.

"지금 정치가 무엇을 판단해야 하는가?"

질문 자체가 떠오르지 않는 순간,
현실은 '초현실'이 된다.

3. 현실은 이미 양자화됐다, 정치만 뒤처졌다

혁명은 이미 일어나고 있는데, 정치는 아직 그것을 볼 준비가 안 되어 있다. 이 시대의 비극은 '변화의 부재'가 아니라 '인식의 지연'이다.

얼마 전 우연히 넷플릭스에서 브라질의 정치를 소재로 한 다큐를 보았다. 룰라(Lula)에게 한 기자가 질문했다. "사회주의 실패의 원인이 뭔가요?" 룰라는 "그것은 사회주의가 신을 부정했기 때문입니다"라고 말하는 장면을 보게 되었다. 사회주의는 유물론에 기초하므로 모든 것은 물질로 되어 있고 영혼 따위는 모두 거짓이라고 믿는다. 그것이 종교를 아편으로 취급하고 적대시하게 되는 이유다. 그렇다면 신앙을 부정한 것이 사회주의 몰락의 원인이라고 하는 룰라는 사회주의를 버리고 전향한 것일까? 아닐 것이다. 사회주의를 살리기 위해 신을 인정해야 한다는 것이고 그것은 사회주의의 토대인 유물론을 새롭게 갱신한다는 것을 의미한다.

룰라가 변절한 게 아니라면 그도 나와 같은 것을 보았던 것일까? 고전적 유물론의 길을 물질의 가장 깊은 층위까지 밀고 들어가면, 분자→원자→전자→원자핵→양성자·중성자→쿼크라는 구조적 세분화를 지나 결국 '물질'이라는 전제가 무너지는 지점에 도달한다. 현대 양자물리학이 보여 주는 세계는 더 이상 단단한 물질의 집합이 아니라 관계와 확률, 관측 속에서 드러나는 사건의 장이다. 쿼

 　　　　　　　　　　퀀텀정치혁명: 양자역학 시대의 새로운 정치

크와 글루온은 실체적 입자라기보다, 파동함수로 기술되는 에너지장과 확률적 사건들의 결절, 즉 '퀀텀'으로 존재한다.

물리학에서 퀀텀(quantum)의 정의는 연속적으로 나뉘지 않는 에너지의 가장 작은 단위를 말한다. 이 퀀텀은 세 가지 속성[7]을 가지는데 즉 불연속성, 이중성, 관측자 의존성이다.

이른바 물질은 물질만이 아니고 의식은 의식만이 아닌 것이다. 다시 말해 유물론은 사회의 구조와 조건을 정밀하게 분석해 왔지만, 사람들이 그 조건을 어떻게 정치적 선택과 행동으로 전환하는지는 충분히 설명하지 못했다.

좀 더 구체적으로 설명하면 유물론은 세계를 물질적 토대가 있고 그 위에 사회·의식·정치가 '연속적으로' 쌓인다고 생각한다. 하지만 퀀텀에서 에너지는 연속적으로 흐르지 않는다. 즉, 변화는 누적이 아니라 도약(event)으로 발생한다. 이것을 정치에 적용하면 사회 변화는 구조가 '충분히 쌓여서' 일어나는 게 아니라 판단·결

---

　1. **불연속성(discreteness)**: 에너지는 연속적으로 흐르지 않는다. 일정한 최소 단위(quantum)로만 흡수·방출된다.

2. **이중성(wave-particle duality)**: 모든 존재는 입자이면서 동시에 파동이다. 상황에 따라 '물질'처럼 보이기도 하고 '확률 분포'처럼 나타나기도 한다.

3. **관측자 의존성(observer dependence)**: 존재의 상태는 관찰되기 전까지 확정되지 않는다. 측정 행위가 존재의 상태를 '결정'한다(예: 전자가 특정 위치에 '있는 것'이 아니라, 관찰 시 확률적으로 '결정되는 것'). 퀀텀은 존재가 고정된 실체가 아니라 관찰·상호작용·관계 속에서 결정되는 사건적 실재임을 의미한다. −필자 주

단·사건의 순간에 발생한다. 그래서 물질은 더 이상 '모든 것을 미리 결정하는 기반'이 아니다. 이것을 "물질은 물질만이 아니다"라는 명제로 나타내는 것이다. 그렇다면 "의식은 의식만이 아니다"라는 명제는 도대체 무슨 뜻일까? 그것은 물질의 이중성을 의미한다. 즉, 양자역학에서 양자의 이중성은 "존재는 상태가 아니라 나타남이다"라고 설명할 수 있다. 입자이자 파동이라고 말할 때 존재는 하나의 고정된 모습을 갖지 않는다. 상황·관계·측정 방식에 따라 다르게 출현한다. 이것을 정치에 적용하면 민중은 항상 '진보적'이지도, '보수적'이지도 않다. 위기 상황에서 대중은 입자처럼 폭발하기도 하고 파동처럼 확산되기도 한다. 그래서 의식은 내부에 고정된 성향이 아니다. 이것이 "의식은 의식만이 아니다"라는 문장에 대한 설명이다.

퀀텀에서 가장 중요한 전환점은 존재의 상태는 관찰 이전에 확정되어 있지 않다는 것이다. 이건 "의식이 물질을 만든다"는 말이 아니라, 관찰·판단·측정이라는 행위가 현실을 '결정 가능한 상태'로 만든다는 뜻이다. 정치에 적용하면 위기는 객관적으로 '이미 존재'해도 누군가가 정치적으로 관찰·명명·판단하지 않으면 현실이 되지 않는다.

퀀텀정치론은 유물론이 도달한 궁극의 진리가 아니다. 오히려 그것은 결정론적 유물론에 기초해 작동해 온 정치 인식이 더 이상 현실을 설명하지 못하고 있음을 드러내는 지점에서 출발했다. 문제는 물질과 정신을 통합하는 새로운 형이상학이 아니라, 관찰과 판단이라는 정치의 핵심 기능이 사라진 인식의 공백이었다. 퀀텀정치론은 이 인식 공백을 출발점으로 삼아, 사회주의 정치사상을 지탱해 온 결정론적 유물론의 정치적 한계를 근본에서 재검토하도록 요구한다.

이 설명이 아직도 어렵게 느껴진다면 내가 생각해 낸 알기 쉬운 비유는 블랙홀과 관련된 것이다. 마르크시스트는 우주의 블랙홀에 빠지면 육체가 해체되지만 퀀텀정치혁명가들은 블랙홀을 통과해 새로운 우주로 나올 수 있다고 믿는다. 영화 〈인터스텔라〉에서 쿠퍼가 그 문을 통과하여 인류를 구해 내듯, 상상을 현실로 전환하는 이 '양자적 사고실험'은 미국의 초지능 산업을 견인하고, 결국 국가 경쟁력의 원천이 되고 있다.

현재 세계의 무정부적 혼란을 퀀텀정치적 입장에서 한마디로 규정한다면 어떻게 묘사할 수 있을까? 그것은 '현실은 관측하는 순간 양자화가 되었으나 관측자의 인식 지체 현상이 발생하면서 실재의 변화를 따라가지 못하는 상황'이라 설명할 수 있다. 말하자면 기술은 기하급수적으로 변화하고 이념은 산술급수적으로 변화한다고 묘사할 수도 있다.

만일 블랙홀에서 빠져나와 지구에 있는 인간들을 살펴본다면 "세계는 이미 양자화되었으나, 관측자인 인간의 인식은 여전히 고전역학적 시간에 머물러 있는 탓에 현실·제도·정치 모두가 '측정

지연 카오스'에 빠진 상태다"라고 말할 수 있겠다. 따라서 쉽게 이해하기 위한 키워드는 '인식 지체'라는 개념이다. 이것은 제도나 이념, 정치가 현실의 변화를 따라잡지 못하는 구조적 병리를 말한다. 지금까지의 혼란은 '현실의 변화 속도'와 '인간이 그 현실을 이해하고 제도화하는 속도'의 격차가 폭발적으로 벌어진 것이다.

신자유주의의 실패도 PC주의의 도덕적 파생상품화도, 관료적 자동화 인식론의 경직성도, 정서적 공동체 붕괴도 모두 '인식이 실재의 변화 속도를 따라가지 못하는 문제'로 설명할 수 있다.

자유시장주의 4.0은 글로벌 자본과 금융 파생상품, 플랫폼 자본, AI 알고리즘, 자본의 초국가적 공급망이 결합한 초고속 동적 시스템이다. 반면 국가·정치·이념·관료제는 여전히 20세기적 작동방식을 유지하고 있다. 이 격차가 바로 '인식 지체'가 발생하는 조건이다.

현실은 이미 양자화, 즉 퀀텀도약이 일어나고 있는 상태다. 관측자가 변하면 현실이 바뀌고 국가경계가 붕괴한다. 즉, 산업의 플랫폼 환경이 바뀌면서 자본, AI, 코인 거래는 국경을 뛰어넘는다. 실시간 거래가 점점 활성화되면 시공간이 압축된다. 이 모든 조건은 고전물리적 세계의 급격한 붕괴와 양자역학적 세계의 도래를 보여주고 있다. 자유시장주의 4.0의 붕괴는 그런 의미에서 필연적이다.

정치가 불신받게 된 이유는 정치가 가치를 비틀어서가 아니라, 변화된 현실을 감지할 능력을 잃었기 때문이다. "정치의 위기는 이념의 위기가 아니라 감지능력의 붕괴다."

나는 이것이 지금 대한민국의 좌파와 우파가 모두 주목해야 할 팩트에 해당한다고 생각한다.

팔란티어의 CEO 알렉스 카프는 그의 책 『기술공화국 선언』에서 기술혁명의 속도를 따라가지 못하는 민주주의를 '비적응적 체제'로 규정한다. 그리고 좌파 기득권이 "피상적 평등주의에 매몰된 끝에, 스스로의 정치적 잠재력을 소모하고 텅 빈 껍데기가 되었다"며 "옳음을 좇는 동안 선을 잃었다"고 진단한다. 이 말은 민주주의가 도덕적 정당성을 유지하는 데 몰두한 나머지 기술·권력·안보라는 현실의 문제를 다룰 능력을 상실했다는 뜻이다.

달리 말해 좌파 정치가 '틀리지 않기'에는 집착했지만, 공동체를 지키고 이끄는 능력 자체를 상실했다는 것이다. 그런 사이에 현실의 통치 권한은 점점 데이터와 알고리즘을 소유한 세력으로 이동하고 있다. 민주주의가 기술의 속도에 적응하지 못한다면 결국 기술기업이 국가를 대신할 것이며, 데이터와 알고리즘을 소유한 세력이 새로운 통치자로 등장할 것이라는 경고는 현실적 위협이다.

그러나 동시에 그의 주장은 치명적 위험도 품고 있다. 카프의 '기술공화국'은 민주주의를 구하는 척하면서, 실제로는 민주주의를 우회한다. "기술의 속도에 맞추어야 한다"는 명제는 곧 인간의 판단과 윤리를 기술 논리에 종속시키겠다는 말과 같다. 기술의 독주를 비판하는 것처럼 보이지만, 그 속도를 국가 정당성의 새로운 기준으로 삼는 순간, 정치의 주체는 인간에서 기술 관료적 엘리트로 이동한다. 기술을 따라잡는다는 말은 결국 자유의 자기 부정으로 이어질 위험성이 있다.

기술은 어느 날 갑자기 우리의 삶 바깥에서 등장한 신기루가 아니다. 그것은 이미 우리의 언어 속에 침투했고, 감정의 구조를 다시 짜며, 인간이 세상을 바라보는 방식 자체를 뒤집어 놓고 있다. 문제는 기술의 속도가 아니라, 이 변화를 읽어 내야 할 정치가 뒤처져 있다는 것이다. 유튜브 알고리즘은 시민의 의식을 편집하고, SNS 팬덤 정치는 감정의 흐름을 한순간에 집단적 폭발로 전환시키며, AI는 인간이 스스로 '생각'이라고 믿어 온 것을 무심히 자동화한다. 블록체인은 조직의 뼈대를 바꾸고, 딥페이크는 진실을 기술적 옵션으로 전락시켰다. 우리가 사는 세계는 이미 양자화되었다. 관계와 상호작용이 순간마다 현실을 갱신하는 세계, 그러나 정치만이 이 변화를 아직 '사건'으로 관찰하지 못하고 있다.

예전의 정치가 기술을 외부의 위험이나 기회로 읽었다면, 이제 기술은 인간의 내부에 자리 잡은 새로운 장기(臟器)다. 예컨대 스마트폰은 이제 몸의 일부가 된 것이다. 좌파는 이 장기를 감시와 불평등의 연장으로 읽고, 우파는 성장과 안보의 도구로 해석한다. 둘은 격렬히 싸우지만, 사실은 똑같이 잘못된 자리에서 싸우고 있다. 기술을 바깥에 두는 순간, 그들은 이미 패배한 셈이다.

오늘의 혼란은 기술이 너무 빨리 뛰기 때문이 아니다. 관측하는 자가 너무 느리게 걷기 때문이다. 현실은 이미 기하급수적 속도로 모습을 바꾸는데, 정치의 인식틀은 여전히 산술급수적 속도로 문제를 계산하고 있다. 이 간극에서 제도는 흔들리고, 사회는 해체되며, 민주주의는 과거의 언어로 미래를 붙잡는 어리석음 속에서 비틀거린다.

그러므로 필요한 것은 더 많은 규제도, 더 많은 투자도 아니다. 우리가 회복해야 할 것은 관찰자적 인식 능력, 즉 변화하는 세계를 있는 그대로 바라보고 새로운 관계 속에서 현실을 다시 세울 수 있는 능력이다. 퀀텀정치는 바로 이 인식론적 전환을 말하고 있는 것이다. 기술이 인간을 다시 쓰고 있는 시대에서 정치가 해야 할 일은 세계를 통제하는 것이 아니라 세계가 어떻게 생성되는지를 다시 배우는 일이다. 그 배움 없이는 어떤 진보도 보수도, 더는 유효한 언어가 아니다. 어쩌면 인간이 기술을 도구로 지배하던 시대는 이미 끝났는지 모르겠다. 이제 기술은 인간의 사유와 선택을 역으로 비추는 거울, 그리고 판별자가 되었다. 정치가 기술보다 느리고, 제도가 인공지능의 속도를 따라가지 못할 때, 국가의 주권은 눈에 보이지 않는 곳에서 조용히 침식된다. 그래서 자유시장주의 5.0의 문턱에서 우리가 먼저 직면한 질문은 이것이다. "정치는 아직도 인간의 행위인가, 아니면 이미 알고리즘의 작동인가?"

여기서 우리는 다시 니체를 소환해야 한다. 사실 이 질문은 니체가 『차라투스트라는 이렇게 말했다』에서 던진 물음과 본질적으로 다르지 않기 때문이다. 니체가 말한 '최후의 인간'은 폭군도, 야만인도 아니다. 그는 판단하지 않고, 창조하지 않으며, 기존 규범에 순응한 채 쾌적함과 효율을 선택하는 인간이다. 니체가 두려워한 것은 악이 아니라, 스스로 판단하지 않기로 선택한 인간이었다.

너무 합리적이고, 너무 안전하며, 너무 도덕적인 이 인간은 체제를 전복하지 않는다. 혁명을 일으키지도, 질서를 무너뜨리지도 않는다. 오히려 체제를 완벽하게 관리한다. 이 점에서 최후의 인간은 오늘날의 언어로 말하면, 판단을 알고리즘과 시스템에 위임한 인간과 거의 동일하다. 니체가 예견한 것은 폭력의 귀환이 아니라, 관리의 완성이었다. 그래서 니체의 진짜 질문은 이것이다. "인간은 여전히 스스로 위험을 감수하며 새로운 가치를 만들어 낼 의지가 있는가?"

어쩌면 우리가 던져야 할 질문은 이것 하나일지도 모른다. 정치는 아직도 인간이 판단하는 영역인가, 아니면 이미 시스템이 대신 굴러가는 영역인가. 다시 말해 우리는 여전히 스스로 판단하는 시민인가, 아니면 안전과 효율을 위해 판단을 넘겨 버린 존재인가.

니체라면 이렇게 말했을 것이다. 인간이 먼저 스스로 생각하지 않게 되었기 때문에 정치가 타락해 버렸다고. 지금 우리가 마주한 위기의 핵심은 바로 여기에 있다.

4. 퀀텀정치혁명론의 인식론

지금의 정치는 누구도 구할 수 없다. 구제해야 할 대상은 정치 그 자체다.

니체가 말한 인간의 쇠퇴란 권력이 자동화되었기 때문이 아니라 인간이 스스로 판단하기를 중단했기 때문에 발생한 현상이었다. 판단하지 않는 인간 앞에서 정치는 필연적으로 절차와 시스템으로 대체되고 책임은 알고리즘 위로 밀려난다. 결국 정치의 위기를 구제하는 길은 제도를 고치는 데서 시작될 수 있다. 먼저 인간이 다시 판단하는 존재로 복귀해야 하며, 이를 가능하게 하는 인식의 틀부터 재구성해야 한다.

최근 몇 달 만에 세계적 가수로 떠오른 〈케이팝 데몬 헌터스〉의 이재(EJAE)의 사례를 보자. 그는 SM에서 10년 이상 연습생으로 있었지만 끝내 데뷔하지 못했다. 이 사실은 개인의 역량이나 한 기업의 판단 실패로만 설명할 수 없다. 문제는 한국 사회 전체가 문화적 가능성을 판단하는 인식의 틀, 다시 말해 '무엇이 시장이고 무엇이 상품인가'에 대한 암묵적 합의가 오랫동안 하나의 경직된 문턱을 넘지 못하고 있었다는 데 있다.

그 체계는 예측 가능한 성공만을 시장으로 인정하고, 통제 가능한 형식만을 상품으로 간주한다. 그러나 오늘날 문화산업의 핵심은 기획의 정교함이 아니라 확산의 비결정성에 있다. 즉, 오늘날 문화산업의 관건은 어떤 콘텐츠가 예기치 않게 반응을 얻고 퍼질 수 있는 환경을 누가 갖추고 있느냐에 있다. 이재의 성공은 새로운 재능이 갑자기 탄생했기 때문이 아니라, 기존 한국 문화산업의 인식 기준이 그의 가능성을 감지하지 못했으므로, 그 가능성이 글로벌 플랫폼이라는 다른 판단 기준을 가진 장에서 먼저 포착되었기 때문이다. 이 사례는 한국 문화산업이 재능을 길러 내지 못해서가 아니라, 무엇을 가능성으로 보고 무엇을 배제하는가에 대한 기준 자체가 이미 시대의 변화와 어긋나 있음을 보여 준다.

이 사례는 증상일 뿐이다. 진짜 문제는 산업·기술·정치 전반이 복잡계 속에서 미래를 예측하고 창조하는 능력, 즉 비전을 만들어 내는 인식의 힘이 부족하다는 점이다. 미국과 한국의 차이는 기술력의 차이가 아니라 '인식론의 차이'에서 나온다. 미국의 초지능 기업들은 기술 이전에 이미 세계를 정보의 흐름, 관측의 상호작용, 확률적 비결정성으로 읽는 완전히 새로운 인식론 위에 서 있었다.

구글의 딥마인드는 양자물리학의 확률론을 인공지능의 학습 구조로 옮겨 왔다. 오픈 AI의 언어모델은 인간 사고를 규칙이 아닌 확률적 패턴의 진화 과정으로 재해석했다. 실리콘밸리를 지탱하는 DARPA식 미래 기획[8]은 "세계는 예측 가능한 기계가 아니다"라는 전제를 공유한다. 바로 이것이 미국이 원천기술을 독점하는 이유다. 기술이 뛰어나서가 아니라, 세계가 보이는 방식 자체를 다르게

  퀀텀정치혁명: 양자역학 시대의 새로운 정치

보기 때문이다.

반면 한국은 닫힌 인식의 순환 속에 갇혀 있다. 한국의 사상·문화·제도는 새로운 가능성을 흡수하지 못하는 닫힌 순환계에 갇혀 있다. 이 구조에서는 아무리 자원을 투입해도 혁신은 업그레이드에 그칠 뿐, 패러다임 전환으로 연결되지 않는다. 기술혁신의 본질은 관료적 설계가 아니라 인식의 전환이다. 원천기술은 도구가 아니라, 세계에 대한 해석 방식에서 발생한다. "정보는 물질이다", "관측이 현실을 만든다"는 이 양자적 인식에 서지 못한다면 인공지능 시대의 주권은 결코 우리 손에 돌아오지 않는다. 한국은 영원히 '미국의 내일을 복제하는 국가'에 머물 수밖에 없다. 이런 사고로는 초지능 산업, 더 나아가 초지성 산업[9]의 문턱조차 넘을 수 없다. 우리가 확보해야 할 것은 기술의 매뉴얼이 아니라 세계가 보이는 방식, 즉 '제3의 눈'이다.

인식론적 전환은 단순한 '생각의 변화'가 아니다. 칸트는 인간이 사물 그 자체를 보는 것이 아니라 인식틀을 통해 세계를 구성한다

---

8 DARPA식 미래 기획이란 미국 국방고등연구계획국(DARPA, Defense Advanced Research Projects Agency)이 발전시켜 온 연구·혁신 방식으로, 미래를 단일한 예측 모델로 관리하기보다 불확실성과 실패 가능성을 전제로 다수의 고위험·고성과 프로젝트를 병렬적으로 추진하는 전략을 말한다. 이 방식은 단기 성과보다 장기적 파급력과 기술적 도약 가능성에 초점을 맞추며, 인터넷, GPS, 스텔스 기술 등 예측 불가능한 경로로 사회 전반에 확산된 혁신을 다수 배출해 왔다. -필자 주

9 초지성 산업이란 초지능 산업에 인간의 지혜를 결합하여 불확실성을 극복하고 기술을 유토피아로 이끌려는 개념이다. -필자 주

고 말했다. 기술혁명은 물리적 변화가 아니라 지식의 형식, 즉 세계가 자신을 드러내는 방식의 혁명이다. 하이데거는 기술을 도구가 아니라 '존재가 자신을 드러내는 방식'으로 보았다. 오늘의 인공지능과 양자기술은 바로 그 새로운 드러남이다. 퀀텀정치가 제시하는 인식론은 단 하나의 문장으로 요약된다. "현실은 관계 속에서 생성된다."

이 관점에서 보면 국민의 의견은 더 이상 고정된 진영이나 불변의 정체성이 아니다. 그것은 관찰과 해석, 그리고 상호작용에 따라 끊임없이 변주되는 살아 있는 확률 분포다. 문제는 인식론이 바뀌기 전까지는 정치의 존재론 역시 바뀌지 않는다는 점이다.

기존 정치의 존재론은 지나치게 단순했다. "누가 이기는가?" 정치는 득표와 동원, 그리고 대결의 기술로 축소되었고, 그 안에서 권력은 현실을 '관찰'하기 전에 이미 '해석된 사실'로 만들어 버렸다. 따라서 새로운 인식론이 자리 잡기 위해서는, 한국 정치의 무의식 속에 깊이 박혀 있는 관료주의적 자동화 인식, 다시 말해 10·26의 총성과 함께 얼어붙은 "모난 돌은 정 맞는다"식의 집단 규범을 먼저 해방시켜야 한다.

1부에서 다뤘듯, 이 인식틀은 개인의 관찰을 억제하고, 자율적 판단을 금지하며 구조적 순응만을 반복하게 만든다. 그 결과 정치는 현실을 창조하는 행위가 아니라, 이미 정해져 있다고 믿는 틀을 유지하는 반복 작업으로 전락했다. 퀀텀정치가 제기하는 것은 단순한 정치 개혁이 아니다. 정치의 인식론 자체를 얼어붙게 만든 역사적 트라우마를 벗겨 내는, 일종의 해방 의식이다. 의식의 해방을 위한 제단에는 4개의 기둥이 필요하다.

첫째, 관찰의 복원이다.

기존 정치는 현실을 보기 전에 이미 해석을 끝내 버렸다. 상황은 언제나 진영 논리와 과거의 도식 속에서 선별되었고, 관찰은 판단이 아니라 확인 절차로 전락했다. 퀀텀정치는 이 순서를 뒤집는다. 판단 이전에 관찰이 있고, 해석 이전에 상황이 존재한다는 사실을 정치의 출발점으로 되돌려 놓는다. 관찰은 중립이 아니라 용기다. 무엇이 보일지 모른다는 불확실성을 감수하는 행위이기 때문이다.

둘째, 판단의 책임화다.

관료적 자동화 체제에서 판단은 언제나 위로 이월되거나 절차 뒤에 숨거나, 구조 탓으로 미뤄졌다. 그 결과 정치는 결정하지 않는 기술이 되었다. 퀀텀정치가 말하는 판단은 옳고 그름의 문제가 아니라 책임의 문제다. 불확실성 속에서도 결정을 내리고 그 결과를 떠안는 능력이 정치의 본령임을 다시 회복하는 것이다.

셋째, 비결정성의 승인이다.

기존 정치 인식은 세계를 예측 가능한 기계로 가정했다. 그래서 계획이 어긋나면 실패로 간주했고, 통제되지 않는 변수는 배제해야 할 위험으로 취급했다. 그러나 오늘의 세계는 본질적으로 비결정적이다. 퀀텀정치는 이 불확실성을 제거하려 하지 않는다. 오히려 그것을 전제로 삼고, 가능성을 탐색하는 정치로 전환할 것을 요구한다. 이는 무책임이 아니라 현실에 대한 성숙한 태도다.

넷째, 행위자의 복권이다.

한국 정치의 가장 깊은 상처는 개인이 사라졌다는 점이다. 판단하는 개인은 위험 요소로 취급되었고, 조직과 구조에 순응하는 존재만이 안전하다고 여겨졌다. 퀀텀정치는 국가·제도·담론보다 먼저 관찰하고 판단하며 선택하는 행위자를 정치의 중심에 다시 세운다. 정치는 구조가 아니라, 구조 속에서 결단하는 인간의 행위에서 시작된다는 인식의 복원이다.

이 네 개의 기둥이 현재의 좌파나 우파 모두에게 불편한 이유는 간단하다. 그것들이 기존 정치의 실패를 비난하지 않으면서 동시에 누구도 면책하지 않기 때문이다. 보수와 진보는 서로를 비판해 왔지만, 그 비판은 대개 상대의 '잘못된 선택'을 지적하는 수준에 머물렀다. 퀀텀정치가 요구하는 것은 선택 이전의 인식 능력이며, 바로 그 지점에서 양 진영은 동시에 불편해진다.

보수에게 이 네 기둥은 특히 위협적이다. 보수는 오랫동안 질서·안정·책임을 말해 왔지만, 실제로는 관료적 자동화 속에서 판단을 유예하는 데 익숙해져 있었다. 관찰은 이미 내려진 결론을 정당화하는 수단으로 축소되었고, 책임은 절차와 조직 뒤로 숨었다. 비결정성을 인정하는 순간, 보수가 의존해 온 '관리의 정치'는 더 이상 안전한 은신처가 되지 않는다. 행위자의 복권은 곧, 누군가가 다시

퀀텀정치 인식론의 4대 기둥

판단하고 책임져야 함을 의미하기 때문이다.

진보에게도 이 네 기둥은 결코 편하지 않다. 진보 정치가 구축해 온 도덕적 언어는 판단의 부담을 줄여 주는 강력한 보호막이었다. 관찰은 피해 서사의 프레임 안에서만 허용되었고, 판단은 구조 비판으로 대체되었다. 비결정성을 승인하는 순간, '의도는 옳았다'는 면책 논리는 힘을 잃는다. 행위자의 복권은 구조의 피해자가 아니라 결단의 주체로서의 책임을 요구하기 때문이다.

결국 이 네 기둥이 불편한 이유는 분명하다. 그것들은 정치에서 가장 피하고 싶었던 질문을 다시 불러오기 때문이다. "지금 이 상황에서, 당신은 무엇을 보고 있으며, 어떤 판단을 내릴 것인가?" 이 질문에 기존 알고리즘에서 해방된 답을 하는 정치인은 매우 드물다.

이 차이는 추상적이지 않다. 실제 정책과 리더십, 위기 상황에서 분명한 행동의 차이를 만들어 낸다. 정책의 영역에서 기존 정치는 해법을 먼저 정하고 데이터를 끼워 맞췄다. 관찰은 정책을 설계하기 위한 도구가 아니라, 정당성을 확보하기 위한 절차였다. 퀀텀정치는 반대로 시작한다. 현장이 무엇을 말하고 있는지, 데이터가 어떤 새로운 상호작용을 드러내는지부터 관찰한다. 정책은 설계물이 아니라 관찰의 결과로 등장한다.

리더십의 영역에서 기존 정치인은 '틀리지 않는 말'을 선택해 왔다. 판단은 모호하게 흐려지고, 책임은 집단으로 분산된다. 퀀텀정치의 리더십은 다르다. 불확실성을 숨기지 않고, 가능한 선택지와 그 위험을 함께 드러낸다. 리더십의 정당성은 결과의 완벽함이 아니라, 판단의 투명성과 책임의 감수에서 나온다.

위기 상황에서 차이는 더욱 선명해진다. 기존 정치는 위기를 객관적으로 주어진 사건으로 가정한 채, 그것이 절차적으로 규정되기를 기다리며 시간을 흘러보낸다. 판단은 위기가 공식화된 이후로 미뤄지고, 그 사이 상황은 스스로 변화한다. 12·3 비상계엄은 돌발적 사건이 아니라, 판단이 반복적으로 유예된 상태가 누적되며 터져 나온 결과였다.

퀀텀정치는 위기를 하나의 고정된 사건이 아니라, 관찰과 판단에 따라 끊임없이 변형되는 상황으로 인식한다. 따라서 판단은 완결된 정보 이후에 내려지는 결론이 아니라, 불완전한 정보 속에서 현실을 정치적 상황으로 성립시키는 행위다. 중요한 것은 하나의 정답을 확정하는 것이 아니라, 사회가 스스로를 재조정할 수 있는 가능성을 열어 두는 결정이다.

이처럼 네 개의 기둥은 새로운 이념을 요구하지 않는다. 대신 정치가 다시 살아 움직이기 위한 최소한의 조건을 제시한다. 그것은 보수와 진보 모두에게 불편하지만, 바로 그 불편함이 정치가 다시 사유를 시작하고 있다는 신호다.

퀀텀정치혁명은 제도를 바꾸는 작업이 아니라, 정치가 세계를 인식하는 방식을 다시 살아 움직이게 하는 일이다. 정치는 더 이상 '문제 해결'의 기술이 아니라 '창조 행위'다. 즉, 정치는 어떤 세계를 선택해 존재하게 만들 것인가를 결정하는, 고유한 창조 행위다. 그런데 한국의 정치는 지난 40년 동안 단 하나의 기술만 반복해 왔다. 자동화된 관찰, 자동화된 판단, 자동화된 충성이다. 이러한 체제 안에서 정치가 다시 탄생할 가능성은 거의 없다. 지금의 한국 정치의 참담함은 정치가 스스로를 자동화 장치로 축소시킨 결과다. 지금은 누가 집권하느냐의 문제가 아니다. 정치가 세계를 인식하는 방식 자체가 고장 났다. 인간이 스스로 판단하는 존재라는 사실을 잊어버렸기 때문이다.

5. 시대를 보는 새로운 렌즈, 퀀텀정치혁명

대한민국은 과거의 모방에서 벗어나, 불확실성을 기반으로 세계를 새롭게 인식하고 창조하는 정치 체제를 선도할 수 있는 유리한 조건을 갖추고 있다. 퀀텀정치혁명은 더 이상 선택의 문제가 아니라, 존재론적 문제이자 실존적 과제다.

퀀텀정치는 흑백 TV로 세상을 보던 시대를 끝내고, 색과 움직임이 살아 있는 고해상도 화면으로 전환하자는 주장에 그치지 않는다.

이제 정치는 한 방향으로 정보를 보고 판단한 뒤 결정하는 과정이 아니다. 우리가 무엇을 보고, 어떻게 판단하며, 어떤 행동을 하느냐에 따라 사회는 즉각 반응하고, 그 반응은 다시 우리의 선택에 영향을 준다. 관찰·판단·행위·반응이 끊임없이 맞물리며 현실을 만들어 간다.

이러한 환경에서 정치란 화면 속 장면을 일방적으로 조작하는 일이 아니다. 자신의 선택이 어떤 반응을 낳는지 읽어 내고, 그 흐름 속에서 다음 단계를 설계하는 일이다. 우리가 마주하는 것은 정지된 장면이 아니라, 우리의 행동에 따라 계속 달라지는 살아 있는 현실이다.

그래서 퀀텀정치는 권력을 움켜쥐는 기술이 아니라 변화하는 순환 속에서 미래를 만들어 가는 능력에 관한 정치다.

한국에서 퀀텀정치혁명이 필요한 이유는 명확하다.

첫째, 한국 정치 자체가 더 이상 고전적 방식으로 작동하지 않는다. 권력 분립은 형식일 뿐이다. 여론, 언론, 수사, 감사는 진실을 드러내는 기제가 아니라 현실을 만들어 내는 장치가 되었다. 한국 정치의 불안정은 좌파와 우파의 분열만으로 설명되지 않는다. 보수와 진보의 전선이 아니라, 과거와 미래, 기득권과 비기득권, 대한민국과 외부 세계가 중첩된 다층적 전선이 형성되어 있다. 이제 뉴턴식 정치 패러다임으로는 정세 분석이 불가능하다.

둘째, 중국의 초한전(超限戰)은 한국의 정치환경을 이미 양자적 공간으로 변화시키고 있다. 초한전은 군사적 충돌이 아니라 관측 구조를 장악하는 전략이다. 전쟁은 총성과 미사일로 시작되지 않는다. 여론, 법, 경제, 플랫폼, 네트워크가 하나의 작전 공간으로 통합되어, '무엇이 보이고 무엇이 판단되는가'를 통제한다. 중국은 이를 상시 운용 단계로 올렸고, 대한민국은 그 영향권의 중심에 서 있다. 이 문제를 단순히 반중 구호로 이해해서는 안 된다. 핵심은 중국이 아니라, 20세기 정치 언어로 21세기 전략을 상대하려는 우리의 인식 지체다. 초한전은 국가 전략이며, 대응은 감정이나 이념이 아니라 국가 이성의 문제다. 대한민국은 성년 국가다. 보호받는 응석받이가 아니라, 필요하면 질서를 보완하고 책임을 분담하며 타국을 돕는 위치에 서야 한다. 동맹은 보호소가 아니라, 상호 작동하는 전략 공간이다.

셋째, 미국 모델을 그대로 따라 할 수는 없다. 트럼프주의를 넘어서는 비전을 확립하는 것은 대한민국의 생존적 과제다. 미국과의 관계는 중요하지만, 국익을 희생하는 일방적 굴종은 불가능하다. 피터 틸과 팔란티어로 대표되는 '데이터 주권 모델'을 넘어서는 비전을 구축하는 것은 지구적 과제이기도 하다. 그 이유는 그의 모델이 일정한 위험을 내포하고 있기 때문이다. 먼저, 국가-기업 결합으로 민주적 통제 장치가 무력화될 수 있고, 시민 접근이 제한된 폐쇄적 알고리즘 권력이 형성될 수 있다. 그 다음으로 안보 중심 설계는 사회를 위험 관리 프레임에 가두고 시민 자율성을 축소할 수 있다. 퀀텀정치혁명은 피터 틸의 비전을 배제하지 않으면서도 권력 집중과 폐쇄적 통치, 평등주의적 함정을 동시에 피하는 제3의 경로를 추구한다. 정치 체계의 작동 원리를 근본적으로 재설계하는 것이다.

넷째, 대한민국은 세계에서 가장 빠른 퀀텀적 리부팅이 가능한 국가다. 초연결 인프라, 제도적 민첩성, 위기 상황의 집단적 결집력, 상대적 유연성을 동시에 갖춘 국가는 드물다. 한국 사회는 정치·경제·여론이 분리된 영역이 아니라, 실시간으로 상호작용하며 증폭되는 초고밀도 네트워크 사회다. 이러한 양자적 사회를 뉴턴식 정치로 운영하는 것은 애초에 불가능하다. 정치가 불안정한 이유는 정치인의 무능이나 이념 대립이 아니라 사회는 이미 양자적으로 움직이는데 정치만 고전 물리학에 머물러 있기 때문이다.

퀀텀정치혁명은 단순한 실험이 아니라, 이미 변화한 현실에 정치가 적응하는 과정이다. 대한민국은 붕괴의 최전선이 아니라, 정치 진화의 선도 실험실이 될 조건을 갖추고 있다.

다섯째, 청년 세대는 이미 양자적 인식 구조로 움직이며, 혁명의 자연스러운 주체다. 그들은 이념보다 선택, 집단보다 개인, 서사보다 피드백을 중시한다. 문제는 청년이 정치 자체를 싫어한다는 것이 아니라, 정치가 이미 그들의 시간대에서 이탈했다는 점이다. 구조 변화는 기득권에서 자발적으로 일어나지 않는다. 모든 정치 혁명은 체제 외부 또는 하부에서 시작되었다. 청년 세대는 낡은 사회가 초래하는 구조적 비용을 가장 크게 부담하며, 따라서 가장 절실한 혁신의 이해 당사자다.

초연결 사회에서 완전한 체제 이탈은 불가능하다. 남은 길은 하나다. 살기 위해 구조를 바꾸는 것, 즉 정치의 작동 원리를 리셋하는 것이다. 퀀텀정치는 청년에게 희생을 요구하지 않는다. 오히려 그들의 실시간 판단, 네트워크 협력, 비선형적 선택을 정치로 확장하도록 안내하며, 주도권을 발휘할 수 있는 인식론적 무기를 제공한다.

정치 체계의 핵심 4대 기둥—관찰 복원, 판단 책임화, 비결정성 승인, 행위자 복권—이 이 과정에서 작동한다. 관찰이 복원되면 정책은 살아 움직이며 사회 변화를 반영한다. 판단이 책임화되면 리더십은 불확실성 속에서도 결정을 내리고 결과를 떠안는다. 비결정성이 승인되면 혁신은 실패를 두려워하지 않고 미래를 탐색한다. 행위자가 복권되면 정치 체계는 구조와 규칙을 넘어 실제 판단하는 인간들의 집합으로 기능한다.

결국 대한민국은 과거의 모방에서 벗어나 불확실성을 기반으로 세계를 새롭게 인식하고 창조하는 정치 체제를 선도할 수 있는 유일한 조건을 갖추고 있다. 퀀텀정치혁명은 더 이상 선택의 문제가 아니라, 존재론적 문제이자 실존적 과제다.

6. 기본소득 대신 기본생산접근권을 주어야 한다

이제 조금 더 구체적인 문제를 이야기해 볼 시간이다. 추상적 개념만 있고 손에 잡히는 제도가 없다면, 아무리 그럴듯한 이론이라 해도 공허하게 느껴질 수밖에 없다. 우선 가장 난제 중 하나인 청년문제와 노령빈곤문제를 퀀텀정치혁명은 어떻게 풀 수 있을까.

지금 청년세대가 겪는 실업은 흔히 말하는 '기술적 실업'의 범주로 설명하기 어렵다. 과거의 기술혁신은 노동을 일시적으로 대체했지만, 곧 새로운 산업과 직종을 만들어 내며 경제는 다시 균형을 찾아왔다. 그러나 인공지능은 단순한 도구가 아니라 인지능력 자체를 대체하는 기술이며, 노동시장은 이미 질적으로 다른 국면에 진입했다. 이는 모든 노동이 즉시 사라진다는 뜻이 아니다. 다만 중위소득·중간기술 직군이 자동화의 1차 충격을 받는 구조가 상수가 되었고, 회복은 더 이상 시간의 문제가 아니라 제도 설계의 문제가 되었다.

이 변화는 세 가지 형태로 나타난다.

첫째, 인간 노동이 더 이상 직접적으로 상품과 서비스로 전환되지 않는다.

둘째, 노동의 결과물과 그 가치가 개인이 아니라 플랫폼·알고리즘·데이터 소유자에게 귀속된다.

셋째, 개인의 시간과 노력보다 자산·데이터·코드·접근권이 가치 창출의 핵심 요인으로 부상한다.

쉬운 예로, 유튜브 제작자는 영상 제작에 시간을 투입하지만 수익의 상당 부분은 플랫폼이 가져간다. 이는 개인의 노동이 무가치해졌다는 뜻이 아니라, 가치가 생성되고 귀속되는 지점이 노동 바깥으로 이동했음을 의미한다.

전문가들은 여전히 '시간이 지나면 새로운 직업이 생길 것'이라는 과거의 낙관적 설명을 반복한다. 그러나 이는 산업사회적 언어로 초지성 시대를 해석하려는 오류에 가깝다. 인공지능은 보완재이기도 하지만, 동시에 자동화를 가속하는 초선형적 구조를 갖는다. 이 과정에서 중위소득 직군이 가장 먼저 압박을 받는다.

특히 행정·사무·기획·교육 등 중간기술 직종의 비중이 높은 한국 사회에서 그 충격은 더욱 직접적이다. 청년들이 "노력해도 미래가 보이지 않는다"고 말하는 것은 개인의 태도 문제가 아니라, 시스템이 이미 다른 물리법칙으로 작동하기 시작했기 때문이다.

그러나 기성세대의 절망 역시 청년의 절망과 본질적으로 다르지 않다. "평생을 일하며 세금을 냈는데, 이제는 국민연금으로 100만 원도 못 받는다. 자식에게 손 벌리기도 미안하고, 노후가 너무 두렵다." 이 말은 변명이 아니라 통계가 증명하는 현실이다. 한국의 고령빈곤율은 OECD 국가 가운데 압도적 1위이며, 기대수명은 30년 이상 늘어났다. 이는 수입이 없는 상태에서 제2의 인생을 20~30년 더 살아야 하는 구조가 되었음을 뜻한다. 많은 이들에게 늘어난 수명은 축복이 아니라 공포가 되었다.

이런 환경에서 기성세대가 재산을 지키고 늘리려는 행동은 탐욕이라기보다 생존의 본능에 가깝다. 청년들이 "기성세대가 우리를 착취한다"고 느끼는 것도 절반의 진실일 뿐이다. 왜냐하면 청년 역시 원하든 원하지 않든 부모세대의 자산과 부양에 구조적으로 의존하도록 강제된 체제 속에 놓여 있기 때문이다. 문제는 세대가 아니라, 자산 없이는 생존이 불가능한 구조 그 자체다. 청년도, 기성세대도 이런 상황을 원하지 않았다. 둘 모두 경쟁자로 내몰렸을 뿐이다. 따라서 세대를 갈라 싸우게 만드는 정치는 문제 해결이 아니라 책임 회피에 가깝다.

좌파 정치권의 현재 대응은 구조적 빈곤을 해결하기에 명백히 역부족이다. 분배 시스템의 근본적 혁신 없이 '민생지원금'이라는 파편적 현금 지급에 머무르고 있기 때문이다. 이는 단기적으로는 위안을 줄 수 있으나, 장기적으로는 재정 부담과 인플레이션을 증폭시켜 결국 서민·청년·노년층 모두의 실질 구매력을 잠식한다. 문제를 해결하는 것이 아니라, 문제를 미래로 이월하는 방식이다.

더 나아가 좌파 정치권은 기본소득을 사회 구조 전환의 도구가 아니라 선거 국면에서 소비되는 언어로 다뤘다. 기본소득이 요구하는 것은 단순한 현금 지급이 아니라, 생산·노동·자산·국가 재정에 대한 인식의 재설계였다. 그러나 이재명 정부에서 기본소득이 '민생지원금'이라는 이름으로 재포장되며 단기 정책 수단으로 축소되었다. 그 결과 기본소득이 던졌던 가치 창출에 대한 질문은 사라지고, 선거용 현금 정책으로 변질되었다.

우파 정치의 실패 역시 무능이나 배신만으로 설명할 수 없다. 더 근본적으로는 우파가 무엇을 보수해야 하는지를 상실했기 때문이다. 보수는 본래 질서를 고정하는 세력이 아니라, 국가의 지속 가능성을 책임지는 세력이다. 그러나 한국 우파는 어느 순간부터 국가가 아니라 이미 굳어진 이해관계를 보수하는 집단으로 전락했다. 이 상실은 곧 우파 정치 전반에 구조적 왜곡을 낳았고, 그 결과는 다음과 같은 방식으로 구체화되었다.

첫째, 우파는 시장을 지켰지만 시장의 전제 조건을 방치했다. 자유시장과 경쟁을 강조했지만, 그 시장이 작동하기 위해 필요한 공정한 출발선과 자산 접근성, 세대 간 순환 구조에는 거의 개입하지 않았다. 그 결과 시장은 역동성을 잃고 자산 보유 여부에 따라 신분이 고착되는 준봉건적 구조로 변질되었다.

둘째, 우파는 국가를 불신한 나머지 전략을 관료에게 위임했다. 자유를 강조했지만, 국가는 사라지지 않았고 대신 판단 없는 관료 시스템과 규제 자동화만 비대해졌다. 정치가 전략을 포기한 공간을 관료가 채우면서 국가는 결정하는 주체가 아니라 관리되는 시스템으로 전락했다.

셋째, 우파는 변화에 대응하지 못한 것이 아니라, 변화를 해석할 언어를 잃었다. AI, 디지털 자산, 플랫폼 경제는 기존 자유시장 이론만으로 설명되지 않는다. 그러나 우파는 이를 새로운 사상으로 재해석하기보다 규제 완화라는 단일 처방으로 환원시켰고, 그 결과 기술은 독점과 불평등을 심화시키는 도구로 작동했다.

넷째, 우파는 미래세대를 현재의 정치 주체로 인정하지 않았다. 청년은 노동력·병역 자원·미래 납세자로만 취급되었고, 주거·자산·노동 구조가 청년을 질식시키는 동안 "시간이 해결해 준다"는 말이 반복되었다. 이는 사실상 미래세대에게 현재 체제의 비용을 전가한 결정이었다.

결국 우파의 실패는 분배의 실패가 아니라, 국가·시장·주권·미래를 통합적으로 사유하지 못한 데서 비롯되었다.

그렇다면 퀀텀정치혁명은 이 구조적 문제에서 발생하는 청년 문제에 어떻게 답하는가. 답은 기본소득이 아니라 기본생산접근권이다.

기본소득은 존재가치론에 기초한 중요한 문제 제기였다. 그러나 현실화 과정에서 분배 정책의 한계에 갇혔다. 이미 만들어진 가치를 어떻게 나눌 것인가에 집중했을 뿐, 가치가 어떻게 생성되는가에 대한 질문은 충분히 다루지 못했다. 결국 가치는 존재와 존재 사이의 관계에서 나온다는 사실을 다시 묻지 않을 수 없었고, 이 지점에서 관계가치론이 등장한다.

샘 올트먼(Sam Altman)식 기본소득 역시 이 점에서는 본질적으로 다르지 않다. AI가 만들어 낸 부를 사회 전체가 공유해야 한다는 문제의식은 타당하지만, 해법은 여전히 사후 분배에 머문다. 기본소득이 국가 재정을 통해 가치를 나누는 방식이라면, 샘 올트먼식 UBI는 AI가 만들어 낸 부를 배당하는 방식이다. 전제는 동일하다. 가치는 다른 곳에서 만들어지고, 인간은 그 결과를 나중에 수령한다.

관계가치론은 여기서 전혀 다른 질문을 던진다. "얼마를 줄 것인가"가 아니라 "누가 가치 생성 과정에 접근할 수 있는가"이다. 오늘날 가치의 대부분은 인공지능, 데이터, 플랫폼, 금융 네트워크라는 고도로 연결된 생산 회로에서 발생한다. 그리고 이 회로에 접근할 수 있는지 여부가 개인과 집단의 운명을 결정한다. 미래의 불평등은 소득 격차가 아니라 접근 격차다.

이 때문에 퀀텀정치혁명론은 기본소득을 넘어 기본생산접근권을 제안한다. 기본생산접근권이란 소득을 보장하는 권리가 아니라, 시민이 가치 생산 회로에 참여할 수 있도록 접속·학습·투자·거래·정산에 대한 최소 접근권을 국가가 보장하는 개념이다. 이는 복지가 아니라 시민권의 재정의이며, 분배 정책이 아니라 성장 인프라에 대한 권리 선언이다.

기본생산접근권의 핵심은 인간의 위치 이동에 있다. 시민을 가치의 수령자에서 가치 생성의 참여자로 이동시키는 것이다. 돈을 나눠 주는 사회는 유지될 수 있을지는 모르지만, 성장하지는 못한다. 더 많은 시민이 생산 회로에 연결되어야 사회 전체의 창발적 생산성이 증가한다. 기본생산접근권은 비용이 아니라 투자이며, 복지가 아니라 미래 성장의 조건이다.

이 권리를 실현하기 위한 전략은 단계적으로 진행될 수밖에 없다. 그 첫 단계가 디지털 자산 접근 전략이다. 청년에게는 디지털 자산 기반의 기초자본을 제공하고, 노년에게는 보장형 디지털 자산 계약을 도입한다. 이 자산은 국가 책임 투자와 연계된 생태계 속에서 관리되며, AI·데이터·초지능 산업의 성장과 연결된다. 이는 단순한 분배가 아니라, 가치 생산 고리에 대한 진입로를 확보하는 과정이다.

결국 퀀텀정치혁명이 만들어 낼 자유시장주의 5.0의 핵심은 분명하다. 국가는 소득을 이전하는 주체가 아니라, 국민이 시장의 외부자가 아니라 공동 참여자가 되도록 구조를 설계하는 주체다. 자유시장주의 4.0이 기회만 열어 두는 체제였다면, 5.0은 시장 성장의 일부가 자동으로 국민 자산으로 환류되도록 설계된 체제다. 기본생산접근권은 분배 정책이 아니라 성장 정책이다. 그것은 성장을 '나중에 나누는 문제'가 아니라, 성장이 발생하는 구조 자체를 재설계하는 문제이기 때문이다. 지금까지의 성장론은 자본과 기술의 축적에 집중했지만, 퀀텀정치혁명이 묻는 질문은 다르다. 얼마나 많

은 국민이 성장의 회로 안으로 들어올 수 있는가. 이제 성장의 문제
는 더 이상 투자 규모의 문제가 아니다. 접근 구조의 문제다.

7. 퀀텀정치의 성장론은 무엇인가?

퀀텀정치 성장론의 핵심은 1) 초지성 산업, 2) 미래세대 성장전략, 3)
성장이 발생할 수밖에 없는 구조를 설계하는 정치로 요약된다.

퀀텀정치혁명론의 성장 이론은 초지성 산업을 핵심 동력으로 삼는
다. 이 성장론은 산업·기술·금융을 각각 분리된 영역으로 취급해
온 기존의 사고방식과는 다르다. 퀀텀정치가 전제하는 양자적 정치
환경에서 경제성장은 생산량의 단순한 누적이 아니다. 그것은 사회
전체를 관통하는 에너지의 흐름이며, 그 흐름의 방향과 밀도는 피
드백의 생성 지점, 네트워크의 연결 방식, 관측 구조의 제도화 수준
에 의해 결정된다.

　이는 신고전파의 균형 이론도, 케인스식 수요 관리도, 슘페터
(Schumpeter)의 혁신 이론도 아니다. 퀀텀정치의 성장론은 행
위자·기술·제도가 동시에 학습하는 비선형 성장 체계를 전제로
한다.

성장은 시장에 '주어지는 결과'가 아니라, 정치가 설계한 인식 구조의 귀결이다. 다시 말해, 무엇을 성장으로 보고 어떤 신호에 반응하도록 제도를 설계하느냐가 성장의 실체를 규정한다. 아마도 이런 콘셉트의 성장론에 대해서 생소할 것이기 때문에 좀 구체적 설명을 해 보자면 첫째, 초지성(超知性) 산업의 구축이다. 20세기의 산업정책은 공장과 물적 자본을 중심으로 작동했다. 그러나 21세기의 성장 엔진은 더 이상 유형 자산에 머물지 않는다. 초지성 산업이란 초지능과 인간의 지혜가 결합된 집단적 문제 해결 구조이며, 이는 특정 산업군이 아니라 하나의 작동 원리다.

통제되지 않은 인공지능과 과학기술의 가속이 어떤 미래를 낳을지는 단정할 수 없다. 그것이 천국이 될지 디스토피아가 될지는 윤리적 선언에 달려 있지 않다. 핵심은 오판 비용이 반복적으로 줄어드는 의사결정 구조를 사회가 갖추고 있는가에 있다. 초지성이란 AI의 성능 지표가 아니라, 국가·기업·시민이 연결된 집단지성이 실제로 작동하는 방식 그 자체다. 기술은 중립적일 수 있지만, 기술을 관측하는 정치의 구조는 결코 중립적이지 않다.

미국의 초지능 산업 모델, 이른바 틸-팔란티어 체제가 보여 준 교훈은 분명하다. 관측-예측-결정의 선순환을 장악하는 주체가 미래 산업의 주도권을 확보한다는 사실이다. 그러나 이 모델은 효율성과 동시에 데이터 권력의 집중이라는 구조적 취약성을 내포한다. 한국의 산업 모델은 여기서 한 단계 더 나아가야 한다.

데이터와 AI, 연결 인프라를 국가가 독점하지도, 시장에 방치하지도 않는 제3의 경로란, 시민·기업·공공이 동일한 데이터 환경에 접근하고 각자의 역할로 의사결정에 참여하는 개방형 초지성 생태계를 의미한다. 미래 산업 경쟁의 본질은 기술의 우열이 아니라, 누가 어떤 데이터를 보고, 그 해석이 정책·투자·제도로 얼마나 빠르게 연결되는가의 문제다.

즉, 더 좋은 망원경을 누가 갖느냐가 아니라, 망원경을 몇 명이 독점하느냐, 아니면 많은 사람이 함께 쓰느냐의 차이이다.

초지성 산업은 AI와 데이터만의 문제가 아니다. 국가의 방향성, 제도 설계, 시민의 역량, 기술 인프라가 동시에 진화해야만 성립한다. 이 복합적 진화를 가능하게 하는 정치적 조건을 설계하는 것이 퀀텀정치혁명론의 첫 번째 성장전략이다.

둘째, 미래세대 중심의 경제 체계를 구축하는 것이다. 이는 단순한 청년 지원 정책이 아니라, 디지털 자산을 기반으로 한 국가 자산 구조의 전환을 의미한다. 한국 경제의 병목은 청년 개인의 능력 부족이 아니라, 생애 최초의 자산 형성이 구조적으로 차단된 체계[10]

---

10 사실 지금의 청년세대의 미래는 벽에 막혀 있다. 첫째, 이들에게 초지성 산업의 진입 경로는 굳게 닫힌 문이다. 데이터, 알고리즘, 핵심 인프라는 국가 관료 조직 또는 대기업 내부에 폐쇄적으로 축적되어 있을 뿐이다. 청년은 소비자와 노동자로만 참여 가능할 뿐 설계자·소유자·실험자로 진입할 통로가 거의 없다. 말하자면 "참여는 가능하지만, 결정에는 접근할 수 없다." 둘째, 더 문제가 되는 것은 실패가 허용되지 않는 사회 구조다. 초지성 산업은 본질적으로 실험·실패 산업이다. 그러나 한국 사회

     퀀텀정치혁명: 양자역학 시대의 새로운 정치

에서 발생한다. 기성세대는 부동산 가격 상승을 통해 자산을 축적해 왔지만, 청년세대는 그 경로에 진입할 기회 자체가 사라졌다. 부동산 중심의 자산 증대 모델은 가격 상승이 지속되어야만 유지되는 구조이며, 장기적으로는 피라미드식 성장과 다르지 않다. 초인플레이션과 구조적 저성장이 병존하는 시대에 청년을 다시 부동산으로 밀어 넣는 것은 정책이 아니라 정치적 방치에 가깝다.

문제의 핵심은 불평등 그 자체가 아니다. 자산 형성의 시간 구조가 단절되었다는 데 있다. 청년들은 삶을 시작하기도 전에 과도한 부채와 높은 진입 비용 앞에서 서로를 경쟁자로 인식하게 되고, 사회적 신뢰는 빠르게 소진된다. 성장이 특정 세대의 과거 선택에 종속되는 순간, 그 사회의 미래는 이미 고갈된다. 그러나 자산 형성 기회만으로 초지성 산업의 주체가 탄생하지는 않는다. 문제는 청년의 의지나 능력이 아니라, 이들이 초지성 산업을 실험하고 실패할 수 있는 사회적 무기를 제공받았는가에 있다.

따라서 디지털자산제는 소득 이전 정책이 아니라, 초지성 산업에 대한 '진입권 패키지'로 설계되어야 한다. 자산과 함께 공공 데이

에서 실패는 신용도 추락, 재도전 차단, 생계 붕괴로 직결된다. 청년에게 혁신을 요구하면서, 실패 비용은 개인에게 전가하는 사회구조다. 셋째, 설상가상으로 교육·노동·산업 정책이 분절되어 있다. 교육은 여전히 시험과 자격증 중심이고 노동은 정규직/비정규직의 이중시장 구조이며 산업정책은 대기업과 기존 산업 중심이다. 초지성 산업에 필요한 문제 정의 능력·협업·데이터 활용·시스템 사고가 체계적으로 길러질 교육의 기회도 주어지지 않은 채 이 사회에 던져진 셈이다. ─필자 주

터 접근, 실험 공간, 실패를 사회가 흡수하는 안전장치가 동시에 제공될 때, 청년은 보호 대상이 아니라 국가적 학습과 혁신의 주체로 전환된다. 말하자면 디지털자산제는 '소득 이전'이 아니라 '초지성 산업 진입권'을 함께 설계해야 한다. 그것을 전장에서는 기본생산 접근권으로 개념화했다.

제도적으로 준비되어야 할 3가지 장치를 먼저 제시하면 1) 초지성 산업 '공공 실험장' 제도를 만들어야 한다. 국가·지자체·공기업의 데이터 부분을 개방하고 청년이 실제 문제를 가지고 AI 모델정책 시뮬레이션, 산업 프로토타입 제작을 통해 자산+실험 기회 동시 제공할 수 있어야 한다.

2) 실패를 사회가 흡수하는 안전장치를 만들어야 한다. 디지털자산은 생계 보조라기보다는 실험 실패 보험에 가깝다. 일정 기간은 신용 보호, 재도전 보장 파산 낙인 제거를 통해 실패가 개인 비극이 아니라 사회적 학습 비용이 되도록 전환해야 한다.

3) 청년을 '정책 사용자'가 아니라 '설계자'로 편입해야 한다. 디지털자산 수혜자는 자동 지급 대상이 아니라 초지성 프로젝트 참여 조건부 지급이 되어야 한다. 프로젝트는 산업, 지역, 공공 문제와 직접 연결된다. 즉 청년은 지원 대상이 아니라 국가적 R&D의 분산된 연구자 집단으로 만들어야 한다. 이것이 퀀텀성장론이 말하는 미래세대 중심 성장의 실질적 의미다.

이런 개념에 따른 청년 디지털 자산지원은 복지라기보다 생산수단의 재배치다. 농지개혁이 토지 소유 구조를 재편했다면, 현재의 개혁은 미래 가치의 소유권을 사회 전체로 분산시키는 작업이다. 청년·노령 통합형 디지털자산 제도는 단순한 이전 정책이 아니라, 초지성 산업으로 연결되는 국가적 투자전략이며 미래 수익을 사회 전반으로 확산시키는 성장 모델이다. 이 과정에서 청년들은 국가정책의 대상이 아니라 직접 자신의 미래를 위해 국가정책을 설계하는 이해 당사자이자 주체로서 기능한다. 이것이 가능한 이유는 퀀텀정치혁명론은 관계가치론에 기반하고 있기 때문이다.

관계가치론에서 가치는 사후적으로 분배되는 결과가 아니라, 정책이 설계되는 과정에 누가 어떤 방식으로 참여하느냐에 따라 생성된다. 청년들은 보호의 객체가 아니라, 데이터·선호·선택을 통해 정책의 방향을 형성하는 행위자로 편입된다. 예컨대 디지털자산 설계, 산업 데이터 개방, 교육·노동 플랫폼의 규칙 설정 과정에 청년의 참여가 제도화될 때, 정책은 지원책이 아니라 공동 투자로 전환된다. 이는 청년을 보호 대상이 아니라, 미래 가치 창출의 공동 설계자로 위치시키는 존재론적 전환이다.

관계가치론에서 청년의 참여는 상징적 의견 수렴이 아니다. 퀀텀정치혁명론은 청년을 정책 설계·데이터 운영·국가 프로젝트에 유급으로 참여하는 행위자로 위치시킨다. 이는 정규 공무원 채용이 아니라, 정책과 산업 프로젝트 단위로 계약된 참여 구조다. 청년들은 정책 설계 과정에서 데이터 분석, 사용자 검증, 시뮬레이션에 참

여하고 그 기여에 따라 보상을 받는다. 더 나아가 일부 프로젝트에
서는 참여권이나 디지털 지분을 통해 미래 수익에 대한 권리도 함
께 부여된다. 이때 정책은 지원이 아니라, 국가와 청년이 공동으로
위험을 감수하고 성과를 나누는 투자로 전환된다. 청년은 더 이상
'혜택을 받는 대상'이 아니라, 국가 성장 구조 안에서 월급과 자산을
동시에 만들어 내는 참여자가 된다.

셋째, '성장을 요구하는 정치'를 끝내고, '성장이 발생할 수밖에
없는 구조를 설계하는 정치'로의 전환이다. 신자유주의 5.0 경제 체
계는 경제·기술·정치가 동시에 진화하는 구조를 지향한다. 퀀텀정
치혁명의 성장론은 개별 성장 정책의 나열이 아니라 체제 설계 그
자체다. 이 체계에서 정치는 경제를 사후적으로 규제하는 기관이
아니라, 성장 구조를 사전에 설계하는 인프라로 전환된다.

자유시장주의 5.0은 시장의 자율성에 학습 능력과 관측 능력을
결합한 단계다. 이 체계는 세 가지 원리를 따른다. 1) 관측 기반 경
제로서 여론·시장·정책 데이터를 통합하고 그 결과를 실시간으로
정책에 반영하는 구조, 2) 중첩 성장 구조로서 전통산업·신산업·
공공 부문이 분리되지 않고 상호 침투하며 작동하는 질서, 3) 개방
형 초지성 시장으로서 데이터를 독점하지 않고 네트워크를 개방해
시민·기업·국가가 함께 참여하는 체계를 구축하는 것이다.

이 세 가지 원리 위에서 형성되는 질서는 자유시장주의 4.0이 낳
은 혼란을 넘어서는 5.0 체제의 기본 밑그림이 된다. 한국은 제도적

유연성과 기술 밀도를 동시에 갖춘 국가로서, 이 구조를 세계에서 가장 빠르게 실험할 수 있는 위치에 있다. 퀀텀정치의 성장론이 겨냥하는 것은 성장률의 숫자가 아니라, 성장이 발생하는 방식 그 자체다. 구조가 바뀌면 성장은 선택이 아니라 결과가 된다.

이 같은 모델이 과연 가능하냐는 질문이 제기될 수 있다. 그러나 이는 추상적 구상이 아니라, 한국 사회가 이미 한 차례 실험했던 방식이다. IMF 외환위기 당시 필자는 김수환 추기경, 강원룡 목사, 송월주 스님이 공동대표로 있던 실업극복국민운동본부에서 국민기금을 기반으로 월 100억 원 규모의 재원을 실업자들에게 전달하는 체계를 설계·운영해 본 적이 있다. 단순한 현금 지원이 아니라, 전달 구조를 구축하는 과정에서 임시적 조직과 네트워크가 형성되었고, 이 중 상당수는 이후 지역 사회복지 인프라로 발전했다. 물론 이 경험에 대한 평가는 다양할 수 있다. 필자는 직접 전국실업극복단체연대회의 집행위원장을 맡아 하면서 여러 가지 힘든 일들을 많이 겪었다. 산하 단체에서 운용자금이 목적 외 사업으로 전용되기도 하고 국가복지체제의 하위 부속품화되어 갈등을 일으키기도 했으며 활동가들의 삶을 소모시키기도 했다.

그러나 위기 국면에서 중요한 것은 완벽한 제도가 아니라, 작동하는 구조를 먼저 만들어 내는 능력이다. 비상 상황에서는 기존 제도의 미세 조정보다 창조적 실험이 요구된다. 현재의 경제 환경은 외환위기와 형태는 다르지만, 구조적 측면에서는 준(準) IMF 상

황으로 보아야 한다. 문제는 외부의 강제적 힘에 의해 또 국민들이
IMF 구제금융 시기 고통을 겪게 할 것인가? 아니면 우리가 먼저 선
제적으로 개혁할 것인가?이다. 솔직히 시간이 얼마 없다. 아니 이미
많이 늦었다. 1997년 IMF 사태 때는 무너지는 경제를 막아 내느라
고 정신이 없었다. 모든 게 미봉책이었고 임시방편이었다. 그때는
죽어 가거나 자살을 시도하는 사람들에게 긴급 구명튜브를 던져 주
는 일이 전부였다. 나는 똑같은 상황이 되풀이될 것 같은 느낌이다.
이번에는 좀 더 악화되고 심화된 형태로 올 것이다. 사실 이 책은,
그런 일이 다시는 되풀이되지 않도록 지금부터 대비하자는 문제의
식에서 출발한 책이다. 이게 나의 노파심이라면 좋겠다.

퀀 텀 정 치 혁 명 론

퀀텀정치의 작동 원리:
실시간 민주주의 · 정당 · 국가의 재설계

Toward a New Political Paradigm
in the Quantum Age

1. 실시간 민주주의와 퀀텀정치:
참여를 지성으로 전환하는 작동 원리

> 민주주의는 자기 통제력을 상실한 괴물이 되어 가고 내부에 있는 우리는 그 기형성을 인식하지 못한다.

사실 이제 민주주의는 단순히 투표함에 표를 넣고 몇 년 뒤 결과를 기다리는 체제를 유지해야 할 이유가 없어졌다. 문제는 참여의 부족이 아니라, 참여를 처리하는 정치 구조의 붕괴다. 현대 민주주의의 위기는 특정 국가나 정권의 실패가 아니다. 그것은 시대 전환에 적응하지 못한 정치 형식 자체의 위기다.

오늘날 사회는 초연결·초지능·초속도의 현실로 이동했다. 수천만 명이 실시간으로 소통하고, 데이터와 알고리즘이 사회 전반의 판단을 보조한다. 그러나 민주주의만은 여전히 아날로그적 시간에 묶여 있다. 몇 년에 한 번 치러지는 선거와 그 사이의 정치적 공백은 현실이 요구하는 속도와 밀도를 더 이상 감당하지 못한다. 민주주의는 존속하고 있지만, 작동하지 않는 상태에 들어섰다.

이 괴리는 단순히 제도가 낡았다는 문제가 아니다. 더 근본적인 원인은 정치의 인식론, 즉 세상을 이해하고 판단하는 방식이 이미 변화한 사회의 인식 구조를 따라가지 못하는 데 있다. 사회는 실시간으로 반응하고 학습하는데, 정치는 사건이 끝난 뒤에야 움직인다. 민주주의의 위기는 여기서 시작된다. 그것은 민주주의가 사라지고 있어서가 아니라, 민주주의가 사회의 속도와 연결 구조를 상실했기 때문에 발생한다.

이 지점에서 민주주의는 역설적인 기능을 수행하기 시작한다. 다수결은 더 이상 숙의의 결과가 아니라, 권력 집중의 알리바이가 된다. 의회 폭주와 행정 독주는 '민주적 정당성'이라는 이름으로 포장되고, 민주주의는 독재를 정당화하는 장치로 전도된다. 민주주의가 형해화된다는 말은, 민주주의의 언어가 오히려 반민주적 결과를 합리화하는 도구로 사용된다는 뜻이다.

이 위기의 원인을 좌파의 선동이나 외부 세력의 개입으로만 설명하는 것은 문제의 절반만 보는 것이다. 물론 그런 요소들이 존재하지 않는 것은 아니다. 그러나 그것이 민주주의 와해의 근본 원인이라면, 왜 전 세계적으로 유사한 현상이 동시다발적으로 나타나는지를 설명할 수 없다. 문제의 핵심은 사회 구조의 질적 변화가 기존 민주주의의 작동 조건을 붕괴시키고 있다는 점이다.

실시간 민주주의에 대한 가장 흔한 오해는 그것이 곧 중우정치, 즉 감정적 군중 지배로 이어진다는 주장이다. 그러나 위험의 본질은 실시간성 그 자체가 아니다. 위험은 실시간 반응이 아무런 필터·숙의·책임 구조 없이 곧바로 결정권으로 전환될 때 발생한다. 속도가 민주주의를 파괴하는 것이 아니라, 속도를 해석하고 조절할 인식과 제도의 부재가 민주주의를 위태롭게 만든다.

실제로 네트워크 환경에서는 정보의 오염과 증폭, 에코 체임버, 알고리즘 권력화, 감시사회화의 위험이 반복적으로 나타났다. 소셜 미디어를 통해 가짜 뉴스와 편향된 정보가 급속히 확산되며 집단적 오류를 낳고, 다수의 의견이 형성되기보다 소수의 감정적 신호가 증폭되는 현상이 발생한다. 이러한 현상은 집단지성의 실패라기보다, 집단지성이 소비되고 왜곡되는 구조의 실패다.

오늘날 민주주의가 작동하지 않는 이유는 시민이 너무 많이 참여해서가 아니다. 오히려 그 반대다. 첫째, 시민은 참여자가 아니라 관객으로 전락했다. 여론은 수집되지만 판단 과정에는 반영되지 않는다. 둘째, 전문성과 창의성은 정파적 이해관계에 의해 차단된다. 정당은 집단지성을 조직하는 플랫폼이 아니라, 동원과 배제의 기계로 기능한다. 셋째, 참여 제도는 존재하지만 책임 구조는 사라졌다.

　　퀀텀정치의 작동 원리: 실시간 민주주의 · 정당 · 국가의 재설계

의견은 모이지만, 그 의견이 어떤 판단으로 연결되는지는 불투명하다. 결과적으로 현재의 민주주의는 집단지성을 활용하지 못하는 수준을 넘어, 집단지성을 소모시키는 체계로 작동한다.

퀀텀정치혁명에서 민주주의란 '누가 이기는가'를 결정하는 절차가 아니다. 그것은 사회 전체가 스스로를 관찰하고 학습하며, 조정하는 집단적 인식 시스템이다. 이 민주주의에서 중요한 것은 다수결의 순간이 아니라 피드백의 흐름이다. 정치적 판단은 고정된 선택지가 아니라 상호작용 속에서 지속적으로 업데이트된다. 민주주의는 사건이 아니라 과정이며, 결과가 아니라 구조다.

이 관점에서 퀀텀정치가 제안하는 민주주의는 다음 여섯 가지 작동 원리 위에서 재설계된다.

첫째, 실시간 피드백의 비결정화. 실시간 데이터와 여론은 결정권이 아니라 학습권으로 사용된다. 정책은 여론에 즉각 복종하지 않고, 여론을 통해 진화한다.

둘째, 디지털 인프라의 공공화. 참여 플랫폼은 사적 권력이나 기술 엘리트의 소유물이 아니라 공공재가 되어야 한다. 접근권의 평등이 민주주의의 전제가 된다.

셋째, 알고리즘의 민주화. 알고리즘은 숨겨진 권력이 아니라 공개된 제도다. 설계 원칙과 작동 방식은 시민의 감시와 토론의 대상이 된다.

넷째, 집단지성의 다양성 보장. 무작위 시민 참여, 교차 토론, 숙의 알고리즘을 통해 에코 체임버와 편향 증폭을 구조적으로 차단한다.

다섯째, 속도와 숙의의 결합. 빠른 피드백 위에 느린 판단을 결합한다. 실시간 반응과 숙의 민주주의는 대립 관계가 아니라 보완 관계다.

여섯째, 데이터 주권의 확립. 시민은 데이터의 객체가 아니라 주체다. 개인정보와 집단 데이터에 대한 통제권은 민주주의의 핵심 인권으로 재정의된다.

마지막으로 우리는 역사적 맥락을 직시해야 한다. 1987년 체제의 민주주의는 분명 위대한 성취였다. 그러나 그것은 저속·저밀도의 사회를 전제로 설계된 체제였다. 오늘날 대한민국은 초고밀도 네트워크 사회다. 여론, 경제, 기술, 감정이 실시간으로 상호작용하며 증폭된다. 그럼에도 우리는 여전히 관료적 자동화 인식론, 정치적 인식 동결점, 규범 과잉 인식론이라는 세 개의 쇠말뚝을 제거하지 못한 채 체제를 운용하고 있다.

이 쇠말뚝들은 시간이 흐르며 약화된 것이 아니라, 오히려 네트워크 사회 속에서 더 파괴적인 효과를 낳고 있다. 이 상태를 유지한 채 속도만 높이면, 민주주의는 자기 통제력을 상실한 채 괴물처럼 비대해질 것이다. 내부에 있는 우리는 그 기형성을 인식하지 못할 수 있다. 그러나 외부의 시선이 먼저 위험 신호를 감지하고 신뢰와 선택을 거두기 시작하는 순간, 회복의 비용은 기하급수적으로 증가

한다. 지금 우리가 목격하는 몇몇 징후들은 붕괴의 결과라기보다, 아직 방향 전환이 가능한 마지막 경고일지도 모른다.

퀀텀정치는 민주주의를 버리자는 제안이 아니다. 그것은 민주주의를 사회의 실제 작동 방식에 다시 맞추려는 시도다. 참여를 동원에서 지성으로, 여론을 압력에서 학습으로, 정치를 사건에서 시스템으로 전환하는 것. 이것이 퀀텀정치가 민주주의를 다시 살리는 작동 원리다.

2. 정당과 리더십은 어떻게 진화하는가: 적대의 메타 - 관리와 퀀텀 리더십

> 이제 정당은 권력획득기구가 아니라 권력을 수단으로 사용하는 인식하여 학습 조직으로 전환되어야 한다.

오늘날 정치의 위기는 '누가 적인가'를 제대로 판단하지 못하는 데 있는 것이 아니라, 적대가 만들어지는 구조 자체를 인식하지 못하는 데 있다.

앞에서 우리는 민주주의의 위기가 참여의 부족이 아니라 참여를 학습과 판단으로 전환할 제도의 낙후에서 비롯된다고 보았다. 실시간으로 반응하는 사회를 사건이 끝난 뒤에야 움직이는 정치가 따라 갈 수 없다는 말이다. 그렇다면 다음 질문이 남는다. 그 낙후한 정 치 구조를 누가 업그레이드할 것인가. 민주주의의 작동 원리를 실 제 제도로 번역하는 주체가 없다면, 실시간 피드백은 지성이 아니 라 소음으로 소모된다. 그 번역의 중심에 있어야 할 장치가 정당이 다. 그러나 한국 정치에서 정당은 더 이상 시대의 의제를 생산하지 않는다. 아니, 생산할 수 없도록 구조적으로 포기당했다.

한국 정치에서 정당은 평상시에는 책임을 회피하는 중개 기구 로, 선거철에는 후보를 공천하고 조직을 동원하며 상대를 공격하는 선거 기계로 축소된다. 대표는 언제든 교체 가능한 파리 목숨이고, 대표가 바뀌는 순간 주요 정무직과 정책 라인은 함께 붕괴한다. 집 권하면 권력 주변으로 수렴하고, 정권을 잃으면 계파 분열 속에서 자기 소모에 빠진다. 이는 특정 정당의 무능이 아니라, 20세기 대 의민주주의 정당 모델 자체가 구조적 한계에 도달했음을 보여 주는 신호다. 이 구조에서는 장기적 전망이나 일시적으로 다수의 반발을 감수해야 하는 개혁은 애초에 불가능하다. 정당이 언제나 다음 선 거, 다음 지지율, 다음 내부 권력투쟁에 매몰되도록 설계되어 있기 때문이다.

그러나 "다음 선거에 매몰된다"는 말만으로는 부족하다. 왜 정당 은 구조적으로 의제를 생산할 수 없게 되었는가. 핵심 원인은 정당 이 학습 조직이 아니라 공천 조직으로 최적화되었기 때문이다. 공

 퀀텀정치의 작동 원리: 실시간 민주주의 · 정당 · 국가의 재설계

천권 중심의 권력 구조에서 정당의 정보는 정책을 만들기 위해 수집되는 것이 아니라, 내부 경쟁에서 승리하기 위해 동원된다. 외부 전문성과 창의성은 '정책의 자산'이 아니라 '권력의 변수'가 되어 차단된다. 정당이 사회의 지식을 흡수해 장기 전략으로 전환하는 통로는 약화되고, 대신 공천·계파·미디어 대응이 조직의 본능이 된다. 결과적으로 정당은 사회를 대표하기보다, 사회보다 빠르게 반응하는 여론을 추격하며, 그 여론을 다시 동원하는 기계로 전락한다.

정당의 무력화는 여기서 더 깊어진다. 초연결 사회에서 정치적 정보는 실시간으로 증폭되고, 책임은 분산된다. 누구나 발언할 수 있지만, 누구도 책임지지 않는 환경에서 정당은 '책임의 기관'이 아니라 '책임 회피의 플랫폼'으로 변질되기 쉽다. 정책의 실패는 학습 자산으로 축적되지 않고 정권이 바뀌면 데이터는 사라지며, 실패는 반복된다. 이 단절을 연결하지 않는 한 집단지성은 언제나 소음으로 전락한다.

역설적으로 이 점에서 한국의 민주 정당은 과거 사회주의권 공산당보다도 불리한 조건에 놓여 있다. 공산당 체제의 정당성이나 도덕성을 옹호할 수는 없지만, 장기전략을 수립하고 단기 반대를 감수하며 구조 개혁을 추진할 수 있는 조직적 지속성만큼은 갖고 있었기 때문이다. 오늘의 한국 정당은 그 지속성조차 상실한 채 단기 성과에 중독된 정치 기계로 남아 있다.

이뿐만이 아니다. 정당은 원래 사회의 다양한 이해와 지식을 수렴해 정책으로 전환하는 매개 장치였다. 그러나 초연결·초지능 사회로 진입한 지금 정당은 더 이상 집단지성을 조직하지 못한다. 오히려 정파 논리와 계파 이해, 공천권 중심의 권력 구조는 새로운 아이디어와 전문성을 체계적으로 차단한다. 정당은 사회적 문제를 정의하는 기관이 아니라, 이미 형성된 분노와 공포를 '선거용 프레임'으로 재가공하는 기관이 된다.

이 지점에서 퀀텀정치혁명은 근본적인 질문을 던진다. 정당은 반드시 지금과 같은 형태여야 하는가?

플랫폼 정당이라는 개념을 말하면 흔히 온라인 투표나 모바일 당원 모집, SNS 여론전을 떠올린다. 그러나 그것은 기술의 표피적 적용일 뿐이다. 퀀텀정치론에서 말하는 플랫폼이란 단순한 참여 채널이 아니라, 집단지성이 생성되고 검증되며 학습되고 진화하는 구조를 뜻한다. 플랫폼 정당은 더 많은 참여를 목표로 하지 않는다. 그보다 더 나은 판단을 목표로 한다. 동원이 아니라 학습, 선동이 아니라 설계, 충성이 아니라 기여가 핵심 가치가 된다. 정당은 의견을 모으는 장소가 아니라, 사회적 문제를 정의하고 해결 경로를 실험하는 정치적 운영체제로 전환된다.

퀀텀정치혁명에서 정당은 이렇게 재정의된다. 정당이란 사회의 집단지성을 조직하여 현실 문제를 지속적으로 학습·실험·조정하는 정치적 플랫폼이다. 이 정의에서 핵심은 대표가 아니라 과정이며 권력이 아니라 구조이고, 승리가 아니라 적응이다. 정치인은 집단지성의 흐름을 설계하고 책임지는 운영자이자 촉진자다.

정당에 대한 이런 정의는 기존 정당에 대한 정의와 무엇이 다를까? 기존 정치학 교과서에서 정당이란 공직 획득을 목적으로 공통의 이념과 정책을 공유하는 정치적 조직이다. 이를 풀면 전제는 세 가지다. 첫째, 정당의 목적은 권력 획득이다. 둘째, 정당은 비교적 안정된 이념과 노선을 가진다. 셋째, 정당은 국민의 이해관계를 '대표'한다. 그러나 이 모델은 산업사회＋계급구조＋대중매체＋느린 변화 속도라는 조건에서 작동했다. 정책은 사전 설계가 가능했고, 이념은 장기간 유지되었으며, 정치는 결정의 문제이지 학습의 문제가 아니었다. 정당은 '이미 정답이 존재하는 문제를 두고 누가 집행할지를 경쟁하는 조직'이었다.

그러나 지금의 현실은 이 전제를 모두 무너뜨리고 있다. 실시간으로 변하는 정치·경제적 상황에서 정책은 사전 설계가 아니라 시행 중 수정이 필요한 경우가 빈번하다. 이해관계는 고정된 계급이 아니라 유동적 네트워크로 변했으며, 유권자는 더 이상 '대표'되기를 기다리지 않고 관찰하고 참여하며 반응한다. 그래서 기존 정당은 의제를 생산하지 못하고 여론을 따라다니며 선거 때만 기계처럼 작동한다. 이것이 "정당이 의제를 포기당했다"는 의미다.

퀀텀정치론의 정당론에서 가장 큰 차이는 정당을 권력 획득 기구가 아니라, 권력을 수단으로 사용하는 인식·학습 조직으로 규정한다는 점이다. 즉 정당을 '결정 기계'에서 '집단 인식 장치'로 바꾸는 것이다. 그러나 이렇게 말하면 "정당이 권력 획득을 포기한다는 말이냐"는 오해가 뒤따를 것이다. 결론부터 말하면 퀀텀정치의 정당은 권력 획득을 포기하지 않는다. 다만 권력 획득을 최종 목적으로 두지 않는다. 기존 정당이 말하는 권력은 선거 승리, 의석 수, 행정부 지배, 인사권·예산권·법안 통과력 같은 국가 장치의 통제력이다. 이 모델에서는 권력을 얻지 못하면 아무것도 할 수 없고, 권력을 잃으면 모든 것이 무의미해진다. 그래서 정당은 권력 획득이 곧 존재 이유가 된다.

그러나 현실은 이미 변했다. 결정적 영향력은 분산되어 있다. 시장은 정부보다 빠르고 기술은 법보다 앞서며, 여론은 정당보다 먼저 움직이고 플랫폼은 국가보다 더 많은 행동 데이터를 가진다. 권력은 더 이상 하나의 중심에만 있지 않다. 정당이 "권력을 잡았다"고 느끼는 순간조차 실제 영향력은 이미 다른 곳에서 작동하고 있다. 그래서 퀀텀정치는 권력을 이렇게 재정의한다. 퀀텀정치에서 권력이란 결정을 통제하는 힘이 아니라, 어떤 선택지가 현실적으로 가능해지는가를 규정하는 힘이다. 법을 통과시키는 힘보다, 예산을 배분하는 힘보다, 사람들이 무엇을 당연하게 여기게 만드는 힘, 이것이 진짜 권력이다. 이 단계에서 정당의 역할은 변화된 환경에 적응해야 한다.

그렇다면 권력 획득은 왜 '목적'이 될 수 없는가. 이유는 간단하다.

권력은 이제 출발점이 아니라 결과다. 정책 실험, 사회적 합의 형성, 인식의 변화, 새로운 표준의 정착, 이것들이 먼저 일어나야 선거에서 이기고 제도를 바꿀 수 있다. 권력은 정치의 산물이지 정치의 본질이 아니다. 권력을 목적으로 삼는 순간 정당은 학습을 멈춘다.

권력 중심 정당의 특징은 실패를 인정하지 않고 실험을 두려워한다. 단기 여론에 매달리고 불확실성을 제거하려 든다. 그러나 지금과 같은 환경에서 불확실성을 제거하려는 조직은 반드시 실패한다. 오늘의 권력은 빠르게 교체되고 정당성을 계속 검증받으며 실시간 감시를 받는다. 그런데도 정당이 여전히 권력의 소유자처럼 행동하면 시스템 전체가 거부 반응을 일으킨다. 불과 몇 개월이면 대표가 바뀌어야 한다는 압력이 구조적으로 발생하는 것이 현실이다. 권력은 정당의 소유물이 아니라 사회가 정당에게 위임하는 도구다. 퀀텀정당론은 권력을 부정하지도 회피하지도 않는다. 다만 권력을 도출해 내는 학습 조직으로 정당을 재정의한다.

이 지점에서 리더십의 문제가 등장한다. 오늘날 국민이 정치인을 믿지 않는 이유는 단순한 도덕적 타락이나 언행 불일치 때문이 아니다. 정치의 본질적 위기는 도덕의 위기가 아니라 인식의 위기다. 20세기 정치학자 칼 슈미트는 정치의 본질을 '적과 아의 구분'이라 정의했다. 이는 정치가 본질적으로 긴장과 차이 위에 존재한다는 통찰이었다. 그러나 한국 정치는 이 개념을 이권 투쟁의 합리화 도구로 사용하거나, 반대로 갈등을 회피하는 위선적 통합 담론으로 오용해 왔다.

　산업 국가의 시대에 정치는 외부의 적을 식별하고 결단을 내리는 행위였다. 국경 밖의 적을 설정하고 그 적에 맞서 내부를 결속시키는 것이 정치의 핵심 기능이었다. 적은 눈에 보였고, 대립의 축은 명확했다. 그러나 21세기의 세계는 전혀 다른 구조 위에 서 있다. 세계화와 디지털 네트워크는 적과 아의 구분을 국경 밖에서 사회 내부로 이동시켰다. 오늘날 적은 더 이상 특정 국가나 집단의 얼굴을 하고 나타나지 않는다. 그것은 시스템 내부의 코드와 알고리즘, 정보의 배치 방식, 인식의 프레임 속에 숨어 작동한다.

　우리는 모두 연결되어 있지만, 그 연결은 중립적이지 않다. 어떤 정보는 증폭되고 어떤 관점은 배제되며 특정 감정과 분노는 반복적으로 강화된다. 이렇게 형성된 연결은 소통의 네트워크가 아니라 행동과 인식을 미세하게 유도하는 통제의 네트워크로 작동한다. 사람들은 자유롭게 판단한다고 느끼지만, 실제로는 이미 설계된 선택지 안에서 반응하고 있을 뿐이다. 이것이 세계화 이후 정치가 혼란에 빠진 근본 이유다. 표면적으로는 하나의 네트워크로 통합되어 있지만, 내부에서는 서로 다른 인식 세계가 병렬적으로 증식한다. 외부의 적은 사라진 것처럼 보이지만, 그 자리를 내부화된 적대가 대신한다. 갈등은 줄어든 것이 아니라 더 보이지 않는 방식으로 깊어졌다.

　이 구조는 한국 정치에서 이미 반복적으로 관찰된다. 대표적인 사례가 포털 뉴스와 SNS를 중심으로 형성되는 여론 환경이다. 한국 사회의 갈등은 더 이상 정책 내용이나 국가 전략을 둘러싼 합리적 논쟁에서만 발생하지 않는다. 뉴스 배열 방식·추천 알고리즘·확산 속도에 따라 특정 프레임과 감정이 증폭되며 갈등이 생성된다. 같은 사건을 두고도 시민들은 서로 다른 '사실의 묶음'을 소비한다. 한쪽에게는 분노를 유발하는 부패의 증거가, 다른 쪽에게는 정치 탄압의 사례로 인식된다. 문제는 어느 쪽이 옳으냐가 아니라, 이 인식의 분리가 정치적 선택 이전에 이미 시스템적으로 형성된다는 점이다. 시민은 스스로 판단한다고 느끼지만, 실제로는 알고리즘이 구성한 정보 환경 속에서 반응하고 있을 뿐이다.

그 결과 정치의 적은 더 이상 외부의 위협이나 경쟁 국가가 아니다. 상대 진영의 유권자가 곧 적이 되고, 같은 사회 구성원이 내부의 적으로 인식된다. 국가는 분열을 관리하지 못하고, 정당은 이 구조를 교정하기보다 오히려 동원과 결집의 수단으로 활용한다. 이것이 오늘날 한국 정치에서 적대가 사라진 것이 아니라, 보이지 않는 방식으로 내부화되어 증폭되는 전형적인 모습이다.

오늘날 정치의 위기는 '누가 적인가'를 제대로 판단하지 못하는 데 있는 것이 아니라, 적대가 만들어지는 구조 자체를 인식하지 못하는 데 있다. 과거에는 주류 언론집단이 적대의 형성에 큰 영향을 미쳤다면, 지금은 유튜브 생태계와 플랫폼 알고리즘이 그 역할을 분점한다. 이제 민주주의는 더 이상 민주주의를 지켜 내지 못한다.

다시 말해 민주주의는 형식적으로 작동하지만, 민주주의를 지탱해 온 조건은 더 이상 스스로 재생산되지 않는다. 절차는 남아 있으나, 적대가 어떻게 생성되고 증폭되는지에 대한 인식과 책임의 구조는 붕괴되었다. 그 결과 민주주의를 형식적으로 추구할수록 책임질 주체는 오히려 증발하는 역설이 발생한다.

기존 정치가 적을 '선언'하고 '동원'하는 정치였다면, 퀀텀정치는 적대가 생성되는 메커니즘을 관리하는 정치다. 이것이 바로 적대의 메타-관리다. 메타란 어떤 현상을 직접 다루는 것이 아니라, 그 현상이 생성·작동·변형되는 조건을 다루는 상위 관점이다.

적대의 메타-관리는 특정 집단을 적으로 고정하거나 제거하는 것이 아니다. 어떤 조건에서 갈등이 폭발하고, 어떤 정보 흐름이 분열을 증폭시키며, 어떤 제도 설계가 적대의 순환을 고착화하는지를 추적하고 조정하는 행위다. 적대의 메타-관리는 갈등을 부정하지 않는다. 오히려 갈등을 정치의 자연스러운 에너지로 인정한다. 다만 그 에너지가 파괴적 분열로 흐르지 않도록 사회가 스스로 학습하고 조정할 수 있는 구조를 설계한다. 외부의 적을 만들어 내부 결속을 도모하던 정치에서, 내부의 적대가 어떻게 형성되는지를 관리하는 정치로의 전환이다.

이런 환경에서 정당의 역할이 바뀌면서 리더십의 역할도 근본적으로 바뀐다. 리더는 더 이상 "누가 우리의 적인가"를 선언하는 존재가 아니다. 대신 어떤 담론·제도·정보 구조가 적대의 구도를 만

　퀀텀정치의 작동 원리: 실시간 민주주의 · 정당 · 국가의 재설계

들어 내는지를 감지하고 조율하는 설계자가 된다. 적을 제거하는 것이 아니라, 적대를 만들어 내는 조건을 해체하거나 전환하는 능력이 리더십의 핵심 역량이 된다. 적대의 메타-관리는 갈등 없는 유토피아를 약속하지 않는다. 오히려 갈등을 전제로 한 현실주의적 정치다. 다만 그 갈등이 사회를 파괴하는 방향으로 흐르느냐, 더 높은 차원의 진화로 전환되느냐를 결정하는 정치적 기술이자 철학이다. 퀀텀정치혁명이 말하는 민주주의의 성숙이란 바로 이 적대의 메타-관리를 제도화하는 데서 시작된다.

적대의 메타-관리는 추상적 철학이 아니다. 초연결 사회에서 정치가 생존하기 위해 반드시 습득해야 할 구체적인 통치 기술이다. 이 기술을 수행하는 주체가 바로 퀀텀 리더다. 퀀텀 리더십은 갈등을 억누르거나 봉합하는 능력이 아니라, 갈등이 생성·증폭·전환되는 과정을 읽고 설계하는 능력이다.

이를 더 구체적으로 말하면 다음 다섯 가지 기술이다.

첫째, 적대 감지 기술. 퀀텀 리더는 갈등이 폭발한 뒤에 개입하지 않는다. 그는 갈등이 형성되는 초기 진동을 감지한다. 여론조사 수치나 선거 결과가 아니라 담론의 변화, 감정의 언어, 특정 키워드의 증식, 네트워크상의 분절 신호를 읽는다. 적대는 언제나 명시적 충돌 이전에 은어, 농담, 혐오 표현, 과잉 일반화의 형태로 먼저 나타난다. 리더십의 첫 기술은 이 미세한 변화를 읽는 능력이다.

둘째, 적대 증폭 차단 기술. 현대 정치에서 갈등은 자연 발생하지 않는다. 증폭된다. 특정 프레임이 반복되고 감정이 자극되며 단순화된 적대 구도가 확산될 때 갈등은 통제 불능 상태로 치닫는다. 퀀텀 리더십은 이 증폭 고리를 끊는다. 특정 사건을 전체 정체성의 문제로 일반화하지 않고, 복수의 해석 경로를 동시에 열어 둔다. "누가 옳은가"의 싸움이 아니라 "어떤 선택지가 존재하는가"의 문제로 갈등을 재배치한다.

셋째, 적대의 전환 기술. 적대의 메타-관리는 갈등을 제거하지 않는다. 갈등을 다른 차원으로 이동시킨다. 정체성 간 대립을 문제 해결 경쟁으로, 감정적 분노를 제도 설계의 에너지로 전환한다. 세대 갈등은 도덕적 비난이 아니라 자원 배분 구조와 정책 실험의 문제로 재정의되고, 젠더 갈등은 선악 대립이 아니라 제도 설계 실패가 낳은 신호로 다뤄진다. 갈등은 더 높은 해상도의 문제 정의로 변환될 때 파괴가 아니라 진화의 동력이 된다.

넷째, 적대의 저장과 학습 기술. 기존 정치에서 갈등은 선거가 끝나면 잊힌다. 그러나 퀀텀 리더십은 갈등을 데이터로 남긴다. 어떤 발언이 분열을 키웠는지, 어떤 제도적 선택이 신뢰를 붕괴시켰는지, 어떤 개입이 갈등을 완화했는지를 기록한다. 적대는 실패의 흔적이 아니라 사회가 스스로를 이해하는 학습 자산이 된다. 이때 리더십은 도덕적 심판자가 아니라 집단 기억을 관리하는 설계자가 된다.

다섯째, 적대 관리의 공개성과 책임성. 적대의 메타-관리는 비

 퀀텀정치의 작동 원리: 실시간 민주주의 · 정당 · 국가의 재설계

밀 정치가 아니다. 오히려 투명해야 한다. 갈등을 어떻게 해석했고 왜 특정 프레임을 채택하지 않았으며, 어떤 기준으로 전환을 시도했는지를 공개한다. 이는 단기적 인기를 희생할 수도 있다. 그러나 장기적으로는 정치에 대한 신뢰를 회복한다. 퀀텀 리더십은 대중을 조작하지 않는다. 판단의 과정을 공유함으로써 시민을 정치의 공동 운영자로 만든다.

이 다섯 가지 기술을 종합하면 퀀텀 리더십의 본질은 분명해진다. 그것은 적을 지목하는 권력이 아니라, 적대가 만들어지는 조건을 설계하고 관리하는 권력이다. 카리스마는 군중을 흥분시키는 데서 나오지 않는다. 혼란의 한가운데서도 갈등을 구조화하고 방향을 제시할 수 있을 때, 리더십은 비로소 발생한다.

과거의 리더십이 "누가 우리의 적인가"를 외쳤다면, 퀀텀 리더십은 "이 적대는 왜 만들어졌는가, 그리고 어디로 전환할 것인가"를 묻는다. 이 질문을 던질 수 있는 정치만이 초연결 사회에서 파괴를 넘어 진화를 선택할 수 있다. 적대의 메타-관리는 퀀텀정치혁명의 핵심 기술이며, 미래 민주주의가 살아남기 위한 최소 조건이다.

물론 적대의 메타-관리는 절대 쉬운 일이 아니다. 이 정치 기술은 반복적으로 좌절해 왔다. 문제는 이 이론이 이상적이어서가 아니라, 이를 수행할 조건과 역량을 갖춘 정치 주체가 거의 존재하지 않았다는 데 있다. 구체적으로 어떤 문제들이 있을까.

첫 번째 한계는 고차원 인식 능력을 요구한다는 점이다. 적대의 메타-관리는 단순한 메시지 관리나 이미지 정치가 아니다. 갈등이 어떻게 생성되고 어떤 구조에서 증폭되며, 언제 전환 가능한지를 읽어 내는 패턴 인식 능력을 요구한다. 그러나 대부분의 정치인은 여전히 갈등을 편 가르기의 자원으로 인식한다. 갈등을 관리할 대상이 아니라 동원할 수단으로 본다. 이 지점에서 메타-관리는 작동하지 못한다.

두 번째 한계는 단기 정치 논리와 충돌한다는 점이다. 적대의 메타-관리는 즉각적인 지지율 상승을 보장하지 않는다. 오히려 단기적으로는 오해를 받고 비난을 감수해야 하는 경우가 많다. 그러나 한국 정치의 시간표는 선거 주기와 여론 변동에 지나치게 종속되어 있다. 정치인은 '지금 이기는 말'을 해야 살아남는다. 그 결과 갈등을 전환하려는 시도는 양비론, 모호함, 결단력 부족으로 공격받고, 시도조차 되지 않는다.

세 번째 한계는 제도와 정당 구조가 이를 허용하지 않는다는 점이다. 공천권 중심의 권력 구조, 계파 정치, 강성 지지층 의존은 정치인을 구조적으로 선동에 종속시킨다. 갈등을 조율하려는 순간 '배신자' 혹은 '기회주의자'라는 낙인이 찍힌다. 이 구조에서 살아남는 정치인은 갈등을 읽는 사람이 아니라 갈등을 가장 잘 이용하는 사람이 된다. 제도 자체가 메타-관리형 리더를 배제한다.

네 번째 한계는 '학습할 유인'이 부족하다는 점이다. 이 기술은 조용히 작동하며 성과는 누적되지만 박수는 기대하기 어렵다. 반면 선동과 단순 적대 프레임은 즉각적인 지지를 가져온다. 정치는 소음에 보상하고 숙고에는 벌점을 주는 구조로 진화해 왔다. 이런 환경에서 메타-관리형 리더십은 능력 부족이 아니라 부적응으로 오해된다.

그렇다면 이 이론은 현실성이 없는가? 그렇지 않다. 오히려 반대다. 이 기술이 작동하지 않는 이유는 틀렸기 때문이 아니라 기존 정치의 생존 논리와 정면으로 충돌하기 때문이다. 퀀텀정치혁명은 이 충돌을 회피하지 않는다. 정당 구조, 제도 설계, 리더십 평가 기준 자체를 바꾸지 않으면 민주주의는 계속해서 파괴적 적대에 잠식될 것이라고 경고한다. 적대의 메타-관리는 착한 정치의 언어가 아니다. 초연결 사회에서 정치가 붕괴하지 않기 위해 필요한 최소한의 기술이다.

한국 정치가 이 기술을 습득하지 못했다는 사실은 이 이론의 약점이 아니라 기존 체제의 한계를 증명하는 증거다. 적대의 메타-관리가 실패하는 이유는 비현실적이어서가 아니라, 기존 정치가 그것을 감당할 준비가 되어 있지 않기 때문이다. 그 핵심에는 한국 정치의 사유를 장기간 지배해 온 세 개의 인식 구조—관료적 자동화 인식론, 정치적 인식 동결점, 집단적 규범 과잉 인식론—가 박혀 있다. 이 인식 구조가 지배하는 곳에서 정치는 실종되고 민주주의는 스스로를 파괴하는 방향으로 움직이기 시작한다. 동시에 정치인도 스스로 망가지기 시작한다.

모든 국회의원들은 대통령을 꿈꾼다. 그것이 리더십의 최종점처럼 보이기 때문이다. 그러나 그것을 목표로 하는 순간 그 꿈은 멀어진다. 대통령이 되겠다는 목표를 먼저 설정하는 순간, 정치인의 시야는 국가 전체에서 당내 경선과 지지율 관리로 급격히 축소된다. 판단은 사라지고 계산이 남으며, 말은 책임이 아니라 유불리의 함수가 된다. 구조를 바꾸기 위해 싸워야 할 정치인이 그 구조에 포획된 관리자가 되는 것이다.

역설적으로 대통령이 되기 위해 가장 먼저 포기해야 하는 것이 바로 '대통령이 되겠다는 욕망'이다. 대통령은 목표로 쟁취되는 자리가 아니라, 국가를 설계하려는 과정 속에서 결과로 도달하는 자리이기 때문이다. 간단히 말해 대통령을 꿈꾸는 정치인은 시스템에 순응하고, 대통령이 되는 정치인은 시스템을 넘어서기 위해 노력한 정치인이다. 대통령이 되기 위해 깨야 할 것이 바로 그 시스템인데, 대통령이 되기 위해 그 시스템에 의존할수록 비판할 수 없는 위치에 들어간다. 결국 대통령을 만드는 것은 야망(ambition)이 아니라 조건(condition)이다. 그 조건을 바꾸지 않는 한 정치의 결과는 달라지지 않는다. 조건을 설계할 줄 모르는 정치는 판단이 아니라 처리에 머문다. 그런 정치는 굳이 인간 정치인이 아니라 알고리즘으로도 충분히 대체 가능하다. 그래서 이런 정치에는 개혁이 아니라 혁명이 필요하다.

 퀀텀정치의 작동 원리: 실시간 민주주의 · 정당 · 국가의 재설계

"Young people, have ambition. But politicians, build the conditions."

(청년들이여 야망을 가져라. 그러나 정치인들이여, 조건을 다시 설계하라!)

3. 퀀텀정치혁명이 만들 국가: 인간을 다시 국가의 주체로 세우는 운영체제

퀀텀정치혁명론의 시대정신은 한마디로 "인간이 전부다."

앞에서 우리는 정당이 무력화되는 이유를 도덕의 붕괴에서 찾지 않았다. 문제는 리더의 선악이 아니라, 적대가 생성되는 메커니즘을 읽고 전환할 능력이 정치 시스템 내부에 없다는 데 있었다. 그렇다면 마지막 질문은 하나로 수렴한다. 이 실패를 반복하지 않을 국가는 어떤 모습이어야 하는가.

퀀텀정치혁명론에서 새로운 국가론의 핵심은 인간을 국가의 주체로 세우는 것이다. 국가는 더 이상 경제성장의 하인이나 위기 대응의 소방차가 아니다. 기술과 자본, 알고리즘과 데이터를 인간의 존엄과 미래세대의 생존을 위해 재배치하는 거대한 설계 장치이며,

퀀텀정치혁명은 그 설계 권한을 다시 국민에게 돌려주려는 시도다. 그러나 "인간을 주체로 세운다"는 말이 공허한 소리로 들릴 수 있다. 그래서 먼저 묻자. "왜 인간은 주체에서 밀려났는가."

우리가 직면한 위기는 흔히 말하는 "기술은 빠르고 정치는 느리다"는 상투적 분석으로는 설명되지 않는다. 문제는 훨씬 더 근본적이다. 지금 우리가 붙들고 있는 것은 세계를 설명하지 못하는 정치, 미래를 설계하지 못하는 국가, 혁신을 흡수하지 못하는 제도다. 이것이 자유시장주의 4.0 체제의 현실이다. 낡은 관측 체계는 한국 경제의 구조적 문제를 연쇄적으로 왜곡시켜 왔다.

한국 경제는 지난 30년 동안 성장의 속도를 잃었다. 생산으로 향해야 할 자본은 미래 기술이 아니라 아파트 가격을 따라 움직였고, 노동은 혁신을 향해 쏟아야 할 에너지를 생애 첫 주택 구입을 위한 자금 마련에 소진했다. 금융은 위험을 감수하며 새로운 산업에 투자하기보다 담보가 확실한 주택대출에 집중했고, 도시는 일자리와 산업이 아니라 가격과 학군을 중심으로 배열되었다. 국민의 기대 역시 노동의 성취가 아니라 자산 가격의 흐름에 맞춰 재편되었다. 경제는 생산성을 중심으로 작동하던 체계에서, 자산 가격을 중심으로 진동하는 체계로 변질되었다.

이 왜곡은 어느 한 부문의 실패가 아니다. 자본의 흐름, 금융의 구조, 도시의 공간 배치, 청년의 기회, 국민의 기대가 서로 맞물린 하나의 거대한 시스템이 뒤틀린 결과다. 그런데 정치권은 이 복합적 상호작용을 제대로 관측하지 못한다. 여전히 세계를 단순한 지표와 도표로 환원하고, 그 도표를 다시 '올랐다/내렸다', '좋다/나쁘다'라는 이분법으로 해석한다. 문제는 정책 의지의 결핍이 아니라 정치적 판단과 인식 능력의 붕괴다.

낡은 정치 인식론은 세계를 고정된 물체처럼 이해한다. 집값이 오르면 규제를 강화하고 공급이 부족해 보이면 물량을 늘리며, 청년이 어렵다고 하면 지원금을 추가한다. 그러나 집값은 단순한 가격 변수가 아니다. 그것은 자본과 금융, 세대 간 이동, 도시 구조, 기대 심리가 얽혀 만들어 낸 네트워크의 최종 결과다. 주택 공급 역시 단순히 공급 숫자의 문제가 아니다. 같은 10만 호라도 자본의 흐름과 금융 규칙, 기대 방향에 따라 전혀 다른 결과를 낳는다. 기대가 상승으로 고정된 시장에서 공급은 투기적 수요를 자극하고, 담보 중심 금융 구조에서는 특정 지역으로 자금이 쏠리며 가격만 밀어 올린다. 공급은 해답이 아니라 촉매일 뿐이다.

오늘의 경제에서 청년의 기회는 "일자리가 있는가 없는가"로 결정되지 않는다. 일자리를 얻어도 자산시장에 진입할 수 없다면 미래를 설계할 기반 자체가 생기지 않는다. 같은 노동을 해도 어떤 이는 상승하는 자산 흐름에 올라타 계층 이동을 하고, 다수는 자산시장 바깥에서 평생 소비자로 남는다. 노동시장이 아니라 자산시장 접근성에서 사회적 지위가 갈라진다. 결혼과 출산이 어려워지는 이유도 여기에 있다.

이대로라면 한국은 구조적 위기에 직면할 수밖에 없다. 생산성은 정체된 채 자산 가격과 부채가 상호 의존하며 위험을 증폭시키고, 인구 감소와 세대 갈등은 협력적 해결 대신 부담과 충돌을 초래한다. AGI가 사회를 급격히 재편하는 속도에 비해 교육체계와 노동시장은 대응 능력이 미흡하다. 지도력의 교체만으로는 문제를 해결할 수 없다. 문제는 사람의 교체가 아니라 운영체제의 오류다.

이 오류의 중심에는, 이 책이 줄곧 지적해 온 세 개의 쇠말뚝이 박혀 있다.

첫째, 관료적 자동화 인식론: 정치가 판단을 포기하고 매뉴얼과 규정에 숨는 습관

둘째, 정치적 인식 동결점: 위기 앞에서도 새로운 현실을 관측하지 못한 채 과거의 언어로만 세계를 해석하는 경직

셋째, 규범 과잉 인식론: 현실을 다루기보다 심판하며, 제도 설계 대신 도덕적 판결로 도피하는 태도

이 세 개의 쇠말뚝이 박혀 있는 한, 국가는 빠르게 변하는 세계와 상호작용할 능력을 잃고 민주주의는 참여를 지성으로 전환하지 못하며, 정당은 집단지성을 조직하지 못한 채 적대를 증폭시키는 기계로 전락한다.

따라서 "인간을 국가의 주체로 세운다"는 말은 추상이 아니다. 그것은 곧 국가가 국민을 동원하거나 보호하는 대상으로 취급하는 체제에서, 국민이 판단하고 학습하며 설계하는 체제로 전환한다는

뜻이다. 이 전환은 가치론의 전환과 정확히 맞물린다.

　노동가치론은 산업 사회에 강력했지만, 초지성 사회에서 한계를 드러낸다. 존재가치론은 인간의 존엄성을 되살렸지만, 현실 정치에서는 필연적으로 분배 액수 문제로 축소되었다. 그래서 이 책은 생산의 근원에 접근할 권리를 확보하는 것을 본질적 문제로 인식하고 관계가치론을 제기한다. 가치의 핵심은 노동량이 아니라 관계망에 대한 접근, 참여, 연결에서 생성된다. 그리고 그 관계망은 이미 AI, 데이터, 플랫폼, 금융, 도시 구조로 구성된 거대한 생산 회로로 재편되었다. 인간이 주체가 된다는 것은 바로 이 회로에 대해 기본생산 접근권을 갖는다는 뜻이다. 국민이 시장의 외부자가 아니라, 성장의 내부자로 들어오는 것이다.

　여기서 국가는 무엇이 되어야 하는가. 국가는 시장을 통제하는 절대자도 아니고, 시장에 굴복하는 하인도 아니다. 국가는 시장의 상호작용을 더 높은 단계로 조직하는 설계 장치다. 이것이 자유시장주의 5.0의 비전이다. 자유시장주의 4.0이 '기회는 열어 두되 결과는 시장에 맡기는 체제'였다면, 5.0은 시장 성장의 일부가 자동으로 국민의 자산과 접근권으로 환류되도록 설계된 체제다. 국가는 소득을 이전하는 기관이 아니라, 국민이 성장의 회로에 참여하도록 조건을 만드는 기관이 된다.

　이때 정책은 더 이상 단일한 정답이 아니다. 초연결·초지능 사회에서 정책은 확률적 사건이며, 국가는 정답을 맞히는 기관이 아니라 변화에 적응하며 가능성을 관리하는 조직이어야 한다. 정책은 4년짜리 매뉴얼이 아니라 실시간으로 업데이트되는 살아 있는 프로토콜이다. 국가는 위기 때만 등장하는 응급기관이 아니라, 국가·기업·시민사회가 서로의 정보를 증폭시키며 반응하는 생태계다. 리더의 역할은 지시하는 권력이 아니라, 시스템 전체가 학습하고 조정하도록 설계하는 능력에 있다.

따라서 퀀텀국가의 과제는 단순히 '더 많은 정책'이 아니다. 퀀텀국가의 과제는 세 가지다.

첫째, 관측을 교체한다. 숫자와 도표를 넘어, 자본·금융·기대·도시·세대가 얽히는 상호작용을 실시간으로 읽고, 정책의 효과를 피드백으로 학습한다.

둘째, 접근을 보장한다. 국민에게 기본생산접근권을 부여함으로써, 성장과 혁신이 소수의 독점 회로에서 국민의 생활세계로 번역되게 한다.

셋째, 적대를 전환한다. 갈등을 억압하거나 선동하는 대신, 적대가 생성되는 조건을 관리하고 문제 해결 경쟁으로 전환한다. 민주주의는 표결의 순간이 아니라 학습의 과정으로 복원된다.

이 새로운 국가론에서 핵심은 다시 한 번 인간을 국가의 주체로 세우는 것이다. 국가는 기술과 자본, 알고리즘과 데이터를 인간의 존엄과 미래세대의 생존을 위해 재배치하는 설계 장치이며, 그 설계 권한을 국민에게 돌려주는 것이 퀀텀정치혁명이다. 인간이 주체가 된다는 것은, 인간이 보호받는 객체라는 뜻이 아니다. 인간이 주체가 된다는 것은, 국가의 판단 과정에 참여하고 성장의 회로에 접근하며, 적대의 구조를 함께 전환하는 공동 운영자가 된다는 뜻이다. 국민은 다시 국가의 관측자이자 설계자, 그리고 성장의 참여자가 된다.

지금 대한민국은 하나의 질문 앞에 서 있다. 기술과 자본이 인간을 무의미하게 만들기 전에, 인간은 스스로의 위치를 다시 규정할 수 있는가? 이 질문은 더 이상 특정 국가의 문제가 아니다. 이미 인류 전체가 동시에 직면한 보편적 과제다. 퀀텀정치혁명은 이 질문에 대한 하나의 응답이다. 만약 이 시도가 성공한다면, 대한민국은 다시 도약할 수 있다. 이 나라는 여전히 세계에서 가장 빠르게 학습하고 가장 격렬하게 변화에 반응할 수 있는 국민을 보유하고 있기 때문이다. 문제는 의지나 역량이 아니라 속도다. 기술의 변화는 우리가 토론하고 망설이는 속도를 이미 앞질렀다. 정치는 언제나 판단을 회피할 수 없게 되는 순간에 다시 태어났다. 지금이 바로 진짜 정치를 되찾을 그 순간이다.

4. 퀀텀정치혁명을 위한 열린 선언문

선언 1. 새로운 시대는 이미 시작되었다.

우리는 지금 "인간이란 무엇인가"를 다시 묻게 되는

문명의 경계선을 넘어섰다.

AI와 플랫폼, 그리고 인간의 판단이 축적된 데이터는

선택과 책임의 구조 자체를 재편하고 있다.

문제는 기술이 아니다.

진짜 문제는 정치가 더 이상 이 시대를 이해하지 못한다는 데 있다.

정치는 기술과 제도의 뒤에 숨지 않는다.

판단의 조건을 만들고, 그 결과를 자신의 이름으로

끝까지 감당해야 한다.

선언 2. 인간이 전부다.

인간은 보호받기만 하는 객체가 아니다.

인간은 데이터의 원천이자 학습의 주체이며,

미래 설계의 동반자이자 공동 판단의 존재다.

퀀텀정치의 인간은 소비자가 아니라

참여자, 대상이 아니라 공동 운영자다.

이제 인간은 기술 문명의 관찰자가 아니라

새로운 운영체계의 공동주체로 다시 선다.

우리는 인간이며 인간은 전부다.

선언 3. 시장은 관계가 가치를 낳는 장(場)이다.

시장은 신성한 영역도, 무책임한 실험의 장도 아니다.

시장은 시민이 자유롭게 함께 설계하는

민주공화적 프로토콜의 대상이다.

성장은 소수의 이익으로 남아서는 안 된다.

성장의 일부는 자동으로 국민의 공동 자산이 되어,

미래세대의 기회를 여는 퀀텀 공유지의 토대를 이뤄야 한다.

시장은 경쟁만이 지배하는 전장이 아니라,

서로 다른 주체들이 접속하고 협력하며

새로운 가치를 공생적으로 생산하는

공유적 플랫폼으로 전환되어야 한다.

선언 4. 기본소득을 넘어, 기본생산접근권을 확보하자.

문제는 더 이상 소득이 아니라 접속의 권리다.

누가 돈을 더 받는가가 아니라, 누가 미래의 생산·학습·

전환 과정에 진입할 수 있는가가 결정적이다.

기본생산접근권은 물질·지식·데이터 생산에

누구나 참여할 수 있는 공정한 진입권이며,

각자가 능력을 펼칠 기회의 평등이다.

우리는 선언한다.

이제 시혜적 분배의 정치가 아니라, 삶을 존엄하게 누리며

가치 창조에 참여할 권리를 보장하는 정치로 전환한다.

선언 5. 디지털 자산을 보장하라.

디지털 자산은 투기의 도구가 아니다.

디지털 자산은 기술·플랫폼·인공지능이 만들어 내는 가치에

시민이 권리로 참여하는 공공적 장치다.

디지털 자산은 현금이 아니라,

미래 생산에 대한 지분화된 접근권이다.

청년에게 디지털 자산은 시혜가 아니다.

그것은 미래로 들어가기 위한 정당한 출입권이다.

선언 6. 민주와 공화를 책임지는 집단지성으로 다시 세우자.

민주주의는 다수결로 지켜지지 않는다.

공화는 국가가 대신 결정하는 질서가 아니라,

시민이 함께 책임지는 운영체계다.

민주주의는 투표로 끝나지 않고,

공화주의는 통치로 닫히지 않는다.

민주와 공화는 '공동 판단의 시스템'으로 다시 결합되어야 한다.

그것은 인간의 판단 주권을 중심에 두고,
인공지능과 데이터가 시민의 집단지성을 증폭하는
새로운 퀀텀 민주공화 프로토콜의 설계다.

선언 7. 정치는 공론을 설계하는 기술이다.

정치는 여론을 좇는 기술도,

이미지 관리나 도덕적 심판의 기술도 아니다.

정치는 불확실한 미래를 읽고,

사회가 선택할 수 있는 가능성을 설계하며

그 결과에 책임지는 일이다.

리더십은 선동이 아니라, 사회의 판단 구조와 학습 방식을

미래 지향적으로 전환하는 책임이다.

갈등은 없앨 수 없다.

그러나 갈등이 사회를 파괴하도록 방치해서는 안 된다.

우리는 "누가 적이냐"가 아니라

"왜 같은 적대가 반복되는가"를 묻는다.

진짜 리더십은 적대를 억압적으로 관리하는 데 머물지 않고,

그것을 새로운 공존의 구조로 재배치하는 능력이다.

선언 8. 국가는 미래를 여는 문이다.

국가는 성장 지표를 관리하는 회계사가 아니며,

위기 때만 호출되는 소방차도 아니다.

국가는 기술·자본·데이터가 인간 위에 군림하지 않도록

조건을 설계하는 장치다.

국가의 임무는 통제도 방치도 아니다.

국가의 임무는 모든 시민이

미래에 접근할 수 있는 길을 공정하게 여는 것이다.

선언 9. 대한민국은 인간의 희망이며 인류에 책임을 진다.

대한민국은 작고 빠르며, 실패와 성공,

산업화와 민주화를 동시에 경험한 사회다.

세계에서 가장 압축된 문명 실험의 장이다.

대한민국이 직면한 문제는 인류 보편적 문제이기도 하다.

그래서 우리는 먼저 시도해야 한다.

압축 퇴행이냐, 압축 진화냐.

퀀텀정치혁명은 대한민국을

초지성 시대의 정치 운영체계 실험국가,

곧 K-Quantum Republic Model로 세우는 선언이다.

우리는 더 이상 판단을 미루는 정치를 받아들이지 않는다.

우리는 더 이상 다음 선거로 미래를 넘기지 않는다.

정치는 다시 결단해야 하고, 국가는 다시 설계되어야 하며,

인간은 다시 주체가 되어야 한다.

퀀텀정치혁명은 하나의 이념이 아니라,

이 시대가 작동하는 새로운 운영체계의 제안이다.

이 선언은 감정의 호소가 아니라,

문명 전환의 21세기 운영 매뉴얼이다.

지금이 바로 그 순간이다.

퀀텀정치혁명론에 대한 질문과 대답

Q1. 퀀텀정치혁명론은 이념을 부정하는 듯하지만 또 다른 하나의 거대 이념 아닌가?

오해가 있는데 퀀텀정치혁명은 이념을 부정하지 않는다. 이념이라는 개념이 작동하던 방식 자체를 재정의한다. 그래서 가장 정확한 표현은 '메타-이념(meta-ideology)'이다.

메타란 한 단계 위에서 보는 것을 뜻한다. 비유하자면 축구선수가 되어 운동장 안에서 직접 뛰는 게 아니라 축구라는 스포츠가 사회에서 어떤 역할을 하는가를 보자는 것이다. 따라서 특정 가치를 최우선으로 두지 않는다. 대신 가치들이 경쟁하고 수정되는 규칙을 이념의 중심에 둔다. 즉, "무엇이 옳은가"보다 "옳음이 결정되는 방식이 정당한가"를 묻는다.

이건 진부한 '탈이념'이 아니다. 이념 이후(post-ideology)가 아니라, 이념의 상위 단계다. 그럼 이게 사회주의를 넘는가? 분명히 그렇다. 유물론적 사회주의의 핵심 전제는 물질적 조건(계급·생산수단)이 인간 의식을 규정한다. 따라서 정치의 목표는 구조의 단일화다.

그러나 퀀텀정치의 전제는 인간은 물질·정보·인식이 중첩된 존재라는 것이다. 의식은 구조의 산물이면서 동시에 구조를 재편한다. 충돌은 물질의 본질 중 하나이며 진화의 에너지다.

따라서 퀀텀정치는 유물론적 사회주의의 인식론을 근본에서 넘어선다.

이건 '좌파 비판' 수준이 아니라 세계관의 층위 차이다.

Q2. 그렇다면 자유주의 우파에 뿌리를 두고 있는가?

일정 부분은 사실이다. 하지만 중요한 단서가 붙는다. 퀀텀정치가 계승하는 것은 시장만능주의가 아니고 소수 엘리트 자유주의도 아니다. 개인의 선택 가능성 자체를 최대화하려는 자유주의의 전통 그리고 국가가 '결과'를 설계하기보다 '선택 구조'를 설계해야 한다는 발상에서 시작한다. 이건 하이에크·포퍼(Popper) 계열의 반(反)결정론과 반(反)전체주의의 개방된 질서와 깊게 닿아 있다. 하지만 퀀텀정치는 여기서 멈추지 않는다. 고전 자유주의는 기술이 인간 인식 자체를 바꾸는 단계까지는 상정하지 못했다. 그래서 퀀텀정치는 자유주의를 확장하지만 자유주의에 종속되지는 않는다.

고전적 이념은 하나의 진리와 하나의 역사 방향을 전제로 했다. 정치는 그 진리를 실현하는 도구였다. 이 전제 아래에서 좌우 이념은 서로 대립했지만, "단일한 정답이 존재한다"는 믿음만큼은 공유했다. 퀀텀정치혁명은 이 전제를 받아들이지 않는다. 오늘의 세계는 단일한 진리로 환원되지 않으며, 정치는 더 이상 정답을 제시하는 체계가 아니다.

이 책이 제안하는 것은 새로운 '내용 이념'이 아니라 가치와 진리들이 충돌·선택·수정될 수 있도록 하는 '조건 이념' 혹은 '메타-이념'이다.

이 점에서 퀀텀정치혁명은 유물론적 사회주의가 전제한 단일 구조 결정론을 넘어서며, 자유주의 전통이 강조해 온 개인의 선택 가능성을 계승하되 기술과 인식의 급격한 변화를 반영해 그것을 확장한다.

퀀텀정치혁명은 좌도 우도 아니다. 그러나 무근거한 중립도 아니다.

그것은 이념 이후의 공백을 채우려는 사상이 아니라, 이념들이 작동하는 규칙 자체를 재설계하려는 사상이다.

Q3. 기존의 보수와 진보 중 어느 쪽에 더 가까운가?

퀀텀정치혁명은 탈이념도 아니고 중립을 가장하지도 않는다. 정확히 매우 진보적 보수다. 다만 이 진보성은 기존의 좌파적 진보와 다르다. 고전적 진보는 과거를 극복해야 할 대상으로 보았고, 고전적 보수는 과거를 보존해야 할 규범으로 보았다. 퀀텀정치는 이 이분법을 해체한다.

　퀀텀정치가 계승하는 것은 보수가 축적해 온 인식론적 겸허함, 인간 이성과 정치 설계의 한계에 대한 자각이다. 그러나 그것을 정체와 방어의 논리로 고정하지 않는다. 동시에 퀀텀정치는 진보가 추구해 온 변화의 에너지를 받아들이되, 역사를 단선적 방향으로 밀어붙이는 결정론은 거부한다. 과학적으로 말하자면, 보수와 진보를 서로 배타적인 위치로 보는 것은 뉴턴적 정치관이다. 퀀텀정치는 정치적 가치들이 조건에 따라 중첩·활성화되는 양자적 정치 환경을 전제로 한다. 이 의미에서 퀀텀정치혁명은 보수를 계승한 진보이며, 진보를 재구성한 보수다. 좌우를 초월했다는 말보다 정확한 표현은 좌우의 작동 방식을 한 단계 위에서 재설계했다는 것이다.

Q4. 양자역학과 퀀텀정치혁명론은 어떤 관계인가? 양자역학의 어떤 점을 정치 이론으로 만들었다는 것인지 좀 쉽게 말해 달라.

퀀텀정치혁명론은 양자역학을 정치에 그대로 가져온 이론이 아니다. 입자나 파동, 수식을 정치에 적용하려는 시도도 아니다. 이 책이 차용한 것은 양자역학이 세계를 이해하는 방식이다.

고전 물리학에서 세계는 명확했다. 사물은 하나의 위치와 하나의 속도를 가지고 있었고, 관찰자는 그 세계를 외부에서 객관적으로 바라볼 수 있다고 여겼다.

정치 역시 비슷했다. 사회는 하나의 구조를 가지며, 정치인은 그 구조를 '올바르게 설계'하면 된다고 믿었다. 양자역학은 이 전제를 무너뜨렸다. 입자는 관측되기 전까지 하나의 상태가 아니라 여러 가능성이 중첩된 상태로 존재한다. 무엇이 관측되는가는 관측 대상뿐 아니라 관측 방식과 관측자에 의해 결정된다.

퀀텀정치혁명론이 여기서 가져온 핵심은 세 가지다. 첫째, 사회에는 단 하나의 고정된 상태가 존재하지 않는다. 즉, 국민 여론, 국가 정체성, 갈등의 의미는 본질적으로 하나로 규정되지 않는다. 그것들은 언제나 여러 가능성의 중첩 상태에 있다.

둘째, 정치는 외부 관찰자가 아니다. 정치가 사회를 해석하는 순간, 그 해석은 사회의 상태를 바꾼다. 정치는 현실을 반영하는 거울이 아니라 현실을 변화시키는 관측 장치다.

셋째, 중요한 것은 정답이 아니라 조건이다. 양자역학에서 중요한 것은 입자의 '진짜 모습'이 아니라 어떤 조건에서 어떤 결과가 나타나는가다. 퀀텀정치 역시 어떤 가치가 옳은지를 선언하기보다 어떤 조건에서 어떤 선택이 활성화되는지를 설계한다.

쉽게 말하면 이렇다. 고전 정치가 '정답을 맞히는 정치'였다면, 퀀텀정치는 '선택이 생성되는 환경을 설계하는 정치'다. 따라서 퀀텀정치혁명론은 양자역학을 비유로 소비하지 않는다. 양자역학이 보여 준 세계 인식의 전환, 즉 단일한 진리에서 다중 가능성으로, 설계에서 관측과 상호작용으로의 전환을 정치 이론으로 번역한 것이다.

Q5. 너무 추상적이지 않은가? 현실 정치에서 가능한가?

퀀텀정치혁명론은 미래의 정치가 아니라 이미 작동 중인 현실을 뒤늦게 개념화한 것이다. 추상적인 것은 이 이론이 아니라, 여전히 20세기 정치관에 머물러 있는 기존 인식이다.

먼저 전쟁을 보자. 오늘날 전쟁은 더 이상 영토 점령이나 병력 규모로만 결정되지 않는다. 전장의 핵심은 정보 흐름, 인식 조작, 관측의 주도권이다. 누가 먼저 정의를 내리고, 누가 사건을 해석하며, 누가 세계 여론을 관측 프레임 안에 가두는가가 군사적 결과만큼이나 결정적이다. 이것은 전쟁이 물리적 충돌에서 인식의 충돌로 이동했음을 의미한다.

퀀텀정치가 말하는 '관측'과 '서사 경쟁'은 이미 전쟁의 중심 메커니즘이 되었다. 플랫폼 정치 역시 마찬가지다. 오늘의 정치 권력은 의회나 관청에만 있지 않다. 알고리즘은 어떤 이슈를 보이게 하고, 어떤 목소리를 사라지게 할지 결정한다.

플랫폼은 중립적 통로가 아니라 정치적 현실을 구성하는 관측 장치다. 정당과 정부가 여전히 정책 발표와 성명에 머무르는 동안, 플랫폼은 이미 여론의 상태 공간을 재배치하고 있다. 이 환경에서 정치는 정책의 '내용'만으로는 작동하지 않는다. 조건과 구조를 설계하지 못하는 정치는 사실상 무력하다.

여론은 더 분명하다. 여론은 하나의 고정된 의지가 아니다. 사안·프레임·질문 방식에 따라 전혀 다른 상태로 나타난다. 이는 여론이 거짓

이어서가 아니라, 본질적으로 중첩된 상태이기 때문이다. 퀀텀정치가 말하는 여론은 조작의 대상이 아니라 관측 방식에 따라 다른 결과를 보이는 사회적 파동에 가깝다. 따라서 현실 정치는 "여론을 따르느냐, 이끄느냐"의 문제가 아니라 어떤 관측 구조를 만들 것인가의 문제다. 이 모든 변화는 아직 오지 않은 미래가 아니다.

이미 전쟁, 플랫폼, 여론의 현장에서 동시에 일어나고 있다. 퀀텀정치혁명론은 이 현실을 낯선 이론으로 포장하지 않는다. 오히려 지금까지의 정치 언어가 이 현실을 설명하지 못했음을 드러낼 뿐이다. 현실 정치에서 가능한가라는 질문은 이제 이렇게 바뀌어야 한다. 퀀텀정치 없이, 이 현실을 과연 이해할 수 있는가?

Q6. 퀀텀정치혁명론은 포퓰리즘과 무엇이 다른가?

포퓰리즘은 대중의 감정을 정치의 에너지로 사용한다. 분노·불안·피해의식을 단순한 서사로 압축하고, 그 감정을 즉각적인 동원으로 전환한다. 포퓰리즘이 강력한 이유는 간단하다. 복잡한 현실을 하나의 적과 하나의 해답으로 단순화하기 때문이다. 퀀텀정치혁명은 이 방식과 정반대에 서 있다. 이 책은 대중의 감정을 부정하지 않지만, 그 감정을 정치적 연료로 소비하지 않는다. 포퓰리즘은 선택을 대신해 준다. 누가 적인지, 무엇이 정의인지, 어디에 분노해야 하는지를 미리 규정한다. 그래서 포퓰리즘은 빠르지만, 대중의 판단 능력을 확장하지는 못한다.

퀀텀정치는 속도를 늦춘다. 정답을 제시하는 대신 판단이 형성되는 조건을 공개한다. 갈등을 봉합하지 않고, 그 갈등이 어떤 구조에서 발생했는지를 드러낸다. 결정적으로, 포퓰리즘은 단기적 만족을 목표로 한다. 성과는 즉각적 지지도와 박수로 측정된다. 반면 퀀텀정치혁명은 장기적으로 대중의 선택 가능성 자체가 늘어났는가를 기준으로 삼는다. 정책에서도 차이는 분명하다. 포퓰리즘은 '나눠 주는 정치'에 머문다. 재정 이전을 통해 불만을 잠시 완화한다.

퀀텀정치가 제안하는 것은 자산·기술·미래산업과 연결된 자기 증식형 참여 구조다. 대중은 수혜자가 아니라 구조의 일부가 된다. 그래서 포퓰리즘은 강한 지도자와 단순한 구호를 필요로 하지만, 퀀텀정치는 설계자·관리자·조정자로서의 정치를 요구한다.

요약하면 이렇다. 포퓰리즘은 대중을 '지금 움직이게' 만드는 정치이고, 퀀텀정치혁명은 대중이 '계속 선택할 수 있게' 만드는 정치다. 이 차이를 구분하지 못한다면 오늘날의 정치 위기는 결코 끝나지 않는다.

Q7. **퀀텀정치혁명이 제기하는 청년 디지털자산 제도는 또 하나의 포퓰리즘 아닌가? 기본소득론과 무엇이 다른가?**

이 질문은 정당하다. 그러나 두 제도는 출발점부터 다르다. 기본소득은 소득의 재분배를 중심에 둔 정책이다. 반면 퀀텀정치혁명이 제안하는 청년 디지털자산 제도는 자산 형성의 구조 자체를 바꾸는 제도다. 기본소득은 현재의 경제 구조를 전제로, 그 안에서 발생하는 불평등을 완화하는 장치다. 그래서 재정 이전의 성격이 강하고, 지속 가능성은 결국 조세와 정치적 합의에 의존한다. 반면 청년 디지털자산 제도는 디지털 전환과 초지성 산업이 만들어 내는 새로운 가치 흐름에 청년을 '참여자'로 편입시키는 것을 목표로 한다.

이는 현금을 나눠 주는 정책이 아니라, 데이터·플랫폼·지식·AI 활용에서 발생하는 가치의 일부를 자산 형태로 축적할 수 있게 만드는 제도적 설계다.

포퓰리즘의 핵심은 즉각적 만족을 위해 미래의 비용을 은폐하는 데 있다. 그러나 이 제도는 단기 소비를 유도하지 않는다. 오히려 청년에게 시간을 축적할 수 있는 자산을 제공한다. 이 자산은 소비를 자극하기보다 학습, 창업, 이동, 전환의 선택지를 넓히는 역할을 한다. 또 하나의 중요한 차이는 정치적 관계 설정이다. 기본소득은 국가가 시민에게 지급하는 구조이지만, 청년 디지털자산 제도는 국가·플랫폼·시민이 함께 가치를 생산하고 그 결과를 권리로 배분하는 구조를 지향한다. 이는 수혜자가 아니라 공동 소유자로서의 시민 개념을 전제로 한다. 따라서 이 제도를 포퓰리즘으로 보는 것은 미래의 생산 구조가 이미 바뀌고 있다는 사실을 외면한 채 20세기식 재분배 논리로만 판단하는 것이다. 퀀텀정치혁명이 제안하는 청년 디지털자산 제도는 소득을 나누는 정치가 아니라, 미래에 접근할 권리를 제도화하는 정치다.

Q8. 제3의 길과는 어떤 차이가 있는가?

첫째, 제3의 길은 이념의 균형을 추구하지만 퀀텀정치는 현실 인식의 전환을 요구한다. 제3의 길은 언제나 좌파의 분배와 우파의 시장을 어떻게 섞을 것인가에 집중했다. 그러나 오늘의 위기는 분배 비율이나 규제 강도의 문제가 아니다. 정치·경제·여론·기술이 비선형적으로 상호작용하는 시대에, 여전히 선형 인과와 고정된 집단 정체성에 기대는 정치 자체가 한계에 도달했다. 퀀텀정치는 좌·우의 '입장'을 조합하지 않는다. 현실을 해석하는 틀을 바꾼다.

둘째, 제3의 길은 기존 체제의 연명전략이라는 한계에 갇히지만, 퀀텀정치는 체제 전환전략이다. 제3의 길은 좌우와 다른 뭔가를 추구했지만 이념의 토대가 가지는 한계 때문에 대개 정치적 충돌을 완화하고, 불만을 관리하며, 기존 질서를 조금 더 오래 유지하는 결과를 초래했다. 반면 퀀텀정치혁명은 지금의 체제가 더 이상 작동하지 않는다는 전제에서 출발한다. 노동·자산·기회가 더 이상 재생산되지 않는 구조에서는, 체제를 연명시키는 정책이 곧 책임 있는 통치가 될 수 없다. 그것은 문제를 해결하는 선택이 아니라, 붕괴를 뒤로 미루는 관리에 불과하다. 연명할 수 없는 체제를 연장하는 것은 책임이 아니라 지연된 붕괴일 뿐이다.

셋째, 제3의 길이 정책의 혼합이라면, 퀀텀정치는 주권 개념의 재구성이다. 제3의 길은 분배와 시장의 비율을 조정하는 정치였다. 그러나 초연결·초지능 시대의 주권은 더 이상 국가 재정이나 규제 권한에만 머물지 않는다. 데이터와 알고리즘, 금융 인프라와 플랫폼 규칙 그리고 사회가 현실을 인식하는 방식 자체가 주권의 실질적 경계가 된다.

퀀텀정치는 국가가 무엇을 소유하거나 통제할 것인가를 묻지 않는다. 국가가 이 복합적 환경 속에서 판단 능력을 상실하지 않고 행위자로 남을 수 있는가를 묻는다. 이는 정책 설계의 문제가 아니라, 국가의 존재 조건에 대한 질문이다. 예컨대 고용 정책은 "몇 개의 일자리를 만들 것인가"를 묻지 않는다. 대신 어떤 판단 구조 속에서 기술과 노동이 결합되도록 설계할 것인가를 묻는다. 산업 정책 역시 특정 기업을 지원하는 문제가 아니라, 데이터가 어디로 흐르고 누가 해석하며, 그 결과가 누구의 판단 능력을 강화하는 구조로 귀결되는지를 설계하는 문제가 된다. 복지 정책도 마찬가지다. 현금을 얼마나 나누느냐가 아니라, 개인이 불확실한 환경 속에서도 스스로 선택하고 위험을 감내할 수 있는 인지적·자산적 조건을 만들어 주는 것이 핵심이 된다. 이 책에서도 주장했지만 청년 디지털자산 형성 제도 같은 것이다.

넷째, 제3의 길은 정치 엘리트의 합의 모델이지만, 퀀텀정치는 사회 전체의 인식 이동을 전제로 한다. 제3의 길은 대개 정치 엘리트와 관료 집단의 설계로 추진되었고, 시민은 수동적 수용자였다. 반면 퀀텀정치 혁명은 이미 사회 내부—특히 청년세대와 초연결 네트워크—에서 진행 중인 인식 변화를 정치가 따라잡는 과정이다. 이 혁명은 위에서 설계되어 아래로 전달되는 것이 아니라, 아래에서 이미 발생한 변화를 정치가 포착해서 공식화하는 것에 가깝다.

다섯째, 제3의 길은 갈등을 중재하지만, 퀀텀정치는 갈등의 형식 자체를 바꾼다. 좌우 갈등은 산업 사회적 조건에서 형성된 정치 대립이다. 그러나 지금의 갈등은 세대, 기술, 시간, 네트워크 접근성의 문제다. 이를 좌우 프레임 안에서 중재하려는 순간, 정치 자체가 현실을 오독하게 된다. 퀀텀정치는 갈등을 봉합하거나 부정하지 않는다. 갈등이 발생하는 원천적 구조를 조정하고 발전동력으로 바꾼다.

사실 퀀텀정치혁명론은 어느 날 뚝 떨어진 이념이 아니다. 내 개인적 경험을 말해야 할 것 같다. 내가 2021년 서울시장 선거에 출마했을 때다. 그때 핵심 구호는 '제3의 길'이었지만, 그 실질적 내용은 기득권 카르텔 청산이었다. 그것은 좌파의 분배냐 우파의 시장이냐를 둘러싼 선택이 아니라, 이미 좌우 모두가 기존 정치·경제 구조 안에서 기득권화되었다는 문제 제기였다. 어느 쪽을 선택하든 자원과 기회가 흘러가는 길은 정해져 있었기 때문이다. 그래서 사람들은 점점 "누가 이기느냐"보다 "왜 아무것도 달라지지 않느냐"를 묻게 되었다.

당시 내가 출간했던 『제3정치경제론에 대하여』는, 좌파의 분배 중심 모델은 구조를 유지한 채 관리만 강화했고 우파의 시장 중심 모델은 자산과 기회의 고착을 방치했다는 지적이었다.

이 분석은 날카로웠지만, 여전히 정책·제도 차원의 대안 탐색에 머물러 있었다. 다시 말해 "무엇을 바꿀 것인가"에 대한 질문은 있었지만, "왜 기존 정치가 계속 실패할 수밖에 없는가"에 대한 인식론적 해부까지는 이르지 못했다. 이 단계에서의 '제3의 길'은, 체제 바깥을 향한 문제 제기였지만 여전히 체제 내부 언어로 말하고 있었던 과도기적 개념이었다.

그 이후 정치에 계속 참여하면서 내가 깨닫게 된 것은 좌파도, 우파도, 제3의 길도 반복적으로 실패하는 이유는 정책 선택의 오류가 아니라 정치 인식 자체가 현실과 어긋났기 때문이라는 것이다.

퀀텀정치혁명론은 제3의 길의 반복이 아니다. 퀀텀정치혁명은 2021년의 문제의식을 부정하지 않는다. 오히려 그것을 더 깊은 층위에서 완성한다. 당시의 '기득권 카르텔' 비판은 이제 관측 구조를 장악한 정치·경제 연합에 대한 분석으로 확장되었고 양당 구조 비판은 20세기 정당 정치 모델 자체의 한계로 재정식화되었으며 제3의 길은 왜 정책 조합은 해답이 될 수 없는가를 설명하는 출발점이 되었다.

즉, 제3의 길은 목표가 아니라 문제 제기의 언어였고, 퀀텀정치혁명은 그 문제에 대한 인식론적 해답이다. 정리하면 이렇다. 2021년 서울 시장 선거는, 우리가 퀀텀정치혁명에 도달하기 전 현실 정치가 허용한 최대치의 실험이었다. 그때 우리는 방향을 보고 있었지만, 아직 그 방향을 하나의 완결된 정치 철학으로 공식화하지는 못했다.

퀀텀정치혁명론은 더 이상 "새로운 길을 선택하자"고 말하지 않는다. 대신 "기존의 모든 길이 왜 막혀 있는지를 설명하고, 길이 만들어지는 조건 자체를 바꾸자"고 말한다. 이 점에서 퀀텀정치혁명은 좌파와 우파 그리고 제3의 길이 필연적으로 도달하게 되는 벽 앞에서 그것을 넘어서는 다른 차원의 길이다.

결론적으로, 퀀텀정치혁명은 좌파의 수정도, 우파의 보완도 아닌, 정치 인식론의 세대교체다. 이 혁명은 새로운 정책 패키지를 약속하지 않는다. 대신, 어떤 정책도 더 이상 작동하지 않는 이유를 설명하고, 정치가 다시 판단할 수 있는 조건을 복원하려 한다. 제3의 길은 기존 체제를 조금 고쳐 쓰는 선택지에 가까웠다. 반면 퀀텀정치혁명은 아예 새로운 단계의 자유시장 체제로, 즉 자유시장주의 5.0으로 넘어가자는 제안이다. 그리고 지금의 대한민국은, 이 변화에 가장 먼저 나설 수 있는 조건을 갖춘 나라 중 하나다. 물론 현실 정치에서 대중들은 제3의 길을 선택하지 않는다. 양당 구조를 벗어나기에는 아직 어렵다. 결국 단계적인 과정을 무시할 수 없다. 결국 대안정당운동이라기보다 대체정당운동으로 발전하기 위한 이론적 기초라고 봐야 할 것이다.

Q9. **혹시 기술결정론이라든지 AI·양자컴퓨터에 과도하게 의미를 부여한 것이 아닌가라는 지적에 대해서는 어떻게 생각하는가?**

퀀텀정치혁명론은 기술이 역사를 결정한다는 관점을 취하지 않는다. 오히려 이 책이 문제 삼는 것은 기술이 급변하는 데도 정치의 인식 구조는 거의 변하지 않았다는 사실이다.

기술결정론은 기술이 인간의 선택을 대체한다고 본다. 그러나 퀀텀 정치혁명은 기술이 선택의 범위와 조건을 바꿀 뿐, 선택 그 자체를 대신 하지는 못한다는 전제 위에 서 있다.

AI와 양자컴퓨터는 정치의 목적을 규정하지 않는다. 그것들은 인간 이 무엇을 선택할 수 있는지, 그리고 어떤 선택이 가능한지의 지형을 재 편할 뿐이다. 문제는 기술이 아니라, 그 변화된 지형을 해석하고 통제할 수 있는 정치의 인식 능력이다. 역사적으로 보아도 기술은 언제나 중립 적이었다. 증기기관은 자유를 확장하기도, 착취를 강화하기도 했다. 인 터넷은 정보 민주화를 약속했지만, 동시에 감시와 조작의 수단이 되었 다. 기술은 방향을 갖지 않는다.

방향을 부여하는 것은 언제나 정치와 제도였다. 퀀텀정치혁명론이 AI와 양자기술을 강조하는 이유는 그 기술들이 인간의 노동만이 아니 라 인식·판단·예측의 영역까지 확장하고 있기 때문이다. 정치가 이 변 화를 외면할 경우, 그 공백은 자본·플랫폼·초국적 권력이 채우게 된다.

따라서 이 책의 문제의식은 "기술이 모든 것을 해결한다"가 아니라, "정치가 아무것도 하지 않으면 기술을 해석하는 권한을 상실한다"는 데 있다.

Q10. 용어도 생소하고 말이 너무 어렵다. 이게 대중적으로 이해되고, 현실 정치를 실 제로 바꿀 수 있는가? 기존 정치권이 이런 프레임 전환을 받아들일 수 있는가?

기존 정치권이 이런 프레임 전환을 받아들일 수 있는가? 이 질문은 정당 하다. 퀀텀정치혁명론은 분명히 익숙한 정치 언어가 아니다. 그러나 이 것은 난해함을 의도한 결과가 아니라, 현실 정치의 구조 자체가 이미 단

　　　　　　　　　　　　　　　　　　퀀텀정치혁명론

순한 언어를 넘어섰기 때문이다.

역사적으로 새로운 정치 사유는 처음부터 대중적으로 이해된 적이 없다. 『자본론』이 출간되었을 때, 그 내용을 정확히 이해한 대중은 거의 없었다. 자유주의 역시 마찬가지였다. 『국부론』이 곧바로 민주주의를 만든 것은 아니다. 새로운 사유는 언제나 언어 → 제도 → 생활 감각의 순서로 확산되었다. 중요한 것은 모두가 이론을 이해하느냐가 아니라, 그 사유가 정치의 작동 방식 속으로 스며드느냐.

퀀텀정치혁명론은 대중에게 이론을 학습시키려는 것이 아니라 우리가 직면한 위기를 설명하는 데 목적이 있다. 대신 정치가 갈등을 다루는 방식과 의제를 설정하는 방식, 미래를 설명하는 방식이 달라지도록 정치의 설계 언어를 먼저 바꾸려는 시도다.

대중이 체감하는 것은 개념이 아니라 결과다. 정치가 이전보다 덜 파괴적으로 갈등을 관리하고, 선택지를 강요하기보다 확장하며, 단기 감정이 아니라 장기 가능성을 제시한다면 대중은 그것을 이론으로 이해하지 않아도 정치의 변화를 분명히 느끼게 된다.

기존 정치권의 수용 가능성도 같은 맥락이다. 정치권은 언제나 자신들이 완전히 이해하지 못한 변화에 현실의 압력 때문에 적응해 왔다. SNS 정치, 여론조사 정치, 이미지 정치, 플랫폼 중심 선거전략이 그 대표적 사례다. 퀀텀정치혁명론은 정치인에게 철학적 동의를 요구하지 않는다. 그들이 이미 직면한 현실— 불안정한 여론, 프레임 전쟁, 플랫폼 권력의 확대—을 의식적으로 다룰 수 있는 사고 도구를 제공할 뿐이다. 결국 이 이론의 성패는 누가 더 고급 개념을 이해하느냐에 달려 있지 않다. 이 사유가 제도, 정책, 전략 속에서 반복적으로 사용되고 축적될 수 있느냐에 달려 있다. 퀀텀정치혁명론은 대중 위에 서려는 이론이 아니다. 대중 정치가 이미 변화한 현실을 뒤늦게 따라잡기 위한 정치 스스로의 자기 업그레이드에 가깝다. 그리고 그런 변화는 언제나 사유의 전환에서 시작해 제도의 변화로 이어졌고, 마침내 대중의 일상이 되었다.

Q11. **퀀텀이란 무슨 뜻인가? 양자와 같은 뜻이라면 왜 하필 영어로 쓰는가? 그리고 이 퀀텀이라는 것이 그토록 정치에서 중요한 이유가 무엇인가?**

'퀀텀(quantum)'은 본래 물리학에서 나온 개념이다. 고전 물리학이 세계를 연속적이고 점진적인 변화의 과정으로 설명했다면, 양자역학은 전혀 다른 관점을 제시했다. 양자역학에서 중요한 통찰은 이것이다. 세계는 항상 조금씩 변하는 것이 아니라, 특정 조건이 충족되는 순간 상태가 불연속적으로 바뀐다는 것이다. 에너지는 연속적으로 흐르지 않고 '양자'라는 최소 단위로 도약하며, 관측 이전에는 하나의 상태가 아니라 여러 가능성이 동시에 존재한다.

이때 '퀀텀'이란 단순히 '아주 작은 것'을 뜻하는 말이 아니다. 연속의 논리가 깨지고, 작동 방식이 바뀌는 전환의 단위를 가리킨다. 이 책이 '양자정치'가 아니라 '퀀텀정치'라는 표현을 선택한 이유도 여기에 있다. 일상 언어에서 '양자'라는 말은 오랫동안 교과서 속의 난해한 과학 개념으로 굳어져 왔다. 작고 복잡하며 현실과는 거리가 먼 느낌을 준다.

반면 '퀀텀'이라는 단어는 오늘날 기술·산업·전략 영역에서 이미 다른 의미로 사용되고 있다. 퀀텀 점프, 퀀텀 컴퓨팅이라는 표현에서 보듯, 이 말은 크기가 아니라 전환의 방식과 질적 도약을 의미한다. 퀀텀정치혁명론에서 말하는 '퀀텀' 역시 미시 세계의 물리 현상을 정치에 그대로 가져온 것이 아니다. 양자역학이 보여 준 세계 인식의 전환 방식을 정치 현실에 적용한 개념이다.

정치 역시 지금 연속적 조정의 단계가 아니라 작동 원리 자체가 바뀌는 국면에 들어섰다. 과거의 정치는 조금 더 보수적으로, 조금 더 진보적으로 정책을 조정하는 문제였다. 같은 제도, 같은 언어, 같은 방식 안에서의 이동이었다.

그러나 오늘의 정치는 다르다. 같은 제도를 유지한 채로는 전혀 다른 결과를 만들어 낼 수 없는 단계에 와 있다. 전쟁은 더 이상 전장에서만 결정되지 않는다. 인식·정보·프레임의 경쟁이 승패를 좌우한다. 여론은 고정된 의지가 아니라 플랫폼 구조와 알고리즘에 따라 급격히 변한다. 권력은 제도보다 네트워크와 관측 효과 속에서 먼저 형성된다. 이 변화는 점진적 개혁이 아니라 정치가 작동하는 조건 자체의 전환이다.

그래서 이 책은 '양자'보다 '퀀텀'이라는 말을 선택한다. 퀀텀은 정치의 대상이 정책 목록이나 이념의 정답이 아니라, 현실이 만들어지는 구조와 조건임을 드러내는 언어다. '퀀텀'이란 단어를 쓰는 이유는 한국어로 번역한 양자라는 개념이 '퀀텀'을 다 포괄할 수 없기 때문이다.

Q12. 퀀텀정치혁명론은 개헌에 대해 어떤 입장인가?

퀀텀정치혁명은 '노선 변경'이 아니라 정치를 작동시키는 운영체제(OS) 교체를 요구한다.

개헌에 반영되어야 할 구체적 원칙은 세 가지다.

첫째, '입장 정치'에서 '관측 정치'로 이동해야 한다. 지금의 정치는 옳고 그름, 찬반, 법·절차 중심의 사후 평가 정치다. 그러나 퀀텀정치가 요구하는 것은 위기 발생 이전에 갈등의 축적 제도 경직 기술·경제 변화를 사전에 감지하고 조정하는 정당이 되어야 한다고 주장한다. 말 바꾸기가 아니라 정치의 시간대(time horizon)를 앞당기라는 요구다.

둘째, '도덕적 정통성 경쟁'에 매몰되지 말라. "누가 더 헌법적이었는가", "누가 불법이었는가"→ 이 질문에 매달리는 한, 정당은 영원히 방어 위치에 머문다. 퀀텀정치혁명은 이렇게 요구한다. "정치가 왜 위기 상황을 정상적으로 처리하지 못하는가"→ 시스템 실패 질문으로 격상하라.

셋째, 보수의 역할을 재정의하라. 기존 보수는 질서의 수호자를 자처했다. 그러나 퀀텀 보수는 '변화 속에서 질서를 재설계하는 기술자' 역할이다. 이것이 없으면 현재 정당은 '관리자 정당'을 넘어설 수 없다.

Q13. **그렇다면 어떤 개헌안을 구체적으로 제시하는가?**

퀀텀정치혁명론은 '가치 선언형 개헌'이 아니라 '작동 조건 개헌'을 제안한다.

핵심 개헌 방향 3축은 ① 비상권력 조항의 재설계가 필요하다. 지금 헌법은 비상사태를 선포/해제의 법적 문제로만 다루고 있다. 현실에서는 위기는 속도가 빠르고 단계적으로 누적되며 기술·경제·안보가 결합되어 있다. 따라서 단일 '계엄' 개념을 폐기해야 한다. 대신 단계별 국가 위기 조항을 도입해야 한다(예: 시스템 위기/기능 마비/주권 위기).

국회 역할은 사후 심판자 → 실시간 공동 관측자로 역할을 해야 한다. 핵심은 입법기관의 권력 강화가 아니라, 판단 구조의 다층화다.

② 헌법에 '국가의 관측 의무'를 명시해야 한다. 국가는 기술·경제·사회 변화가 국민의 기본권에 미치는 영향을 선제적으로 관측·조정할

의무를 진다. 이는 복지 조항이 아닌 미래 위험 관리 조항이다. 즉, 정치가 "몰랐다"는 변명을 못 하게 만드는 헌법 조항을 미리 마련해야 한다.

③ 정당 구조 개편의 헌법적 근거를 마련해야 한다. 현재 정당은 선거용 조직 이미지·동원 중심이다. 그러나 퀀텀 개헌안에서 정당은 국민을 상대로 정책을 실험하는 조직이 아니라, 정책을 시행하기 전에 위험을 먼저 감지하고, 시민의 요구를 정책 경쟁으로 증폭시키는 '민주적 장치'다. 정당이 다시 '사유하는 기관'이 되도록 강제해야 한다.

사실 이런 개헌안이 현실성이 있는가?라는 의문이 제기될 수 있다. 물론 지금 당장은 낮다. 그러나 '위기 국면'에서는 가장 빠르게 채택될 수 있는 안이다.

이미 현실이 요구하고 있다. 계엄·탄핵·내란 논쟁 자체가 "현 헌법이 위기를 처리하지 못했다"는 증거다. 즉, 개헌 논의는 정치적 선택이 아니라 사후 대응이다. 특히 국힘은 이것을 적극 주장할 필요가 있다. 이 개헌안은 계엄 옹호도 아니고 계엄 비난도 아닌 '제도 실패를 해결하는 책임 정당'의 입장에서 제기하는 것이기 때문이다.

퀀텀정치혁명은 이념을 바꾸라고 요구하지 않는다. 다만 묻는다. "이 정당은 위기를 처리할 능력을 갖춘 정치 시스템인가?" 개헌은 목적이 아니다. 정치가 다시 판단할 수 있도록 만드는 최소 조건이다.

Q14. 퀀텀정치혁명론의 이론사적 위치는 어디인가?

퀀텀정치혁명론은 20세기 정치사상의 세 흐름을 모두 통과한 이후에만 도달할 수 있는 위치에서 출발한다. 질 들뢰즈가 보여 준 생성과 차이의 정치, 미셸 푸코가 해체한 권력과 통치성의 미시적 작동, 그리고 칼 슈미트가 직시한 예외 상태와 주권의 문제는 모두 현대 정치가 외면할 수 없는 통찰을 제공했다.

그러나 이들 이론은 각기 다른 이유로 정치의 결정적 질문 앞에서 멈춘다. 들뢰즈의 사유는 국가 이후를 상상했지만 국가가 붕괴하지 않도록 유지하는 기술을 제시하지 않았고, 푸코는 권력의 작동을 해부했으나 그 이후의 제도적 책임을 설계하지 않았다. 슈미트는 위기에서의 결단을 정치의 본질로 포착했지만, 그 결단이 어떻게 오작동하고 폭주하는지를 제어할 구조를 남기지 않았다.

퀀텀정치혁명론은 이 세 사유를 폐기하지 않는다. 오히려 그들이 남긴 질문을 모두 받아들인 상태에서, 단 하나의 질문을 더한다. "정치는 어떻게 다시 판단할 수 있는가?" 이 이론의 관심은 이념이나 정당성의 선언이 아니라, 현실이 비선형적으로 변화하는 조건 속에서 정치가 실패하지 않도록 만드는 판단 구조의 설계에 있다.

따라서 퀀텀정치혁명론은 국가를 포기하지 않되 국가를 절대화하지 않으며, 결단의 필요성을 인정하되 결단의 독점을 거부한다. 또한 기술의 중요성을 부정하지 않으면서도, 기술 자체를 정치의 주체로 신격화하지 않는다. 이 점에서 알렉스 카프의 기술공화국론이 제기하는 문제의식과 접점을 가지면서도, 기술 역량이 아니라 관측과 판단의 정치적 구조를 핵심으로 삼는다는 점에서 분명히 구별된다.

요컨대 퀀텀정치혁명론은 포스트모던 정치 이론의 해체를 통과하고, 주권 이론의 위기 인식을 정면으로 수용한 이후, 정치가 다시 작동하기 위한 최소 조건을 제시하는 이론이다. 그것은 새로운 이념이 아니라 새로운 정치의 운영체제이며, 답을 제시하는 이론이 아니라 질문이 실패하지 않도록 만드는 이론이다.

이 지점에서 퀀텀정치혁명론은 기존 정치사상의 연장선이 아니라, 그 한계를 전제로 한 다음 단계에 위치한다.

Q15. 알렉산더 웬트의 양자정치학과 퀀텀정치혁명론은 어떤 관계인가?

아마도 공통점이 많을 것이지만 그의 이론에 대한 충분한 이해가 아직 부족하다. 그 점을 전제로 하고 답변을 한다면 알렉산더 웬트는 기존 국제정치학—특히 합리주의·구성주의—이 공유하는 전제를 문제 삼는 것으로 보인다. 그의 핵심 문제의식은 왜 국제정치 이론은 여전히 뉴턴적 인간관에 갇혀 있는가? 왜 행위자는 항상 일관된 선호, 안정적 정체성, 선형적 인과성을 가진다고 가정하는가?라는 질문에 있다. 그는 사회적 행위자는 양자적 존재에 가깝다. 중첩된 정체성, 관측에 따라 달라지는 선택, 비결정성을 가지며 따라서 사회과학은 고전 물리학이 아니라 양자역학의 존재론을 참조해야 한다고 주장한다.

사실 차이라기보다도 초점이 약간 다른 듯하다. 웬트는 양자역학을 존재론적 근거로 사용하는 것으로 보인다. 의식, 마음, 사회적 행위의 본질을 설명한다고 전제하기 때문에 이론의 급진성은 높지만, 실증, 제도 설계, 정책 연결은 약간 약하다고 보인다. 반면 퀀텀정치혁명론은 양자역학을 직접 이식하지 않는다. 핵심 차용 개념은 관측자 효과, 비선형성, 중첩 상태이며 동시에 필자의 실제 경험에 기초한 개념들을 도출한다. 그리고 목적은 헌법개정, 정당개혁, 위기관리 체계를 다시 설계하기 위한 것이다.

쉽게 말해, 알렉산더 웬트는 먼저 이렇게 묻는 학자라고 할 수 있다.

"운전자는 어떤 존재인가?" 기존 국제정치학은 운전자를 항상 침착하고, 일관된 선호를 가지고, 매뉴얼대로만 움직이는 기계처럼 가정해 왔다. 웬트는 이 전제를 깨면서 말한다. 실제 인간 운전자는 그렇지 않다고. 어떤 날은 과감하게 차선을 바꾸고, 어떤 날은 같은 상황에서 브레이크를 밟는다. 순간적으로 망설이고, 주변 차와 날씨, 기분에 따라 선택이 달라지는 존재다. 그는 이 불확실성과 중첩된 가능성을 설명하기 위해 양자물리학의 관점을 빌려 온 것이다. 인간과 국가는 고전적 기계가 아니라 양자적 불확실한 존재라는 점을 강조하는 데 초점을 둔다.

문제는 그 다음이다. 현실 정치의 제도와 헌법, 정당 시스템은 여전히 운전자를 '기계형 인간'으로 가정한 도로와 자동차를 쓰고 있다. 브레이크는 하나뿐이고, 핸들은 무겁고, 길은 일직선이라는 전제 위에서 설계되어 있다. 갑자기 폭우가 쏟아지거나, 앞에서 사고가 나거나, 길이 여러 갈래로 갈라져도, 제도는 운전자에게 "매뉴얼대로 가라"고만 요구한다.

퀀텀정치혁명론은 여기서 질문을 바꾼다. "운전자가 왜 이렇게 불안정한가?"를 묻는 대신, "이런 운전자를 이런 차에 태워 이런 도로에 내보낸 제도가 문제는 아닌가?"라고 묻는다.

사람을 갈아 끼우자는 대신, 불확실하고 양자적인 인간이 실제로 존재하는 방식에 맞게 차와 도로를 다시 설계하자는 것이다. 양자물리학을 인간 설명의 비유로 쓰는 데서 멈추지 않고, 그런 인간이 사고를 덜 내도록 정치 제도, 헌법, 정당 구조, 위기관리 시스템을 재설계하자는 제안, 그것이 퀀텀정치혁명론이다.

양자역학을 정치에 적용하여 새로운 정치 패러다임을 만들어야 한다는 생각은 언제부터 시작되었는지 잘 모르겠다. 아마도 내가 우주라는 공간 앞에서 인간의 유한성을 생각할 때였을 것이다. 그것은 죽음을 넘어서 붙잡을 진리를 찾는 과정이 시작되면서 자연스럽게 따라붙은 숙제이기도 하다.

우주 앞에서 인간은 그 자체로 양자에 지나지 않고 따라서 양자의 존재 의미에 대해 질문하지 않을 수 없었다. 어느 순간 그 답을 찾았다는 느낌이 오면 자연스럽게 글로 표현하게 되었고 그것이 이 책으로 이어진 것이다. 물론 미시 세계의 발견을 거시적 영역에 적용하는 것은 쉬운 일이 아니었고 특히 정치 이론화 작업은 막막한 일이 많았다. 어쩌면 양자역학의 철학적 담론 혹은 경제적 담론으로 개념화하는 작업이 좀 더 충분했다면 정치 이론으로 연결하는 것도 좀 더 수월했을 것 같다. 그러나 우선 국내 정치학계에는 이와 관련된 선행연구가 별로 없고 외국에는 미국의 알렉산더 웬트 교수의 작업이 있긴 하나 난해했고 자료 접근이 어려웠다.

하지만 나에겐 절실한 목표가 있었다. 무엇보다 심리적 내란 상태에 처한 정치 그리고 그 정치에 고통받는 국민들에게 희망을 주어야 한다는 것. 그리고 성장동력이 사라진 대한민국을 다시 희망에 찬 나라로 바꾸기 위해서는 무엇보다 정치가 본연의 역할을 되찾아야 한다는 절박감이었다. 그리고 그것은 내가 걸어온 고비고비마다 부딪칠 수밖에 없었던 나 자신의 문제들이기도 했다. 다행히도 나에게 이런 작업이 가능하도록 많은 분들이 도와주었다. 퀀텀코어연구소를 만들고 물적·인적 지원을 아끼지 않았던 모든 분들에게 깊이 감사드린다.

또한 이번 작업에는 챗지피티, 퍼플렉시티, 그록, 제미나이 등 인공지능의 도움도 매우 컸다. 같은 질문을 이들에게 여러 번 반복하고 만족할 만한 결론이 나올 때까지 밀어붙이는 것도 좋았지만 최종적인 답변이 실망스러울 때가 더 좋았다. 왜냐하면 결국 인간의 질문을 뛰어넘을 수는 없다는 것을 확인해 주었기 때문이다. 인공지능에 끌려가지 않고 이것을 도구로 활용하기 위해서는 무엇보다 인간의 내공이 가장 중요하다는 것을 새삼 느꼈다. 결국 앞으로 모든 교육은 이 인간의 내적 힘을 키우는 것이 중심이 될 것이다.

2007년 출간했던 『기본소득론』은 많은 주위 사람들의 반대를 통과해야 했다. 이 책 역시 이러저러한 이견들이 있을 것이다. 양자역학 자체도 이해하기 어렵지만 이것을 정치에 적용한다는 것은 더 어려운 일이고 또한 정치 기득권 세력의 이해를 구하기도 현실적으로 불가능에 가깝기는 하다. 그리고 당연하게도 내 책 속에 여러 결함이나 잘못된 내용들이 포함되어 있을 수도 있다. 그래서 애써 변명하자면 내 의도는 큰 그림을 그렸고 그것을 봐 주길 바랐다고 말할 수밖에 없다.

 퀀텀정치혁명론

태양이 지구 주위를 돈다는 천동설이 지구가 태양 주위를 돈다는 지동설로 바뀌기 위해 천문학자가 될 필요까지는 없다. 마찬가지로 물질의 기초단위가 입자가 아니라 에너지일 수도 있다는 것을 알기 위해 꼭 물리학자가 되어야 하는 것은 아니다. 단지 그 에너지 단위가 중첩, 얽힘, 관측자 효과 등의 양상을 보인다는 것을 이해하는 것만으로도 충분히 세상 이치를 새롭게 인식할 수 있다. 그러나 인식론은 그리 쉽게 바뀌지 않는다. 갈릴레오가 지동설을 주장한 때는 1632년이었다. 가톨릭 교황청은 갈릴레오를 재판하여 연금시켰고 결국 그는 연금 상태에서 죽었다. 교황청이 갈릴레오의 재판이 잘못되었다고 공식 인정한 때는 1992년이다. 무려 360년이 걸린 셈이다.

퀀텀정치혁명론은 세상의 변화를 앞당길 것이다. AI와 양자컴퓨터의 발전이라는 거대한 동력 위에 서 있기 때문이다. 그러나 기술의 진보가 언제나 인간의 진보로 이어지는 것은 아니다. 이 전환이 재앙이 아니라 인류에게 하나의 선물이 되기 위해서는, 정치 또한 새로운 인식틀을 갖추어야 한다. 이 책이 제기한 인식론은 바로 그 최소 조건이다.

차기 대선에서는 이 관점에 입각한 정책과 아젠다가 공론의 장에 오르기를 기대한다. 그러나 그보다 더 근본적인 바람이 있다. 국민이 다시 국가의 주체로 서는 사회, 스스로 판단하고 선택하는 시민의 정치가 복원되는 세상이다. 그것 없이는 어떤 재도약도 가능하지 않거니와 의미도 없다. 그리고 기존 정치의 틀 안에서는 이 과제가 실현되기 어렵다는 점 역시 분명해졌다.

어린이가 예언을 하고, 노인들이 꿈을 꾸며, 청년들이 이상을 말할 수 있는 사회. 그 세계는 막연한 이상향이 아니라, 어쩌면 이미 우리 곁에 와 있는지도 모른다. 적어도 이런 사유를 공개적으로 말할 수 있게 되었다는 사실 자체가 하나의 징후일 것이다.

2023년에 쓴 『시대정신의 배신』이 한국 정치에서 주체가 어떻게 타락했는지를 추적한 작업이었다면, 이 책은 그 연장선에서 '배신' 이후에 남은 가능성, 다시 말해 시대정신의 희망을 탐색한 기록이다. 절망 대신 대안을 말할 수 있어서 참 행복했다. 그것은 현실이 만족스러워서가 아니라, 대안을 찾다 보니 우리 사회를 묶어 왔던 인식의 족쇄, 즉 사회적 뇌에 뿌리박힌 쇠기둥이 무엇이었는지를 비로소 자각하는 과정이었기 때문이다.

이 책을 통해 독자 역시 비슷한 해방의 감각을 느낄 수 있다면, 저자로서 더 바랄 것은 없다.

2026년 1월 1일

이 수 봉